EXAMEN DE LA CRITIQUE DES TROIS RELIGIONS MONOTHÉISTES

(Tanqīḥ al-abḥāṯ lil-milal al-ṯalāṯ)

DANS LA MÊME COLLECTION

A CATALOGUE OF 13TH-CENTURY SOPHISMATA. Part I : Introduction and Indices ; Part II : Catalogue, by Sten EBBESEN and Frédéric GOUHIER, 2010.

ABÉLARD Pierre : *Des intellections*. Texte établi (latin et français en vis-à-vis), introduit, traduit et commenté par Patrick MORIN, 1994.

– *De l'unité et de la trinité divines (Theologia summi boni)*. Introduction, traduction et notes par Jean JOLIVET, 2001.

ALBERT LE GRAND : *Métaphysique. Livre XII, Traités II et III*. Texte (latin et français en vis-à-vis), introduit, traduit et annoté par Isabelle MOULIN, 2009, 480 pages.

AVERROÈS : *La béatitude de l'âme*. Édition, traduction annotée, études doctrinales et historiques d'un traité d'"Averroès" par Marc GEOFFROY et Carlos STEEL, 2001.

– *Commentaire moyen sur le* De interpretatione. Introduction, traduction et notes par Ali BENMAKHLOUF et Stéphane DIEBLER, 2000.

– *Grand Commentaire (Tafsîr) de la* Métaphysique. *Livre Bêta*. Présentation et traduction de Laurence BAULOYE précédé de *Averroès et les apories de la* Métaphysique *d'Aristote*, 2002.

BRENET Jean-Baptiste : *Transferts du sujet. La noétique selon Jean de Jandun*, 2003.

CESALLI Laurent : *Le réalisme propositionnel. Sémantique et ontologie des propositions chez Jean Duns Scot, Gauthier Burley, Richard Brinkley et Jean Wyclif*, 2007.

DEMANGE Dominique : *Jean Duns Scot. La théorie du savoir*, 2007.

GUILLAUME D'AUVERGNE : *De l'âme* (chap. VII, parties 1 à 9), Introduction, traduction et notes par J.-B. BRENET, 1998.

GUILLAUME HEYTESBURY : *Sophismata asinina. Une introduction aux disputes médiévales*. Présentation, édition critique et analyse par Fabienne PIRONET, 1994.

GUIRAL OT : *La vision de Dieu aux multiples formes*. Quolibet tenu à Paris en décembre 1333. Édition, traduction et introduction par Christian TROTTMANN, 2001.

JEAN BURIDAN : *Sophismes*. Texte introduit, traduit et annoté par Joël BIARD, 1993, 304 pages.

LA CONDAMNATION PARISIENNE DE 1277. Texte latin, traduction, introduction et commentaire par David PICHÉ, 1999.

LA *SOPHISTRIA* DE ROBERTUS ANGLICUS. Étude et édition critique par A. GRONDEUX et I. ROSIER-CATACH, 2006.

LANGAGE, SCIENCE, PHILOSOPHIE, AU XIIe SIECLE. Actes réunis par Joël BIARD, 1999, 256 pages.

LE PROBLÈME DES UNIVERSAUX À LA FACULTÉ DES ARTS DE PARIS ENTRE 1230 ET 1260. Édition critique sélective, traduction française, analyses structurelle et formelle et étude historico-philosophique par David PICHÉ, 2005

MAÏMONIDE, *Les brouillons autographes du* Dalâlat al-Hâ'irîn *(Guide des égarés)*. Édition par C. SIRAT et S. DI DONATO, 2012.

MICHON Cyrille : *Nominalisme. La théorie de la Signification de Guillaume d'Occam*, 1994.

NICOLAS D'AUTRÉCOURT : *Correspondance, Articles condamnés*. Édition critique par L. M. de RIJK, introduction, traduction et notes par Ch. GRELLARD, 2001.

PORPHYRE : *Isagoge*. Texte traduit (grec en vis-à-vis, latin à la suite) par Alain de LIBERA et Alain-Philippe SEGONDS, introduction et notes par Alain de LIBERA, 1998.

ROSIER Irène : *La parole comme acte. Sur la grammaire et la sémantique au* XIIIe *siècle*, 1994.

SIRAT Colette et GEOFFROY Marc : *L'original arabe du* Grand commentaire *d'Averroès au* De anima *d'Aristote. Prémices de l'édition*, 2005.

TISSERANT Axel : *Pars theologica. Logique et théologique chez Boèce*, 2008.

VALENTE Luisa : *Logique et théologie. Les écoles parisiennes entre 1150 et 1220*, 2008.

Sic et Non

Collection dirigée par Alain de LIBERA

EXAMEN DE LA CRITIQUE DES TROIS RELIGIONS MONOTHÉISTES

(Tanqīḥ al-abḥāṯ lil-milal al-ṯalāṯ)

par

Sa'ad b. Manṣūr IBN KAMMŪNA
(Bagdad, 1280)

Avant-propos et traduction par

Simon BELLAHSEN

précédé de
La vie, l'œuvre et la pensée philosophique d'Ibn Kammūna

par
Réza POURJAVADY et Sabine SCHMIDTKE

PARIS
LIBRAIRIE PHILOSOPHIQUE J. VRIN
6, Place de la Sorbonne, Ve

2012

Certaines des notes de bas de page sont traduites de *Ibn Kammūna's Examination of the Inquiries into the Three Faiths: a Thirteenth-Century Essay in the Comparative Study, edited by Moshe Perlmann*,

Imprimé en France
ISSN 1248-7279
ISBN 978-2-7116-2354-9

www.vrin.fr

AVANT-PROPOS

Ibn Kammūna, l'auteur du *Tanqīḥ*, est considéré, de nos jours, comme l'un des philosophes les plus renommés et les plus influents de l'Orient islamique des XIIIe et XIVe siècles. Il composa cet examen comparatif des trois religions monothéistes à Bagdad, en 1280, à la faveur, semble-t-il, du contexte politico-religieux privilégié qui suivit la conquête mongole de cette région.

L'ouvrage présenté ci-après est la traduction française de l'édition critique complète du texte arabe du *Tanqīḥ*, effectuée par Moshe Perlmann en 1967, sous le titre : *Sa'ad B. Manṣūr Ibn Kammūna's Examination of the Inquiries into the Three Faiths*, ed. Moshe Perlmann, University of California Publications, Near Eastern Studies n° 6 (Berkeley and Los Angeles, 1967).

De plus, nous avons repris en notes de bas de page :

– l'essentiel de celles figurant dans sa traduction anglaise (Moshe Perlmann, *Ibn Kammūna's Examination of the Three Faiths*, Berkeley, 1971) ;

– certaines remarques de G. Vajda, relatives à cette dernière traduction et parues en 1974 dans la *REJ* (tome 133) ;

– d'autres notes enfin provenant d'ouvrages plus récents faisant état du *Tanqīḥ* (H. Lazarus-Yafeh, *Intertwined Worlds*, Princeton, 1992 ; D. J. Lasker and Sarah Stroumsa, *The Polemic of Nestor the Priest*, Jerusalem, 1996).

En ce qui concerne les nombreuses citations coraniques, nous nous sommes référés aux deux ouvrages suivants :

– *Le Coran*, éd. Dar Al-Bouraq, Beyrouth, 2001, (texte arabe et traduction française) ;

– *Le Coran*, traduction française de Denise Masson, éditions Gallimard, Collection Folio Classique, en 2 tomes, Paris, 1997,

en adaptant parfois la traduction donnée, d'autant que les versets cités par Ibn Kammūna ne coincident pas toujours avec le texte original.

Nos remerciements vont à M. Paul FENTON, Directeur du département des études hébraïques à l'Université de Paris IV Sorbonne, qui a été à l'origine de la traduction des chapitres I et IV du *Tanqīḥ*, dans le cadre de notre maîtrise d'arabe; à Madame Colette SIRAT, Directeur d'Etudes à l'Ecole Pratique des Hautes Etudes, Paris, qui nous a encouragé à achever la traduction du *Tanqīḥ* et appuyé le projet de sa publication, et sans l'aide de laquelle ce livre n'aurait jamais vu le jour; à Madame Sabine SCHMIDTKE, Professeur à la School of Historical Studies, Institute for Advanced Studies, Einstein Drive, Princeton, USA, et à son collègue M. Réza POURJAVADY, Chercheur en études islamiques à l'Université libre de Berlin, qui ont bien voulu nous honorer d'un préambule particulièrement riche et dense sur la vie, l'œuvre et la pensée d'Ibn Kammūna, ainsi que sur l'historiographie de la recherche savante à son sujet.

Nous espérons que ce travail contribuera à faire connaitre Ibn Kammūna au public francophone le plus large.

C'est, bien entendu, avec le plus grand intérêt que sera accueillie toute remarque ou suggestion que pourra émettre le lecteur attentif, en vue de clarifier certains passages et de rester fidèle, autant que possible, à la pensée originale d'Ibn Kammūna.

Simon BELLAHSEN

TRANSLITTÉRATION DE L'ARABE

ا	a	ض	ḍ
ب	b	ط	ṭ
ت	t	ظ	ẓ
ث	ṯ ou th	ع	ʿ
ج	j	غ	ġ ou gh
ح	ḥ	ف	f
خ	ẖ ou kh	ق	q
د	d	ك	k
ذ	ḏ ou dh	ل	l
ر	r	م	m
ز	z	ن	n
س	s	ه	h
ش	š ou sh	و	w
ص	ṣ	ي	y

LISTE DES ABRÉVIATIONS

Abréviation	*Référence détaillée*
Aḥwāl	Ibn Sīnā, *Aḥwāl al-Nafs*, ed. A. F. al-Ahwānī, le Caire, 1952.
Amānāt	Sa'adya (ben Yosef) Gaon, *al-Amānāt wa-l-I'tiqādāt*, edited by L. Landauer. Leiden, 1880; english translation by Samuel Rosenblatt : *Saadia Gaon, The Book of Beliefs and Opinions.* New Haven : Yale University Press, 1948.
Arba'īn	Faḫr al-Dīn al-Rāzī, *Kitāb al-Arba'īn fī usūl al-dīn*, Hyderabad, 1935.
Buḫārī	Buḫārī, *al-Ṣaḥiḥ* : *Le recueil des Traditions mahométanes.* Vol. I-IV, ed. L. Krehl and Th. W. Juynboll, Leiden, 1862-1908.
*EI*²	*Encyclopédie de l'Islam*, 2ᵉ édition, Leiden, 1960.
EJ ou *JE*	*Jewish Encyclopedia*, New York et Londres, 1901-1906.
*EJ*²	*Encyclopedia Judaica*, Jerusalem, 1970.
Examination	Moshe Perlmann, *Ibn Kammūna's Examination of the Three Faiths*, Berkeley, 1971.
Guide	Maïmonide, *Dalālat al-Ḥā'irīn* : *Le Guide des égarés*, éd. S. Munk, Paris, 1856-1866.
HTR	Harvard Theological Review.
Ibn Ḥanbal	Ibn Ḥanbal, *Musnad*, le Caire, 1893-1895.
Ibn Isḥāq	Ibn Isḥāq, *Sīrat rasūl allāh*, ed. F. Wüstenfeld. Göttingen, 1858-1859. Traduction anglaise : A. Guillaume, *The Life of Muhammad*, Londres, 1955 ; traduction française : A. Badawi, *Muhammad*, éd. Al Bouraq, Paris, 2001.
Ifḥām	Samuel al-Maġribī, *Ifḥām al-Yahūd (Silencing the Jews)*; éd. et trad. Moshe Perlmann. PAAJR, vol. 32, New York, 1964.
Intertwined	Hava Lazarus-Yafeh, *Intertwined Worlds* : *Medieval Islam and Bible Criticism*, Princeton, 1992.
JA	*Journal Asiatique*.
JNES	*Journal of Near Eastern Studies*.

JQR	*Jewish Quarterly Review.*
JSAL	*Journal of South Asian Literature.*
Kuzari	Yehuda Halévi, *Kitāb al-Ḫazarī*; *The Kuzari*, trad. H. Hirschfeld, New York, 1964 (orig. 1905); traduction française : *Le Kuzari*, Charles Touati, éd. Verdier, Paris, 2001.
Ma'ālim	Fakhr al-Dīn al-Rāzī, *Ma'ālim usūl al-dīn* ; imprimé dans la marge du *Muḥaṣṣal* du même auteur.
MGWJ	D. H. Baneth, *Monatsschrift fuer Geschichte und Wissenschaft des Judentums*, vol. 69, 1925.
Muḥaṣṣal	Fakhr al-Dīn al-Rāzī, *Muḥaṣṣal afkār al-mutaqaddimīn wa-l muta'aḫḫirīn*, le Caire, 1905.
Munqiḏ	Al-Ghazālī, *al-Munqiḏ min al-dalāl* (avec traduction française par F. Fabre; Collection UNESCO d'œuvres représentatives, Série arabe). Beyrouth, 1959.
al-Najāt	Ibn Sīnā, *al-Najāt*, le Caire, 1913.
Noeldeke	Th. Noeldeke, *Geschichte des Qorans*, 2nd ed. Leipzig, 1909-1936.
PAAJR	*Proceedings of the American Academy for Jewish Research.*
REJ	*Revue des Etudes Juives.*
Šifa'	Ibn Sīnā, *Being the Psychological Part of Kitāb al- Šifa'*, ed. F. Rahman, Londres, 1959.
Tanqīḥ	Sa'ad b. Manṣūr b. Kammūna, *Tanqīḥ al-abḥāṯ lil-milal al-ṯalāṯ*, ed. Moshe Perlmann, Berkeley, 1967.
ZAW	*Zeitschrift fuer die Alttestamentlische Wissenschaft.*
ZDMG	*Zeitschrift der deutschen morgenländischen Gesellschaft* (Leipzig et Wiesbaden).

LA VIE, L'ŒUVRE ET LA PENSÉE PHILOSOPHIQUE D'IBN KAMMŪNA [1]

HISTORIOGRAPHIE DE LA RECHERCHE SUR IBN KAMMŪNA

En Europe, l'intérêt pour Ibn Kammūna remonte au XVIIe siècle, quand Barthélemy d'Herbelot (1624-1695) introduisit, dans sa *Bibliothèque orientale*, publiée après sa mort en 1697, une partie des informations fournies par Ḥājjī Khalīfa (dit encore Kātib Çelebi, 1609-1657) sur deux de ses ouvrages – sa comparaison du judaïsme, du christianisme et de l'islam, *Tanqīḥ al-abḥāth lil-milal al-thalāth* (*Examen de la critique des trois religions monothéistes*), et son commentaire sur *Le livre des directives et remarques* (*al-Ishārāt wa-l-tanbīhāt*) d'Avicenne (m. 428/1037).

1. Ce préambule étendu reprend les résultats d'un projet de recherche sur Ibn Kammūna entrepris au cours des années 2003-2006. Les références détaillées figurent dans les publications suivantes : S. Schmidtke, « Studies on Sa'd b. Manṣūr Ibn Kammūna (d. 683/1284) : Beginnings, Achievements, and Perspectives », *Persica. Annual of the Dutch-Iranian Society* 29 (2003), p. 105-121 ; R. Pourjavady & S. Schmidtke, « Quṭb al-Dīn al-Shīrāzī's (d. 710/1311) *Durrat al-Tāj* and Its Sources. (Studies on Quṭb al-Dīn al-Shīrāzī I) », *Journal Asiatique* 292 I-II (2004), p. 309-328 ; « Some notes on a new edition of a medieval philosophical text in Turkey : Shams al-Dīn al-Shahrazūrī's *Rasā'il al-Shajara al-ilahiyya* », *Die Welt des Islams* 46 (2006), p. 76-85 ; « Muslim Polemics against Judaism and Christianity in 18th Century Iran. The Literary Sources of Āqā Muḥammad 'Alī Bihbahānī's (1144/1732-1216/1801) *Rādd-i shubahāt al-kuffār* », *Studia Iranica* 35 (2006), p. 69-94 ; *A Jewish Philosopher of Baghdad. 'Izz al-Dawla Ibn Kammūna (d. 683/1284) and His Writings*, Leiden, Brill, 2006 ; « The Quṭb al-Dīn al-Shīrāzī (d. 710/1311) Codex (Ms. Mar'ashī 12868) (Studies on Quṭb al-Dīn al-Shīrāzī II) », *Studia Iranica* 36 (2007), p. 279-301 ; [éd.], *Critical Remarks by Najm al-Dīn al-Kātibī on the Kitāb al-Ma'ālim by Fakhr al-Dīn al-Rāzī, together with the Commentaries by 'Izz al-Dawla Ibn Kammūna*, Téhéran, Iranian Institute of Philosophy, Berlin, Institute of Islamic Studies, Freie Universität Berlin, 1386/2007) ; « Quṭb al-Dīn al-Shīrāzī (d. 710/1311) as a Teacher : An analysis of his *ijāzāt*. (Studies on Quṭb al-Dīn al-Shīrāzī III) », *Journal Asiatique* 297 i (2009), p. 15-55.

La recherche sur Ibn Kammūna commença vers la fin du XIXe siècle. Le point de départ pour la première génération de savants fut un codex, conservé à la bibliothèque de Berlin (Ms. Or. Oct. 256), contenant son *Examen*, ainsi que son étude sur les différences entre Rabbanites et Caraïtes et leurs accusations mutuelles. Compte tenu de la pertinence de ces deux textes pour les études juives et comme tout ce codex est écrit en caractères hébraïques, ce sont des savants en études juives qui initièrent la recherche sur Ibn Kammūna. Hartwig Hirschfeld, bien que doutant encore de son authenticité, inclut une édition du traité sur les Rabbanites et les Caraïtes dans son *Arabic Chrestomathy in Hebrew Characters*, publié en 1892. Léo Hirschfeld publia, en 1893, une édition en caractères hébraïques de l'*Examen*, accompagnée de la traduction d'une section du chapitre sur le judaïsme.

A l'époque, on accordait peu d'attention aux autres ouvrages philosophiques attribués à Ibn Kammūna. La principale source d'information à leur sujet était encore Ḥājjī Khalīfa qui, outre *l'Examen* et le commentaire sur les *Ishārāt* d'Avicenne, avait cité trois autres titres : *Tadhkira fī l-kīmiyā*, un commentaire sur les *Talwīḥāt* de Shihāb al-Dīn al-Suhrawardī (exécuté en 587/1191) et *al-Ḥikma al-jadīda* (*La nouvelle sagesse*). On savait aussi que plusieurs manuscrits d'écrits philosophiques étaient conservés dans les bibliothèques occidentales : les commentaires sur les *Talwīḥāt* (à Berlin, Dublin, Londres et Vienne) et ceux sur les *Ishārāt*, ses extraits du *Talkhīṣ al-muḥaṣṣal* de Naṣīr al-Dīn al-Ṭūsī (m. 672/1274)[1] et un traité sur la prééternité de l'âme.

Ce dernier ouvrage est, d'ailleurs, le seul traité indépendant d'Ibn Kammūna sur un thème philosophique qu'Ignace Goldziher analysa en 1896[2]. Il se fondait sur le manuscrit de la collection Carlo Landberg que l'on croyait alors être la seule copie existante du texte. En effet, les riches fonds de manuscrits d'Ibn Kammūna conservés dans des bibliothèques publiques et privées de Turquie, d'Irak et d'Iran étaient totalement inconnus des savants de l'époque et, en conséquence, ils demeurèrent inexploités.

Au cours des premières décennies du XXe siècle, deux savants : Hellmut Ritter et Āghā Buzurg al-Ṭihrānī explorèrent des œuvres manuscrites d'Ibn

1. Savant et philosophe musulman le plus éminent du VIIe/XIIIe siècle, très admiré des érudits de son époque. Son ouvrage philosophique majeur est son commentaire du *Livre des directives et remarques* d'Avicenne.

2. I. Goldziher, « Sa'd b. Manṣūr ibn Kammūna's Abhandlung über die Unvergänglichkeit der Seele », *Festschrift zum achtzigsten Geburtstage Moritz Steinschneider's*, Leipzig, O. Harrassowitz, 1896, p. 110-114.

Kammūna dans des bibliothèques d'Orient : Ritter, dans son catalogue des manuscrits d'Istanbul relatifs à Shihāb al-Dīn al-Suhrawardī, fournit des informations sur de nombreuses copies d'œuvres d'Ibn Kammūna et publia sur eux, en 1937 et 1939, une série d'articles[1]. Āghā Buzurg consulta les fonds des bibliothèques d'Irak (dont la bibliothèque Gharawiyya à Najaf où les autographes d'Ibn Kammūna sont nombreux) et aussi les fonds iraniens. Il insèra des informations sur les écrits d'Ibn Kammūna dans son répertoire de livres chiites, *Dharī'a ilā taṣānīf al-shī'a*, (qu'il commença à compiler en 1911).

David Hartwig Baneth fut le savant suivant qui enrichit notre connaissance sur Ibn Kammūna avec une étude publiée en 1925[2]. Bien que son point de départ fut aussi le codex de Berlin, il chercha à corriger certaines erreurs des savants précédents. Il établit l'authenticité du traité sur les Rabbanites et les Caraïtes et montra qu'Ibn Kammūna avait nécessairement vécu et travaillé à Bagdad, et non en Egypte, comme l'avait prétendu auparavant Moritz Steinschneider en 1902[3].

Ce fait fut confirmé ultérieurement par une entrée biographique dans le livre d'histoire d'un auteur anonyme *al-Ḥawādith al-jāmi'a wa-l-tajārib al-nāfi'a*[4]. L'information fournie par *al-Ḥawādith* fut complétée plus tard par une autre entrée sur Ibn Kammūna dans le *Talkhīṣ majma' al-Ādāb fī mu'jam al-alqāb* de l'historien Ibn al-Fuwaṭī[5].

En dépit de ces progrès, les savants occidentaux restaient encore incapables d'exploiter convenablement les manuscrits d'Iran, d'Irak et de Turquie. Leur attention demeurait focalisée sur les traités conservés dans les bibliothèques occidentales et connus depuis le XIXe siècle, notamment ceux qui intéressaient les études juives.

Moshe Perlmann poursuivit l'œuvre de Leo Hirschfeld. Son édition de l'*Examen*, publiée en 1967, fut suivie en 1971 d'une traduction anglaise annotée. Outre le codex de Berlin et le manuscrit de la Bodleian Library

1. H. Ritter, « Philologica IX. Die vier Suhrawardī. Ihre Werke in Stambuler Handschriften », *Der Islam* 24 (1937), p. 270-286 ; 25 (1939), p. 35-86.

2. D. H. Baneth, « Ibn Kammuna », *Monatsschrift für Geschichte und Wissenschaft des Judentums* 69 (1925), p. 295-311.

3. M. Steinschneider, *Polemische und apologetische Literatur in arabischer Sprache zwischen Muslimen, Christen und Juden, nebst Anhängen verwandten Inhalts*, Leipzig, F. A. Brockhaus, 1877, p. 239.

4. *Al-Ḥawādith al-jāmi'a wa-l-tajārib al-nāfi'a*, éd. Muṣṭafā Jawād [comme une œuvre d'Ibn al-Fuwaṭī], Bagdad, al-Maktaba al-'arabiyya, 1351/1932.

5. Ibn al-Fuwaṭī, *Majma' al-Ādāb fī mu'jam al-alqāb* 1-6, éd. Muḥammad al-Kāẓim, Téhéran, Mu'assasat al-ṭibā'a wa-l-nashr, Wizārat al-thaqāfa wa-l-irshād al-islāmī, 1416/1995-96, t. 1, p. 190-191.

d'Oxford, déjà utilisés par Léo Hirschfeld, Perlmann utilisa une copie du texte provenant de la bibliothèque Angelica de Rome et deux manuscrits d'Istanbul et Téhéran.

Nemoy travailla sur le second traité (*Les différences entre Rabbanites et Caraïtes*) conservé dans le codex de Berlin, que l'on croyait être la seule copie existante, et publia une édition améliorée du texte et une traduction anglaise annotée. De plus, Nemoy, poursuivant les études de Goldziher, travailla sur le traité sur l'éternité de l'âme, à partir du manuscrit de la collection Landberg dont il pensait aussi qu'il était la seule copie existante. Nemoy savait bien qu'Ibn Kammūna avait beaucoup écrit sur les thèmes développés dans ce traité, mais il n'avait aucun moyen d'accès aux autres écrits philosophiques de l'auteur et ignorait l'existence de deux autres traités sur l'âme, à savoir la *Maqāla fī l-taṣdīq bi-anna nafs al-insān bāqiya abadan* (*Traité sur l'immortalité de l'âme humaine*) et la *Maqāla fī anna l-nafs laysat bi-mizāj al-badan wa-lā kā'ina 'an mizāj al-badan* (*Traité établissant que l'âme humaine n'est pas le mélange du corps et qu'elle n'existe pas en vertu du mélange du corps*).

Entretemps, d'autres savants, retrouvant la trace des manuscrits des collections d'Orient, avaient poursuivi le chemin emprunté par Ritter et Āghā Buzurg, et fourni des informations sur les écrits d'Ibn Kammūna. Carl Brockelmann prit en considération les découvertes de Ritter et Āghā Buzurg, dans les volumes supplémentaires de son *Geschichte der arabischen Litteratur*, publiés entre 1937 et 1942. Henry Corbin consulta le commentaire d'Ibn Kammūna sur le *Talwīḥāt* de Suhrawardī, en préparant une édition critique de la partie métaphysique du *Talwīḥāt*, publiée en 1945 à Istanbul[1]. Fuat Sezgin recensa les écrits d'Ibn Kammūna dans les bibliothèques de Turquie, mais ses découvertes ne furent pas publiées. Muḥammad Riḍā al-Shabībī publia, en 1958 et 1965, des descriptions d'autographes d'Ibn Kammūna se trouvant à Najaf, dans la bibliothèque *Khizānat al-Mashhad al-'Alawī* (ou *al-Khizāna al-Gharawiyya*), autographes qu'il avait déjà consultés dans ses études sur l'historien Ibn al-Fuwaṭī et sur l'histoire de la philosophie islamique[2]. Les informations fournies par Shabībī et Āghā Buzurg furent complétées par les catalogues de manuscrits d' 'Alī Maḥfūẓ et d'Aḥmad al-Ḥusaynī[3].

1. *Opera Metaphysica et Mystica I*, éd. Henry Corbin, Istanbul, Maarif Matbaasi, 1945.

2. Muḥammad Riḍā al-Shabībī, *Mu'arrikh al-'Irāq Ibn al-Fuwaṭī*, Bagdad, al-Majma' al-'Ilmī al-'Irāqī, 1378/1958, t. 2, p. 121-125; *Turāthunā al-falsafī. Ḥājatuhu ilā l-naqd wa-l-tamḥīṣ*, Bagdad, al-Majma' al-'Ilmī al-'Irāqī, 1385/1965, p. 100-109.

3. Ḥusayn 'Alī Maḥfūẓ, « Fihris al-khizāna al-Gharawiyya bi-l-Najaf fī mashhad Amīr al-Mu'minīn al-Imām 'Alī b. Abī Ṭālib 'alayhi al-salām », *Revue de l'Institut des Manuscrits*

Outre ces travaux de savants particuliers, les activités de catalogage des fonds des bibliothèques publiques et privées en Iran et en Turquie mirent à jour d'autres copies d'écrits d'Ibn Kammūna. Deux manuscrits d'Istanbul servent de base à l'édition de l'ouvrage indépendant majeur d'Ibn Kammūna traitant de philosophie, *al-Jadīd fī l-ḥikma*, que Ḥamīd Mar'īd al-Kabīsī publia en 1982 à Bagdad[1]. A cause du manque de soin apporté à sa production, cette publication, que l'on aurait du mal à trouver dans une bibliothèque occidentale, reste d'un apport limité pour les études modernes.

Les savants iraniens contemporains, se concentrant sur les écrits philosophiques d'Ibn Kammūna, ont édité certains de ses ouvrages dans ce domaine. Indépendamment les uns des autres, Sayyid Ḥusayn Sayyid Mūsawī, d'un côté, et Hossein Ziai, en collaboration avec Ahmed Alwishah, de l'autre, éditèrent le commentaire d'Ibn Kammūna sur les *Talwīḥāt* de Suhrawardī[2]. Sayyid Mūsawī édita aussi son court traité philosophique, *al-Maṭālib al-muhimma min 'ilm al-ḥikma* publié en 2003[3] et Ansīyah Barkhʷāh fit de même pour les trois traités d'Ibn Kammūna portant sur l'âme en 2006[4]. Par ailleurs, l'une des deux lettres échangées entre Naṣir al-Dīn al-Ṭūsī et Ibn Kammūna a été récemment publiée par 'Abd Allāh Nūrānī dans *Ajwibat al-masā'il al-naṣīriyya* en 2005[5]. Enfin, Ḥāmid Nājī Iṣfahānī vient de publier en 2008 une nouvelle édition du *Kāshif (al-Jadīd fī l-ḥikma)* d'Ibn Kammūna[6].

Arabes 5 (1378/1959), p. 23-30; Aḥmad al-Ḥusaynī, *Fihrist makhṭūṭāt al-Rawḍa al-Ḥaydariyya fī l-Najaf al-Ashraf*, Najaf, Maṭba'at al-Nu'mān, 1391/1971.

1. Bagdad, al-Jumhūriyya al-'Irāqiyya, Wizārat al-Awqāf wa-l-Shu'ūn al-Dīniyya, Qism al-dirāsāt w-al-buḥūth al-Islāmiyya, 1403/1982.

2. *Al-Tanqīḥāt fī sharḥ al-talwīḥāt. Refinement and commentary on Suhrawardī's Intimations. A Thirteenth Century Text on Natural Philosophy and Psychology*, éd. Hossein Ziai et Ahmed Alwishah, Costa Mesa, California, Mazda Publishers, 2003.

3. « Al-Maṭālib al-muhimma min 'ilm al-ḥikma », éd. Sayyid Ḥusayn Sayyid Mūsawī, *Kheradnāma-yi Ṣadrā* 8 XXXII (Tābestān 1382/ Rajab 1425/ September 2003), p. 64-86.

4. *Azalīyat al-nafs va baqā'ihā*, éd. Insīyah Barkhvāh, Téhéran, Kitābkhāna-yi Mūzah va Markaz-i Asnād-i Majlis-i Shūrā-yi Islāmī, 1385[/2006-07].

5. Naṣir al-Dīn al-Ṭūsī, *Ajwibat al-masā'il al-naṣīriyya mushtamil bar 20 risāla*, éd. 'Abd Allāh Nūrānī, Téhéran, Pizhūhishgāh-i 'Ulūm-i Insānī va Miṭāla'āt-i Farhangī, 1383/2005, p. 25-34.

6. *Al-Kāshif - al-Jadīd fī l-ḥikma*, éd. Ḥāmid Nājī Iṣfahānī, Téhéran, Iranian Institute of Philosophy, Berlin, Institute of Islamic Studies, Freie Universität Berlin, 1387/2008.

La vie d'Ibn Kammūna

La majeure partie de la biographie d''Izz al-Dawla Sa'd b. Manṣūr b. Sa'd b. al-Ḥasan b. Hibat Allāh Ibn Kammūna al-Baghdādī doit être reconstituée, car peu de données concrètes sont disponibles. On suppose qu'il était originaire de Bagdad et qu'il a passé la plus grande partie sinon toute sa vie dans cette ville. Il rappelle la lignée de ses ancêtres au début de ses écrits lorsqu'il donne son nom complet et ceux-ci étaient probablement, eux aussi, des lettrés. En effet, Ibn Kammūna se réfère avec précision, non seulement à son père (Manṣūr) et à son grand-père (Sa'd), mais aussi à son arrière grand-père (al-Ḥasan), et à son arrière arrière grand-père (Hibat Allāh).

On ne sait rien de la jeunesse d'Ibn Kammūna ni de son éducation. Né dans une famille juive, il a dû recevoir une sérieuse éducation littéraire, aussi bien juive qu'islamique, comme son érudition dans ces deux domaines le montre à l'évidence dans ses écrits. Sa connaissance de la littérature juive est manifeste dans son traité sur les différences entre Rabbanites et Caraïtes, même s'il affirme, dans son introduction, ne pas être un expert des détails de la loi. Le texte regorge de références talmudiques et rabbiniques, sa principale source étant *Le Livre de l'argumentation pour la défense de la religion méprisée* (plus connue sous le nom que lui a donné son traducteur Ibn Tibbon, le *Khuzarī*) de Juda Halévi (1075-1141). Les nombreux termes hébraïques, notes et citations de la Bible hébraïque montrent bien qu'Ibn Kammūna maitrise l'hébreu. Son érudition en littérature religieuse juive est également évidente dans *l'Examen*, dans lequel il s'appuie non seulement sur le *Khuzarī*, mais aussi sur *Le Guide des Égarés* (*Dalālat al-ḥā'irīn*) de Maïmonide (1138-1204). On suppose qu'Ibn Kammūna a aussi étudié la littérature islamique auprès de quelques savants, même si, dans la *Maqāla fī l-taṣdīq bi-anna nafs al-insān bāqiya abadan*, il se déclare autodidacte pour ce qui concerne la philosophie.

Ce point est attesté par son habitude de noter pour lui-même les points utiles (*fawā'id*) des œuvres qu'il étudie. On dispose, en effet, de plusieurs manuscrits autographes écrits par Ibn Kammūna entre 670/1271-72 et 675/1277. Ce sont des extraits tirés d'ouvrages philosophiques et scientifiques d'auteurs divers : Abū Rayḥān al-Bīrūnī (m. après 442/1050), Najm al-Dīn Abū Bakr Muḥammad al-Nakhjawānī (m. après 626/1229), Mu'ayyad al-Dīn al-'Urḍī (m. 664/1266), Naṣīr al-Dīn al-Ṭūsī

(m. 672/1274) et Najm al-Dīn al-Dabīrān al-Kātibī al-Qazwīnī (m. 675/1277)[1].

Dans la vie d'Ibn Kammūna, la date la plus ancienne que nous connaissions est celle de l'achèvement de son court traité sur la philosophie, *al-Maṭālib al-muhimma* : sha'bān 657/juillet–août 1259. Quelques mois plus tard, en dhu l-ḥijja 657/novembre 1259, Ibn Kammūna achève le *Taqrīb al-maḥajja wa-tahdhīb al-ḥujja*, autre court traité philosophique.

Il semble que ces deux traités n'aient pas été ses premières compositions car, dans le *Maṭālib*, il fait allusion à un autre traité qu'il avait écrit sur l'immortalité de l'âme. Il est probable qu'il veut désigner par là, soit sa *Maqāla fī l-taṣdīq bi-anna nafs al-insān bāqiya abadan*, soit sa *Maqāla fī anna wujūd al-nafs abadī wa-baqā'ahā sarmadī (Traité établissant que l'âme existe de toute éternité et demeure pour l'éternité)*. Dans ces deux *Maqāla*, des renvois à une troisième *Maqāla* portant sur un aspect différent de l'âme (*Maqāla fī anna l-nafs laysat bi-mizāj al-badan wa-lā kā'ina 'an mizāj al-badan*) suggèrent qu'elle est antérieure aux deux premières *maqālas*. De plus, dans son *Taqrīb al-maḥajja* (terminé nous l'avons dit en novembre 1259), Ibn Kammūna se réfère à des gloses (*ta'ālīq*) dans lesquelles il aurait élaboré ses pensées sur l'âme. Aucun de ses écrits existants n'étant conforme à cette description, il se peut qu'il s'agisse d'un ouvrage inconnu par ailleurs.

Peu avant l'année 667/1268, Ibn Kammūna écrit des gloses sur les remarques critiques faites par Kātibī sur le *Kitāb al-Ma'ālim fī l-uṣūlayn* (*Notations sur les principes de la religion et la jurisprudence*) de Fakhr al-Dīn al-Rāzī (m. 606/1209)[2]. Comme il l'indique dans son introduction, il se trouve alors en Irak, terme par lequel il désigne probablement Bagdad. Le *terminus ante quem* pour ces gloses est fourni par son commentaire sur les *Talwīḥāt* de Suhrawardī (*Sharḥ al-Talwīḥāt*), achevé au début de 667/1268, car il y fait référence à ces gloses.

Dans l'introduction à son *Sharḥ al-Talwīḥāt*, Ibn Kammūna déclare qu'il a composé cet ouvrage à la demande d'érudits. Or, ni ce commentaire, ni aucun de ses ouvrages précédents ne porte de dédicace, ce qui montre qu'au début de sa carrière de savant, il n'avait pas de protecteur. Il semble que ce soit à la suite de son commentaire sur les *Talwīḥāt* qu'il se soit fait reconnaitre comme philosophe. Il se place alors, semble-t-il, sous la

1. Remarquable logicien, philosophe et savant de la période ilkhanide (dynastie mongole d'Iran/Irak). Il travailla étroitement avec Naṣīr al-Dīn al-Ṭūsī à l'observatoire de Maragha.

2. Éd. Pourjavady/Schmidtke, Téhéran, Iranian Institute of Philosophy, Berlin, Institute of Islamic Studies, Freie Universität Berlin, 2007.

protection de la famille du grand vizir (*ṣāḥib al-dīwān*) Shams al-Dīn al-Juwaynī (m. 683/1284).

Le 28 sha'bān 671/19 mars 1273, Ibn Kammūna achève son commentaire sur les *Ishārāt* d'Avicenne et il le dédie à Sharaf al-Dīn Hārūn, un des fils de Juwaynī qui, à cette époque, parait avoir été le gouverneur d'une partie de l'Anatolie.

Le 19 dhu l-qa'da 676/13 avril 1278, Ibn Kammūna termine le plus vaste de ses traités indépendants sur la philosophie (il circulera plus tard sous des titres divers : *al-Kāshif* ou *al-Jadīd fī l-ḥikma* ou d'autres titres similaires). Il le dédie à Dawlatshāh b. Sanjar al-Ṣāḥibī (fl. 724/1324) dont le titre (*Ṣāḥibī*) suggère qu'il devait entretenir de bonnes relations avec la famille Juwaynī. Dawlatshāh était alors un fonctionnaire d'état, occupant probablement une position élevée à Bagdad. Ibn al-Fuwaṭī, qui le vît en 679/1280-81 dans la *madrasa* Niẓāmiyya de Bagdad, remarqua qu'il était très versé en astronomie, mathématiques, philosophie et littérature et qu'il composait de la poésie en arabe et en persan. Dans l'introduction à l'ouvrage qu'Ibn Kammūna lui dédie, les termes utilisés suggèrent qu'à l'époque Dawlatshāh était encore un débutant dans l'étude de la philosophie. Ibn Kammūna note aussi que l'ouvrage a été écrit avec l'encouragement de Dawlatshāh, en sa compagnie et en tenant compte de ses utiles remarques, laissant entendre par là qu'il a étudié avec lui.

Peu avant sha'bān 678/décembre 1279, un autre haut fonctionnaire du nom de Shams al-Dīn Muḥammad b. al-Mu'min al-Qazwīnī demande à Ibn Kammūna d'écrire un ouvrage philosophique pour la bibliothèque d'un autre fils de Juwaynī, Bahā' al-Dīn Muḥammad (m. 678/1279). Shams al-Dīn fut gouverneur d'Ispahan et des régions centrales de l'Iran occidental (*'Irāq-i 'ajam*) à partir de 673/1274-75 et jusqu'à sa mort en sha'bān 678/décembre 1279. Ibn Kammūna composa alors un ouvrage contenant divers conseils moraux et éthiques à l'intention du souverain : le *Kalimāt wajīza mushtamila 'alā nukat laṭīfa fī l-'ilm wa-l-'amal* (connu aussi sous le titre de *al-Lum'a al-juwayniyya fī l-ḥikma al-'ilmiyya wa-l-'amaliyya* ou encore de *Risāla fī l-'ilm wa-l-'amal*) et il le dédia à Bahā' al-Dīn. Dans l'introduction, Ibn Kammūna indique que c'est durant son séjour à Bagdad que Shams al-Dīn lui a demandé d'écrire cet ouvrage et, ailleurs, il précise qu'il l'a composé avant que ce dernier ne parte pour Ispahan, emportant le livre avec lui.

Ibn Kammūna a été en contact avec beaucoup de savants et de philosophes de son époque. Par deux fois, il écrivit à Naṣīr al-Dīn al-Ṭūsī, lui demandant des réponses à des problèmes philosophiques. Une première fois, il interroge Ṭūsī sur un problème relatif à l'opinion de Kātibī sur la question de la création du monde (*ḥudūth al-'ālam*); la seconde fois, il demande à Ṭūsī son opinion sur plusieurs sujets philosophiques. Du premier échange, il ne reste que la réponse de Ṭūsī tandis que les circonstances de la demande initiale d'Ibn Kammūna et sa lettre de réponse venant après celle de Ṭūsī sont perdues. Le second échange est complet. Aucun des deux échanges n'est daté. Le seul *terminus ante quem* dont on soit sûr est la date de la mort de Ṭūsī, le 18 dhu l-ḥijja 672/25 juin 1274.

Un autre savant avec lequel Ibn Kammūna entretint des contacts est Kātibī : il y eut entre eux deux échanges de correspondance. Dans le premier, il est clair que les deux correspondants se considéraient comme collègues d'égal statut. Cette correspondance mentionne qu'Ibn Kammūna participa une fois au cercle d'études (*majlis*) de Kātibī, dans lequel on discutait d'un problème de logique. Ibn Kammūna se servit de cette visite comme point de départ pour cette correspondance : trois lettres adressées à Kātibī et deux réponses de ce dernier, toutes conservées. La seconde correspondance, traitant du paradoxe du menteur, ne subsiste que partiellement et elle est incluse dans une brève citation faite par Jalāl al-Dīn al-Dawānī.

Ibn Kammūna correspondit également avec Maytham b. Maytham al-Baḥrānī (m. 699/1300), un savant chiite duodécimain enseignant à Ḥilla, qui entretint également des relations avec la famille Juwaynī, dédiant plusieurs de ses écrits à 'Alā' al-Dawla 'Aṭā' Malik al-Juwaynī (gouv. 657-81/1259-83).

Dans le cas de ces trois savants, c'est Ibn Kammūna qui prend l'initiative, en leur adressant une épître.

Deux autres lettres, dont Ibn Kammūna est le destinataire, ont été conservées plus ou moins bien. L'un des correspondants est un certain Fakhr al-Dīn al-Kāshī, sur l'identité duquel on ne sait rien. Le second est Ibn al-Fuwaṭī, qui rapporte lui-même cet échange dans son livre des biographies, *Majma' al-ādāb*, citant la réponse d'Ibn Kammūna. Il ajoute qu'il l'avait approché par écrit en 683/1284-85, soit peu de temps avant la mort de ce dernier.

Mis à part l'échange avec Ibn al-Fuwaṭī, aucune des lettres citées n'est datée et, excepté l'échange avec Kātibī, aucune des lettres conservées ne contient d'indication attestant qu'Ibn Kammūna a rencontré ses correspondants. Tous appartiennent au cercle de Naṣīr al-Dīn al-Ṭūsī à Maragha (sauf peut-être Fakhr al-Dīn al-Kāshī). L'éventualité qu'Ibn Kammūna ait effectué une visite à Maragha, tôt dans sa vie vraisemblablement, ne peut être écartée; mais, il n'y a aucun élément probant permettant de l'affirmer. Dans le récit concernant Ibn Kammūna, Ibn al-Fuwaṭī, qui vécut près de vingt ans (660-79/1261-62–1280-81) à Maragha comme bibliothécaire, parle de lui comme s'il ne l'avait jamais rencontré ; ce qui laisse supposer qu'Ibn Kammūna ne s'est jamais rendu à Maragha ou, s'il l'a fait, ce fut avant l'arrivée de Ibn al-Fuwaṭī (660/1261-62).

Tant que la famille Juwaynī jouit de positions dirigeantes dans l'appareil d'état, Ibn Kammūna occupa, semble-t-il, une fonction de haut rang dans leur administration. A ce sujet, un indice probant est son titre, 'Izz al-Dawla (« gloire de l'empire »), et il est corroboré par l'introduction à son *al-Jadīd fī l-ḥikma* (le grand traité de philosophie qu'il termina en 1278) comme par d'autres passages où il mentionne qu'il est engagé dans une activité professionnelle totalement opposée à son activité de savant. D'autre part, rien n'indique qu'il a exercé une activité régulière d'enseignant dans une des *madrasa*s de Bagdad, et on ne lui connait pas d'étudiant, à l'exception peut-être de Dawlatshāh cité plus haut. Cependant, il aurait pu dispenser quelques conférences philosophiques informelles, notamment vers la fin de sa vie. Dans certains manuscrits de ses œuvres, les scribes l'appellent *mawlānā*, *sayyidunā* et *shaykhunā* (« notre maître »), indiquant par là qu'ils le considèrent comme leur maître. Et, dans un cas au moins, il est attesté que le copiste d'un de ses écrits lui en a fait lecture. Enfin, en l'année 683/1284, Ibn al-Fuwaṭī indique qu'« il était recherché par beaucoup de gens désireux de bénéficier de son instruction ».

A la fin de son *Kalimāt wajīza* (le livre dédié à Bahā' al-Dīn et achevé peu avant sha'bān 678/décembre 1279) Ibn Kammūna note que désormais sa vue affaiblie l'empêche d'écrire. Néanmoins, sa condition physique lui permit encore d'avoir une importante activité d'écrivain. En jumādā II 679/septembre-octobre 1280, il achève *l'Examen* et entre les 21 et 30 dhu l-qa'da 679/14-23 mars 1281, il termine un traité de philosophie et/ou théologie, intitulé peut-être *Risāla fī l-kalām*.

Dans *l'Examen*, Ibn Kammūna discute les arguments pour et contre le judaïsme, le christianisme et l'islam, tels qu'ils sont exprimés dans la littérature polémique antérieure. Œuvre de théologie interreligieuse pour l'essentiel, son contenu diffère radicalement des autres écrits philosophiques de l'auteur, à l'exception de son traité sur les différences entre Rabbanites et Caraïtes, écrit lui aussi dans un style objectif. Dans l'introduction de l'*Examen*, Ibn Kammūna déclare qu'il a été amené à écrire cet ouvrage à la suite d'une discussion, c'est-à-dire probablement d'un débat entre représentants des différentes religions.

En 683/1284, quatre ans après avoir achevé *l'Examen*, Ibn Kammūna est persécuté pour l'avoir écrit. L'auteur anonyme d'*al-Ḥawādith al-jāmi'a* relate, pour cette même année 1284, l'incident suivant :

> En cette année (683H/1284), on apprit à Bagdad que le juif ʻIzz al-Dawla Ibn Kammūna avait écrit un ouvrage intitulé *Examen de la critique des trois religions* dans lequel il faisait preuve d'impudence dans la discussion des prophéties. Que Dieu nous garde de répéter ce qu'il a dit. La foule furieuse s'est révoltée et s'est rassemblée près de sa maison pour le tuer. L'émir Tamaskai, préfet d'Irak, Majd al-Dīn b. al-Athīr et un groupe d'officiels de haut rang se rendirent à la madrasa Mustanṣiriyya et sommèrent le juge suprême et les docteurs de la loi de tenir une réunion à propos de cette affaire. Ils recherchèrent Ibn Kammūna mais celui-ci s'était caché. On était un vendredi. Le juge suprême sortit pour se rendre à la prière, mais comme la foule l'en empêcha, il retourna à la Mustanṣiriyya. Ibn al-Athīr alla calmer la foule qui l'accabla d'injures en l'accusant d'être du côté d'Ibn Kammūna et de le défendre. Alors, sur ordre du préfet, on fit savoir à Bagdad que, tôt le lendemain matin, Ibn Kammūna serait brûlé hors des murs de la ville. L'émeute s'apaisa et l'on ne reparla plus d'Ibn Kammūna.
>
> Quant à Ibn Kammūna, il fut placé dans une caisse recouverte de cuir et transporté à Ḥilla où son fils occupait une fonction officielle. Il y resta un certain temps jusqu'à sa mort[1].

Le récit n'explique pas pourquoi l'ouvrage attira l'attention du peuple de Bagdad quatre ans après sa rédaction et provoqua une réaction aussi violente; et il n'existe pas de source indépendante pouvant confirmer ce récit ou fournir davantage d'informations. Le délai entre l'achèvement du livre et l'émeute suggère que des circonstances adjuvantes ont provoqué l'émeute. De fait, quelque temps avant l'incident, le 4 shaʻbān 683/16 octobre 1284, *Ṣāḥib al-dīwān* Shams al-Dīn al-Juwaynī et plusieurs de ses fils avaient été exécutés : il est vraisemblable que l'exécution de ses protecteurs fut la cause immédiate de la persécution d'Ibn Kammūna.

Le fils d'Ibn Kammūna occupait une fonction officielle à Ḥilla, et c'est peut-être la raison pour laquelle Ibn Kammūna choisit d'y chercher refuge. Autre raison possible : ses contacts avec des savants chiites de Ḥilla. Il avait correspondu avec Maytham b. Maytham al-Baḥrānī qui avait enseigné quelque temps dans cette ville. De plus, le fait que le *Maṭālib* d'Ibn Kammūna fut copié plus tard par un scribe chiite laisse aussi entrevoir des relations avec la communauté chiite. Ce scribe prétend même qu'il s'est converti au chiisme à la fin de sa vie[2]. Nous avons d'autres indications sur

1. Tr. Moshe Perlmann, *Ibn Kammūna's Examination of the Three Faiths. A thirteenth-century essay in the comparative study of religion*, traduit de l'arabe avec une introduction et des notes, Berkeley / Los Angeles / Londres, University of California Press, 1971, p. IX.

2. MS Āstān-i Quds 901, f. 15a.

l'accueil des écrits d'Ibn Kammūna parmi les chiites de Ḥilla : ce sont, d'une part, les gloses sur son *Sharḥ al-Talwīḥāt*, probablement écrites par Naṣīr al-Dīn 'Alī b. Muḥammad al-Kāshī (ou al-Kāshānī) al-Ḥillī (ca. 675-755/1276-1354), un savant chiite de Ḥilla et Najaf[1] ; et, d'autre part, une copie du commentaire sur les *Talwīḥāt*, achevée le 5 rabī' II 762/12 février 1361 par Ḥasan b. Muḥammad b. Ḥasan b. al-Muṭahhar, apparemment un petit-fils de 'Allāma al-Ḥillī (m. 726/1325)[2]. Toujours selon les *Ḥawādith*, Ibn Kammūna mourut à Ḥilla peu de temps après son arrivée ; ce que confirme l'entrée biographique que lui consacre Ibn al-Fuwaṭī, dans le *Majma' al-ādāb*, où il donne pour sa mort l'année 683.

La conversion éventuelle d'Ibn Kammūna à l'islam, à un moment donné de sa vie, a provoqué un débat parmi les savants modernes. Dans *l'Examen*, ouvrage tardif, achevé en 679/1280, quatre ans avant sa mort, sa loyauté envers le judaïsme est indubitable ; son attitude critique vis-à-vis de l'islam est tout aussi claire. Un passage, placé vers la fin du chapitre sur l'islam, est particulièrement significatif :

> Il est alors évident qu'il n'y a aucune preuve attestant que Mahomet a atteint la perfection en lui-même, comme dans son aptitude à perfectionner les autres. Tout ce qui a été mentionné à ce sujet, tel le fait que le monde bascula du faux au vrai, du mensonge à la vérité et de l'obscurité à la lumière et autres allégations, rien de cela n'a été prouvé. Et c'est précisément là-dessus que porte la contestation des opposants.
> C'est pourquoi, jusqu'à aujourd'hui, nous ne voyons personne adhérer à l'islam, excepté lorsque quelqu'un est en proie à la peur, ou aspire au pouvoir, ou est soumis à de lourdes taxes, ou cherche à fuir l'humiliation, ou est captif, ou est épris d'une musulmane, ou pour d'autres raisons similaires. Et nous n'avons point trouvé d'homme, qui soit versé tant dans sa propre religion que dans la religion musulmane, qui soit aimé, riche et pieux, se convertir à l'islam, sans une des raisons mentionnées précédemment ou des raisons similaires[3].

Pour diverses raisons, certains savants ont néanmoins affirmé qu'Ibn Kammūna s'était converti à l'islam, avant même de composer *l'Examen*. Cette opinion a été soutenue par Moritz Steinschneider qui considérait les eulogies du prophète Muḥammad contenues dans *l'Examen* comme des indications claires de la conversion de l'auteur à l'islam[4]. Un autre savant a

1. MS Ragip Paşa 852.
2. MS Ayasofya 2423.
3. Voir *infra*, p. 181-182.
4. Steinschneider, *Polemische und apologetische Literatur*, p. 39-40.

aussi considéré cette opinion comme un fait historique : c'est Carl Brockelmann[1]. A l'évidence, ceci s'explique par la confusion entre Ibn Kammūna et Samaw'al al-Maghribī (m. 570/1175), juif converti à l'islam et auteur du pamphlet antijuif *Ifḥām al-yahūd* (*La réfutation des Juifs*). Cette confusion figure dans le catalogue sur fiches de la bibliothèque Süleymanie d'Istanbul. Dans ce fichier, la correspondance échangée entre Samaw'al et un accusateur anonyme doutant de la sincérité de sa conversion est attribuée à Ibn Kammūna[2]. L'entrée dans le catalogue de la bibliothèque Süleymanie a certainement été la source de Brockelmann : non seulement attribue-il cette correspondance à Ibn Kammūna, conformément au contenu du MS mais il affirme aussi qu'Ibn Kammūna a composé *l'Examen* après sa conversion à l'islam. Manifestement, il était peu familier avec le texte de l'*Examen* et les études de Léo Hirschfeld et Baneth.

La confusion entre Ibn Kammūna et Samaw'al apparaît encore dans le MS Köprülü 1612, contenant *al-Jadīd fī l-ḥikma* d'Ibn Kammūna, copié en 691/1291-92 par 'Abd al-'Azīz b. Ibrāhīm b. al-Khīmī al-Māridānī à Bagdad. La page de titre de l'ouvrage est libellée comme suit : *Kitāb al-mulaqqab bi-l-Jadīd li-l-Shaykh al-ajall al-'ālim al-kāmil 'Izz al-Dawla Ibn Kammūna ... bal aslama qabla mawtihi wa-ṣannafa Kitāb Ifḥām al-yahūd bayyana fīhi faḍā'iḥahum wa-kidhbahum wa-mukābaratahum fī l-ḥaqq wa-iftirā'ahum 'alā llāh ... (livre intitulé* al-Jadīd *du vénérable, illustrissime et parfait savant 'Izz al-Dawla Ibn Kammūna ... mais, il se convertit à l'islam, avant sa mort et composa le livre* Ifḥām al-yahūd *dans lequel il montra leurs ignominies, leurs mensonges, leur refus obstiné de la vérité et leur diffamation de Dieu ...)*

Nonobstant ces deux cas de confusion entre Ibn Kammūna et Samaw'al, la majorité des savants et scribes musulmans, ou bien l'ont considéré comme juif, comme le montrent des épithètes tels que « al-Yahūdī » ou « al-Isrā'īlī », ou alors ont estimé que cela n'était pas leur affaire, comme le montrent les nombreux colophons et pages de titre « neutres ».

Un témoignage fait exception : c'est celui du copiste chiite du *Maṭālib*, cité plus haut, qui affirme qu'Ibn Kammūna s'est converti au chiisme duodécimain à la fin de sa vie. Cette affirmation peut expliquer qu'Āghā

1. Carl Brockelmann, *Geschichte der arabischen Litteratur*. Zweite den Supplementbänden angepasste Auflage, Leiden, Brill, 1943-49, t. 1, p. 431 ; *Geschichte der Arabischen Litteratur. Supplementbände*, Leiden, Brill, 1937-42, t. 1, p. 768.

2. Cette attribution se trouve dans le MS Fâtih 3141/2.

Buzurg ait pris la conversion d'Ibn Kammūna au chiisme pour un fait historique. C'est pourquoi, il introduisit dans sa *Dharī'a* tous les écrits d'Ibn Kammūna qu'il connaissait – excepté *l'Examen*, dont il n'avait pas connaissance à l'époque. Initialement, il se proposait d'insérer une entrée sur Ibn Kammūna dans son *Ṭabaqāt a'lām al-shī'a*. Plus tard, Āghā Buzurg, ou bien son fils 'Alī Naqī Munzawī, décida de n'en rien faire. Munzawī connaissait l'édition et la traduction de l'*Examen* d'Ibn Kammūna par Perlmann ; il l'édita lui aussi et lui consacra une étude [1]. Etant donné que Munzawī est l'éditeur de la plupart des volumes (les volumes 3 à 6 précisément) du *Ṭabaqāt a'lām al-shī'a* de son père, il est probable que c'est lui plutôt qu'Āghā Buzurg qui a décidé de ne pas y insérer d'entrée sur Ibn Kammūna.

On ne peut dire de manière décisive si Ibn Kammūna s'est ou non converti à l'islam, à un moment donné de sa vie. Cependant, les arguments qui s'opposent à sa conversion sont plus convaincants que ceux qui la suggérent. Si ses convictions personnelles sont bien exprimées dans *l'Examen*, sa position envers le judaïsme et l'islam n'est pas sujette à doute. Certes, on ne peut pas exclure qu'il soit devenu musulman, pour l'une des raisons qu'il mentionne à la fin du chapitre sur l'islam, mais on peut se demander s'il aurait écrit une œuvre telle que *l'Examen*, après une conversion due à la persécution ou à des motivations opportunistes. Un autre indice joue contre sa conversion : c'est qu'il est invariablement appelé 'Izz al-Dawla (*gloire de l'empire*) par pratiquement tous les savants et les scribes postérieurs. Se serait-il converti à l'islam au cours de sa vie active, son titre aurait été modifié en 'Izz al-Dīn (*gloire de la religion*) ou 'Izz al-Dawla wa-l-Dīn, (*gloire de l'empire et de la religion*) comme c'est le cas pour Rashīd al-Dawla (appelé par la suite : Rashīd al-Dīn) Faḍl Allāh.

S'il s'était converti à l'islam avant ou pendant la persécution qu'il dut subir, alors cela aurait été mentionné, soit par l'auteur anonyme d'*al-Ḥawādith al-jāmi'a*, soit par Ibn al-Fuwaṭī. Certes, la possibilité qu'il se soit converti au chiisme duodécimain à Ḥilla pendant les derniers mois de sa vie, comme le suggère le copiste du *Maṭālib*, ne peut être totalement écartée. Cependant, là encore, on a du mal à croire que l'auteur de l'*Examen*, après avoir échappé à la persécution, se serait converti à l'islam.

1. *Ibn Kammūna wa-falsafatuhu fī l-nubuwwa*, Thèse de doctorat, Université Saint Joseph, Beyrouth, 1972.

LA PENSÉE D'IBN KAMMŪNA : ORIGINALITÉ ET INFLUENCES

En tant que philosophe, Ibn Kammūna est un disciple d'Avicenne. Moyennant quelques modifications, sa cosmologie est avicennienne. Sa distinction entre l'Un considéré comme l'Existant Nécessaire (*wājib al-wujūd*) et d'autres existants considérés comme contingents (*mumkināt*) est encore avicennienne, de même que sa notion de prophétie, expliquée en détail au premier chapitre de l'*Examen*.

L'un des sujets qui préoccupe le plus Ibn Kammūna est l'âme humaine et c'est sur elle qu'il formule ses opinions les plus marquées. Il a écrit plusieurs traités indépendants sur l'âme, dont trois subsistent. Ses discussions détaillées sur l'âme humaine, contenues dans ses autres traités et commentaires philosophiques, prouvent encore son intérêt pour ce sujet. Sa psychologie, aussi, a pour source principale les écrits d'Avicenne. Cependant, il rejette l'idée que l'âme humaine rationnelle vient à l'existence au moment où nait le corps auquel elle adhère et soutient la prééternité de l'âme humaine. Son argument principal est que l'âme est simple (*basīṭ*), alors que tout ce qui est créé dans le temps (*ḥadīth*) est composé. C'est pourquoi, l'âme humaine rationnelle doit être prééternelle (*qadīm*). Ses arguments en faveur de la simplicité de l'âme humaine et de la nécessaire prééternité des choses simples semblent originaux – c'est du moins ce qu'il prétend. A la suite de Suhrawardī, Ibn Kammūna critique les arguments opposés à la métempsycose et semble adopter une position non-engagée à ce sujet; c'est aussi l'opinion de Suhrawardī dans le *Ḥikmat al-ishrāq* (*La Sagesse orientale*) et elle est typique de ses partisans postérieurs, tels Shams al-Dīn al-Shahrazūrī et Quṭb al-Dīn al-Shīrāzī. Cependant, comme Ibn Kammūna est le seul parmi eux à soutenir la prééternité de l'âme, sa compréhension de la métempsycose doit différer de la notion défendue par Suhrawardī, Shahrazūrī et probablement Quṭb al-Dīn al-Shīrāzī, lesquels s'accordent sur son origine temporelle. Il semble qu'Ibn Kammūna a recherché chez Platon l'explication en faveur de l'éternité de l'âme; c'est ce que suggère son utilisation d'*al-Fawz al-aṣghar* (*Le petit livre du salut*) de Miskawayh[1] (m. 421/1030) dans l'une de ses *maqālāt* consacrée à l'âme humaine. Ibn Kammūna n'est pas totalement satisfait des explications qu'il y trouve et déclare être incapable de les saisir pleinement, du fait de leur manque de précision. Peut-être, dit-il, cette explication n'était-elle pas présentée à

1. Philosophe et historien originaire de Ray (ancienne Téhéran). Son influence sur la philosophie islamique se situe principalement dans le domaine de l'éthique.

l'origine comme une preuve apodictique (*burhān*) mais plutôt de manière rhétorique (*kalāman khiṭābiyyan*) et seulement plus tard fut-elle comprise comme un syllogisme par les philosophes ultérieurs, Miskawayh inclus[1].

Ibn Kammūna n'est pas un philosophe péripatéticien typique, car il n'hésite pas à critiquer ouvertement Aristote et à soutenir des opinions opposées aux positions considérées comme aristotéliciennes. Sa prise de distance avec la tradition aristotélicienne est due, semble-t-il, à l'influence qu'exercèrent sur sa pensée les écrits d'Abu l-Barakāt al-Baghdādī (m. après 560/1164-65) et de Suhrawardī. A plusieurs reprises, Ibn Kammūna se réfère à l'*al-Kitāb al-Mu'tabar* (*Le Livre médité*), le *magnum opus* du juif converti à l'islam qu'était Abu l-Barakāt al-Baghdādī. Les opinions contestataires d'Abu l-Barakāt dans le *Mu'tabar*, critique majeure de la philosophie aristotélicienne, furent combattues par des savants postérieurs, tels Suhrawardī qui le désignait, de manière désobligeante, par *ba'ḍ man tafalsafa min al-yahūd (un juif se prétendant philosophe)*, Fakhr al-Dīn al-Rāzī et Naṣīr al-Dīn al-Ṭūsī. Ibn Kammūna s'efforça de justifier les positions d'Abu l-Barakāt sur plusieurs sujets. Même lorsqu'il soutient des opinions différentes des siennes, il le traite avec respect.

Shihāb al-Dīn al-Suhrawardī, le fondateur de la philosophie de l'illumination (*ḥikmat al-ishrāq*), fut aussi un critique de la philosophie aristotélicienne dominante. Lorsqu'Ibn Kammūna écrivit un commentaire sur les *Talwīḥāt* de ce dernier, Suhrawardī ne comptait pas encore parmi les philosophes les plus éminents. Il semble que le *Sharḥ* d'Ibn Kammūna fut le premier commentaire jamais écrit sur un ouvrage de Suhrawardī et que la popularité de ce commentaire influença l'accueil ultérieur du Maître de l'Illumination (*Shaykh al-ishrāq*). Tant le commentaire sur les *Talwīḥāt* que ses autres écrits montrent à l'évidence qu'Ibn Kammūna connaissait et utilisait les autres ouvrages philosophiques de Suhrawardī en arabe, à savoir *Ḥikmat al-ishrāq*, *Mashāri' wa-l-muṭāraḥāt* (*Le Livre des carrefours et entretiens*), *Muqāwamāt* (*Le Livre des résistances*), *al-Alwāḥ al-'imādiyya* (*Le Livre des élucidations inspirées de la table et du trône*) ainsi que le *Kalimat al-taṣawwuf (Le Livre du verbe du soufisme)*. S'il se réfère de manière explicite aux trois premières œuvres citées, Ibn Kammūna ne cite jamais nommément le *Kalimat al-taṣawwuf*, bien qu'il l'ait utilisé à profusion, notamment les parties renfermant des conseils

1. Pour une analyse approfondie de la notion d'âme humaine par Ibn Kammuna, voir Lukas Mühlethaler, *Ibn Kammūna and the Avicennian Metaphysics of the Soul. Three Treatises on the Soul and Related Texts*, Thèse de doctorat, Yale University, 2009.

moraux et des instructions mystiques qu'il emploie abondamment dans le *Kalimāt wajīza* et d'autres écrits.

Ibn Kammūna suit Suhrawardī sur de nombreux sujets, tels son principe de plus noble contingence (*qā'idat al-imkān al-ashraf*), son acceptation du mouvement dans la substance, sa position non engagée sur la métempsycose et son incertitude quant au nombre de sphères. A l'instar de Suhrawardī, Ibn Kammūna ne s'intéresse pas aux mathématiques et ne fait jamais appel à elles dans ses écrits. Cependant il ne faudrait pas considérer Ibn Kammūna comme un disciple de Suhrawardī; en effet, il est en désaccord avec lui sur certains sujets comme la prééternité de l'âme. De plus, Ibn Kammūna ignorait nombre d'aspects de la pensée et de l'œuvre de Suhrawardī. Il ne fait jamais référence, dans son œuvre, à ses écrits allégoriques. Il se peut que la plupart d'entre eux, écrits en persan, lui aient été inaccessibles. Mais il ne fait jamais référence, non plus, à ceux qui étaient écrits en arabe, tout comme il ignore les textes du même genre écrits par Avicenne. De plus, Ibn Kammūna ne partage pas la vénération de Suhrawardī pour les anciens philosophes de Perse, d'Egypte et de Grèce, et il ne s'intéresse pas non plus à la terminologie particulière de Suhrawardī, dérivée de notions perses préislamiques, telle qu'elle apparait ostensiblement dans le *Ḥikmat al-ishrāq* (*La Sagesse orientale*).

Ibn Kammūna était aussi familier des écrits d'Abū Ḥāmid al-Ghazzālī (m. 505/1111) et de Fakhr al-Dīn al-Rāzī et il s'en sert abondamment. Comme l'a montré Moshe Perlmann, Ibn Kammūna utilise dans *l'Examen* le *Tahāfut al-falāsifa* (*L'incohérence des philosophes*) et le *Munqidh min al-ḍalāl* (*Erreur et délivrance*) de Ghazzālī. Dans son commentaire sur les *Talwīḥāt*, c'est le *Mishkāt al-anwār* (*Le tabernacle des lumières*) de Ghazzālī qu'il utilise. Dans ses diverses *maqāla*s traitant de l'âme, Ibn Kammūna rejette l'opinion de Ghazzālī sur l'âme, ayant vraisemblablement à l'esprit le *Tahāfut al-falāsifa*. En outre, dans les *Kalimāt wajīza* et *Ithbāt al-mabda'* Ibn Kammūna cite des conseils moraux qu'il semble avoir paraphrasés à partir du *Iḥyā' 'ulūm al-dīn* (*La renaissance des sciences religieuses*) de Ghazzālī.

Sa familiarité avec les écrits de Rāzī apparait à l'évidence dans ses supergloses sur le *Ma'ālim (Notations)* de cet auteur; il y fait constamment référence à d'autres écrits de Rāzī, nommément le *Nihāyat al-'uqūl fī dirāyat al-uṣūl (Limite extrême des intelligences dans la compréhension des principes)*, le *Muḥaṣṣal (L'acquis des connaissances)* et le *Kitāb al-Arba'īn (Les quarante déterminations rationelles)*. Dans *l'Examen* aussi il cite abondamment les écrits de Rāzī.

Ibn Kammūna avait étudié le *Muḥaṣṣal* de Rāzī en même temps que le commentaire critique qu'en fit Ṭūsī, comme le montrent les extraits conservés. Il connaissait aussi l'opinion de Rāzī sur l'âme et il la critique dans ses supergloses sur le *Ma'ālim* comme dans la *Maqāla fī l-taṣdīq bi-anna nafs al-insān bāqiya abadan*. Il connaissait bien également les vues de Rāzī sur la logique et il s'y réfère dans ses commentaires sur les *Talwīḥāt* et les *Ishārāt*.

A un moment donné de sa vie, Ibn Kammūna s'est familiarisé avec Najm al-Dīn Abū Bakr Muḥammad al-Nakhjawānī et ses commentaires critiques sur les *Ishārāt* d'Avicenne. Cependant, bien qu'il ait étudié attentivement ces critiques, comme le montrent les extraits qu'il a copiés et que nous avons conservés, il semble bien qu'Ibn Kammūna les ait désapprouvées. En effet, il n'y a aucune preuve d'une quelconque influence de Nakhjawānī sur sa pensée. D'ailleurs, il est vraisemblable qu'il a pris connaissance de ces écrits à un moment relativement avancé de sa vie puisque les extraits dont nous parlons furent compilés quelque huit années après qu'Ibn Kammūna ait achevé son propre commentaire sur cette œuvre, Or, il n'y a aucune trace de Nakhjawānī dans ce commentaire.

Les écrits des philosophes contemporains qu'Ibn Kammūna a étudiés en profondeur sont ceux de Naṣīr al-Dīn al-Ṭūsī, Kātibī et Athīr al-Dīn al-Abharī. Dans l'introduction à son commentaire sur les *Ishārāt*, Ibn Kammūna affirme avoir abondamment utilisé le commentaire de Ṭūsī. Les ouvrages et notions de Kātibī lui servirent à plusieurs reprises comme point de départ de ses œuvres. Enfin, dans son commentaire sur les *Talwīḥāt*, Ibn Kammūna fait explicitement référence au *Muntahā al-afkār* d'Abharī, et d'autres indices montrent l'utilisation du *Kashf al-ḥaqā'iq* de cet auteur.

L'INFLUENCE D'IBN KAMMŪNA SUR LES PHILOSOPHES MUSULMANS POSTÉRIEURS

Ibn Kammūna fut l'un des philosophes les plus populaires et les plus influents des contrées orientales de l'islam, tant durant sa vie qu'au cours des décennies qui suivirent sa mort. C'est son commentaire sur les *Talwīḥāt* de Suhrawardī qui fut le plus copié et le plus lu, suivi de son ouvrage philosophique indépendant, *al-Jadīd fī l-ḥikma*. De nombreuses copies manuscrites de son *Sharḥ al-Talwīḥāt* furent produites durant cette période, non seulement à Bagdad mais aussi dans des lieux tels qu'Ispahan, Tabriz, Mashhad et peut-être Najaf; et certaines des copies faites à Bagdad le furent à la *madrasa* Niẓāmiyya.

En raison du grand nombre de copies manuscrites de son commentaire et du fait qu'elles furent rapidement disponibles dans de nombreux centres culturels des contrées orientales de l'islam – la comparaison avec le commentaire de Shahrazūrī sur les *Talwīḥāt* est édifiante ! – Ibn Kammūna fut très vite connu comme le « commentateur des *Talwīḥāt* » (*shāriḥ al-Talwīḥāt*). La plupart des copies existantes de son *al-Jadīd fī l-ḥikma* furent également produites au cours des cinquante années qui suivirent sa mort.

Les écrits et notions philosophiques d'Ibn Kammūna exercèrent immédiatement leur influence sur son jeune contemporain, Quṭb al-Dīn Maḥmūd al-Shīrāzī (634-710/1236-1311). On ignore si les deux hommes se sont jamais rencontrés. On sait que Quṭb al-Dīn passa un certain temps à Bagdad entre les années 665/1266 et 667/1268 et qu'il aurait pu l'y rencontrer. Quṭb al-Dīn a écrit deux ouvrages philosophiques majeurs, un commentaire sur le *Ḥikmat al-ishrāq* de Suhrawardī en arabe, achevé en 694/1295[1], et un ouvrage encyclopédique indépendant, écrit en persan, *Durrat al-tāj li-ghurrat al-dubbāj (Couronne de perles)*, achevé entre 693/1294 et 705/1306, lequel comprend une section importante sur la philosophie[2]. Ces deux ouvrages témoignent de l'impact profond que les écrits d'Ibn Kammūna eurent sur Quṭb al-Dīn al-Shīrāzī.

Dans l'introduction à son *Sharḥ Ḥikmat al-Ishrāq*, Quṭb al-Dīn signale, sans plus de précisions, qu'en écrivant son propre commentaire, il a utilisé d'autres commentaires sur les écrits de Suhrawardī. Sa principale source est le commentaire de Shahrazūrī sur le même texte, achevé neuf ans auparavant. Depuis l'étude de Corbin sur ces deux commentaires, la dépendance du commentaire de Quṭb al-Dīn à l'égard du *Sharḥ* de Shahrazūrī est bien établie. Moins bien connu jusqu'ici est le fait que, dans son commentaire, Quṭb al-Dīn s'est aussi considérablement appuyé sur le *Sharḥ al-Talwīḥāt* d'Ibn Kammūna et que son commentaire renferme nombre de citations et emprunts à cet ouvrage.

Sur divers sujets, Quṭb al-Dīn al-Shīrāzī fait des développements généraux, extraits du *Sharḥ al-Talwīḥāt* d'Ibn Kammūna : les modifications sont mineures, et la source n'est jamais indiquée. On peut citer parmi eux : 1) des développements sur le principe philosophique affirmant que Dieu n'agit pas avec des objectifs spécifiques, car un agent qui agit avec un objectif le fait pour atteindre à l'auto-perfection et doit donc être déficient. Tout le passage du commentaire de Quṭb al-Dīn est censé clarifier l'affirmation de Suhrawardī, à savoir que le mouvement des sphères

1. Édition lithographique, Téhéran 1313-15/1895-97.
2. Éd. Sayyid Muḥammad Mishkāt, Téhéran, Vizārat-i Farhang, 1317-20/1938-41.

célestes ne se produit pas pour le bénéfice de ce qui existe en deçà d'elles (*inna ḥarakat al-barāzikh al-'alawiyya laysat li-mā taḥtahā*); 2) des remarques critiques sur la notion ash'arite de l'éternité des attributs divins; 3) des développements sur la signification du plaisir et de la souffrance et sur la différence entre les deux.

Sur d'autres sujets, Quṭb al-Dīn al-Shīrāzī considère les remarques d'Ibn Kammūna comme des explications satisfaisantes, puisqu'il les inclut dans son commentaire; par exemple : 1) la preuve apportée par Ibn Kammūna quant à l'immortalité de l'âme après la mort du corps; 2) son explication que les attributs divins peuvent être imaginés comme étant : soit des attributs de relation (*iḍāfiyya*), soit des attributs négatifs (*salbiyya*) soit des attributs de respect (*i'tibāriyya*); 3) ses développements sur la conception (*taṣawwur*) et l'assentiment (*taṣdīq*), et 4) ses explications permettant de déterminer quelles sont les catégories (*maqūlāt*) susceptibles de changer en intensité. De plus, Quṭb al-Dīn suit Ibn Kammūna en ce qui concerne certaines critiques envers Suhrawardī; ainsi, lorsqu'Ibn Kammūna argue de l'absurdité d'un corps dénué de penchant (*jism 'adīm al-mayl*). Ibn Kammūna approuvait la position de Suhrawardī mais critiquait son argumentation; et Quṭb al-Dīn incorpore les passages correspondants dans son *Sharḥ*. Ibn Kammūna critiquait aussi l'un des arguments de Suhrawardī contre l'atomisme, le jugeant inapproprié; et Quṭb al-Dīn de citer les passages correspondants dans son commentaire.

Outre ces emprunts, Quṭb al-Dīn mentionne certaines positions d'Ibn Kammūna qu'il ne partage pas, telles l'opinion que le simple ne peut émaner du composé ou encore la prééternité de l'âme. En résumant les opinions d'Ibn Kammūna sur ces sujets, Quṭb al-Dīn utilise clairement d'autres œuvres que le *Sharḥ al-Talwīḥāt*. Sur le premier sujet, il déclare qu'il a formulé lui-même l'argumentaire avec des modifications minimes (*ma'a adnā taghyīr*), en utilisant les différents écrits d'Ibn Kammūna. Certains passages rédigés dans les mêmes termes que ceux de Quṭb al-Dīn, mais dont aucun ne semble avoir été sa source exclusive, se trouvent dans les *Maqāla fī l-taṣdīq bi-anna nafs al-insān bāqiya abadan*, *Maqāla fī anna l-nafs laysat bi-mizāj al-badan wa-lā kā'ina 'an mizāj al-badan* et dans *al-Jadīd fī l-ḥikma*; le premier texte cité étant apparemment sa source principale. Sur le second sujet, à savoir l'opinion d'Ibn Kammūna sur la prééternité de l'âme, Quṭb al-Dīn, en partie cite, et en partie résume, la *Maqāla fī l-taṣdīq bi-anna nafs al-insān bāqiya abadan*. Dans les deux cas, il attribue les opinions qu'il cite à *ba'ḍ al-mu'āṣirīn min al-afāḍil* ou *ba'ḍ al-afāḍil min al-mu'āṣirīn (un des savants contemporains)*, pour bien montrer qu'il ne les partage pas. Il semble que les lecteurs de l'époque savaient que ces appellations désignaient Ibn Kammūna.

Le poids de l'influence d'Ibn Kammūna sur Quṭb al-Dīn al-Shīrāzī est encore plus évident dans son *Durrat al-Tāj*. L'ouvrage se compose d'une *fātiḥa (introduction)*, de cinq sections (au singulier *jumla*) et d'un épilogue (*khātima*). Les cinq sections qui constituent le corps principal de l'ouvrage traitent : 1. de logique, 2. de la philosophie première (*falsafa-yi ūlā*), 3. de physique, 4. de mathématiques et 5. de métaphysique. Les sections traitant de la philosophie première, de physique et de métaphysique (*jumla* 2, 3 et 5) sont des traductions des chapitres 2, 3, 4, 5 et 6 d'*al-Jadīd fī l-ḥikma* d'Ibn Kammūna. Quṭb al-Dīn va jusqu'à faire des remarques touchant à l'édition du texte, qui contredisent le contexte du *Durrat al-tāj*. Dans la section sur la philosophie première, par exemple, il reprend la déclaration d'Ibn Kammūna affirmant que la discussion sur *al-kayfiyyāt bi-l-kam al-munfaṣil* relève de l'arithmétique et donc dépasse l'objet du livre (nommément *al-Jadīd fī l-ḥikma)*, alors que lui-même traite longuement d'arithmétique dans la *jumla* 4.

Le texte de la *jumla* 1 du *Durrat al-tāj*, traitant de logique, est beaucoup moins dépendant du *Jadīd fī l-ḥikma*. Le texte des trois premiers chapitres (*maqālat*) de cette section est indépendant du *Jadīd* d'Ibn Kammūna, bien que Quṭb al-Dīn s'inspire manifestement de cet ouvrage, car les numéros et les en-têtes des chapitres respectifs correspondent exactement à ceux du *Jadīd*. Les chapitres suivants 4, 5 et 7 sont eux dépendants de l'ouvrage d'Ibn Kammūna ; et Quṭb al-Dīn, hormis des exceptions mineures, ne fait que traduire les chapitres correspondants d'*al-Jadīd fī l-ḥikma*, y ajoutant un abondant commentaire, des exemples ou autres compléments. Dans certains cas, Quṭb al-Dīn introduit des remarques critiques à l'égard du *ba' ḍī muta'akhkhirān* ou *ba' ḍī az muta'akhkhirān (un des savants postérieurs)*, dont l'identité reste encore à établir. D'autre part, tout au long des chapitres 4, 5 et 7, il effectue plusieurs corrections d'édition. De plus, il subdivise la matière de chaque chapitre de cette section en plusieurs *ta'līm*, même lorsqu'il prend la matière chez Ibn Kammūna. Quant au chapitre 6, il est une traduction mot pour mot du chapitre (*faṣl*) 6 d'*al-Jadīd fī l-ḥikma.*

Quṭb al-Dīn al-Shīrāzī possédait de nombreux écrits d'Ibn Kammūna, dont une copie du *Sharḥ al-talwīḥāt* qu'il offrit en cadeau à un prince en 692/1292-93[1]. Il écrivit aussi un codex, copié vers 685/1286 à Konya, contenant à l'origine le *Kalimāt wajīza* d'Ibn Kammūna, son *Examen* et

1. MS Ahmed III 3244 = Topkapi 6707.

peut-être *al-Jadīd fī l-ḥikma* et qui est en partie conservé[1]. De plus, deux copies incomplètes de ce codex existent. L'une d'elles[2], écrite en 1060/1650, ne contient pas *al-Jadīd fī l-ḥikma*, lequel est inclus dans une seconde copie provenant du codex Shīrāzī[3]. Cette copie est de la main de Tāj al-Dīn al-Kirmānī, un étudiant de Quṭb al-Dīn al-Shīrāzī. Bien que le scribe n'indique pas sa source, des signes clairs montrent qu'il avait à sa disposition le codex Shīrāzī. Son codex contient la plupart des écrits du codex original. La similarité des versions de l'*Examen* et du *Kalimāt wajīza* d'Ibn Kammūna conservés dans les deux codex désigne bien le codex Shīrāzī comme étant son modèle. Il est probable que Quṭb al-Dīn possédait aussi une copie de la *Maqāla fī l-taṣdīq bi-anna nafs al-insān bāqiya abadan* d'Ibn Kammūna qu'il utilisa dans son commentaire sur le *Ḥikmat al-ishrāq*.

On suppose que Quṭb al-Dīn al-Shīrāzī encourageait ses étudiants à lire les écrits d'Ibn Kammūna. En effet, de nombreuses copies d'ouvrages d'Ibn Kammūna furent réalisées entre 690/1291 et 710/1309, époque où Quṭb al-Dīn enseignait. Il est possible qu'outre Tāj al-Dīn al-Kirmānī, d'autres étudiants (leur relation avec lui en tant qu'enseignant n'a pas encore été établie) copièrent des œuvres d'Ibn Kammūna.

Durant plus d'un siècle et demi après la mort de Quṭb al-Dīn al-Shīrāzī, la connaissance d'Ibn Kammūna parmi les musulmans se limita à son commentaire sur les *Talwīḥāt* de Suhrawardī. Dans la première moitié du VIIIe/XIVe siècle, des gloses sur ce commentaire furent écrites par Naṣīr al-Dīn al-Kāshī (ou al-Kāshānī) al-Ḥillī[4].

Un autre philosophe du VIIIe/XIVe siècle, à faire usage du *Sharḥ al-Talwīḥāt* d'Ibn Kammūna, est Quṭb al-Dīn Muḥammad al-Rāzī al-Buwayhī (m. 766/1365), qui cite un long passage de ce commentaire dans sa *Risāla fī l-taṣawwur wa-l-taṣdīq*, y compris les définitions d'Ibn Kammūna relatives à la conception et à l'assentiment, et qui indique sa source. On suppose qu'il savait aussi que Quṭb al-Dīn al-Shīrāzī suivait Ibn Kammūna sur ce sujet, car juste après avoir cité les paroles d'Ibn Kammūna, il désigne Quṭb al-Dīn par « l'un d'eux » (*ba'ḍahum*) et cite quelques lignes de son *Sharḥ Ḥikmat al-ishrāq* qui sont les termes de conclusion de Quṭb al-Dīn sur la même citation tirée du commentaire sur les *Talwīḥāt* d'Ibn Kammūna, sans mention de son origine.

1. MS Mar'ashī 12868.
2. MS Majlis 593.
3. MS Fâtih 3141.
4. MS Ragip Pasa 852.

Shams al-Dīn Muḥammad Ibn Mubārakshāh al-Bukhārī (m. après 760/1359) utilisa aussi le *Sharḥ al-Talwīḥāt* d'Ibn Kammūna dans son commentaire sur le *Ḥikmat al-'ayn* de Kātibī en s'y référant explicitement[1]. Comme Quṭb al-Dīn al-Rāzī, il connaissait la profonde influence d'Ibn Kammūna sur le *Sharḥ Ḥikmat al-ishrāq* de Quṭb al-Dīn al-Shīrāzī et il est le premier à le mentionner explicitement.

Au IXe/XVe siècle, Jalāl al-Dīn Muḥammad al-Dawānī (m. 908/1502) se démarque de ses prédécesseurs, en exploitant une plus grande variété d'écrits d'Ibn Kammūna. Dans son commentaire sur *Hayākil al-nūr* (*Les temples de la lumière*), achevé le 11 shawwāl 872/4 mai 1468, Dawānī se réfère à la discussion d'Ibn Kammūna sur la preuve du caractère unique de Dieu[2]. Ibn Kammūna avait commencé à traiter ce sujet dans son *Maṭālib*, achevé en sha'bān 657/juillet-août 1259. Dans cet ouvrage, il entreprend de prouver que l'espèce (*naw'*) de l'Existant Nécessaire lui est spécifique, c'est à dire qu'elle n'est partagée par aucun autre être (*wājib al-wujūd yajibu an yakūna naw'uhu fī shakhṣihi ay lā yakūnu min dhālika l-naw' siwā shakhṣ wāḥid*), et il apporte une preuve supplémentaire, censée montrer l'impossibilité que son espèce soit partagée par deux êtres nécessaires (*law ḥaṣala min naw'ihi shakhṣān ...*). Ibn Kammūna conclut sa démonstration en soulignant que tout ce qu'elle montre est qu'il ne peut exister deux êtres nécessairement existants partageant la même essence (*fa-qad bāna min hādhā istiḥālat wujūd wājibayn mutashārikayn fī l-māhiyya*). Mais, elle ne prouve pas que ne pourraient coexister deux existants nécessaires, chacun étant le seul représentant de sa propre espèce spécifique (*wa-lā yantiju hādhā l-burhān istiḥālat wujūd wājibayn kayfa kānā li-annahu min al-jā'iz fī l-'aql an yakūna fī l-wujūd mawjūdān naw' kull wāḥid minhumā fī shakhṣihi wa-yakūnān mutashārikayn fī wujūb al-wujūd*). Pour éliminer une telle éventualité, poursuit-il, il faudrait une autre preuve et il admet que, jusque là, il a été incapable d'en élaborer une qui soit appropriée (*fa-hādhā l-iḥtimāl in imtana'a kāna imtinā'uhu bi-burhān ghayr hādhā l-burhān wa-lam aẓfar bihi ilā l-ān*). Dawānī inclut dans son commentaire sur *Les temples de la lumière*, *Shawākil al-ḥūr fī sharḥ Hayākil al-nūr*, tout le passage renfermant la critique faite par Ibn Kammūna, ainsi que l'aveu de son incapacité à formuler une preuve appropriée pour résoudre le problème. Dawānī ne cite pas le titre du

1. Kazan 1319/1901, p. 275, 286.

2. *Thalāth rasā'il* [*Tafsīr Sūrat al-kāfirūn*; *Shawākil al-ḥūr*; *Unmūdhaj al-'ulūm*; *wa-bi-dhaylihi Risālat Hayākil al-nūr*], éd. Sayyid Aḥmad Tūysirkānī, Mashhad, Majma' al-Būḥūth al-Islāmiyya, 1411/1991, p. 166.

Maṭālib, mais signale sa source par les mots « l'un de ses écrits » (*ba'ḍ taṣānīfihi*) (p. 166). Ibn Kammūna semble avoir beaucoup réfléchi à ce problème après avoir achevé son *Maṭālib* car, trois mois après l'avoir terminé, il fournit une preuve dans son *Taqrīb al-maḥajja*, achevé en dhu l-hijja 657/novembre 1259. Il y affirme que toutes les parties du monde sont inséparablement liées les unes aux autres, de telle sorte que la totalité de la création constitue un seul composé. S'il y avait deux existants nécessaires, tous deux seraient nécessairement des causes parfaites (*'illa tāmma*). Mais, ceci est incompatible avec le fait que la création est un seul composé.

Dawānī ne semble pas avoir connu le *Taqrīb al-maḥajja* d'Ibn Kammūna, mais il connaissait bien son *al-Jadīd fī l-ḥikma* (achevé en 676/1278), qui renferme une discussion détaillée sur ce sujet. Dans cet ouvrage, l'argument principal d'Ibn Kammūna est que, s'il y avait deux existants nécessaires, de même espèce ou d'espèces différentes, ils partageraient la nécessité de leur existence (*wujūb al-wujūd*), et puisque les deux existants nécessaires ne sont pas les mêmes, la nécessité d'exister ne pourrait pas faire partie de leur essence (*māhiyya*) ou de leur réalité (*ḥaqīqa*) mais serait quelque chose d'accidentel (*'araḍī*), ce qui est absurde. Dawānī mentionne cette preuve dans son *Shawākil al-nūr* et en cite les passages les plus significatifs en reprenant, affirme-t-il explicitement, les termes mêmes d'Ibn Kammūna dans son *Kāshif* (autre titre d'*al-Jadīd fī l-ḥikma*)[1]. Dawānī cite quelques remarques critiques contre cette preuve et déclare que, sans même considérer si l'existence de Dieu et des êtres contingents est la même par analogie seulement (*bi-l-tashkīk*) (comme le soutenaient les Péripatéticiens) ou si cette existence s'entend comme lumière (*nūr*) comme le défendent les tenants de l'illumination (*'alā dhawq ahl al-ishrāq*), il n'y a, s'agissant de Dieu, que pure existence. Ainsi, toute la discussion quant à savoir s'il peut y avoir deux existants nécessaires et les considérations qui s'ensuivent sur les possibles fondements ontologiques de la nécessité de leur existence respective, est superflue[2]. Dans sa *Risālat Ithbāt al-wājib al-jadīda*, Dawānī discute ce sujet plus en détail[3]. Il y cite, à nouveau, les remarques d'Ibn Kammūna tirées du *Maṭālib* et utilise les mêmes arguments que ceux présentés dans *Shawākil al-ḥūr*. Il ajoute que ce problème est le plus subtil et le plus important de la

1. *Ibid.*, p. 166.
2. *Ibid.*, p. 167-171.
3. *Sab' Rasā'il li-l-'Allāma Jalāl al-Dīn Muḥammad al-Dawānī* ..., éd. Sayyid Aḥmad Tūysirkānī, Téhéran, Mīrāth-i maktūb, 1381/2002, p. 125-137.

métaphysique et qu'il est le premier à l'avoir traité convenablement[1]. Le problème de la preuve du caractère unique de l'Existant Nécessaire que Dawānī tire des écrits d'Ibn Kammūna deviendra, par la suite, l'un des problèmes philosophiques les plus populaires et sera dénommé plus tard « le sophisme d'Ibn Kammūna relatif à l'unicité de Dieu » (*shubhat Ibn Kammūna fī l-tawḥīd*).

Dawānī fait aussi brièvement référence au *Sharḥ al-Talwīḥāt* d'Ibn Kammūna dans son commentaire sur le *Hayākil al-nūr* (*Les temples de la lumière*) de Suhrawardī, lorsqu'il traite d'un passage sur l'immortalité de l'âme[2]. En outre, dans son second surcommentaire sur le *Tajrīd al-'aqā'id* (*Dégagement des articles de la foi*) de Ṭūsī et, plus tard, dans son traité indépendant sur le paradoxe du menteur, *Nihāyat al-kalām fī ḥall shubhat jadhr al-aṣamm*, il produit une citation tirée d'une correspondance entre Ibn Kammūna et Kātibī sur ce problème[3].

Plusieurs philosophes postérieurs à Dawānī ont connu Ibn Kammūna mais nous avons peu d'indices suggèrant qu'ils ont utilisé d'autres ouvrages que son commentaire sur le *Talwīḥāt* de Suhrawardī. Il semble que la plupart de ces savants n'ont pas étudié Ibn Kammūna dans ses écrits originaux, mais le plus souvent au travers de sources secondaires. L'audience la plus tardive d'Ibn Kammūna est celle attestée surtout par les écrits de Dawānī et dans une moindre mesure par ceux de Quṭb al-Dīn al-Shīrāzī, quand bien même la plupart des philosophes venus après eux n'ont plus eu conscience de l'influence exercée par Ibn Kammūna sur les écrits de Quṭb al-Dīn.

Ainsi, le contemporain de Dawānī, Ṣadr al-Dīn al-Dashtakī (m. 903/1498), reprend la solution du paradoxe du menteur donnée par Ibn Kammūna dans sa correspondance avec Kātibī ; il la cite aussi bien dans son second surcommentaire du commentaire d'Alī Qūshchī (d. 879/1474-75) portant sur le *Tajrīd al-'aqā'id* de Ṭūsī[4] que dans son traité indépendant sur ce problème, *Risāla fī shubhat jadhr al-aṣamm*[5]. Comme il n'ajoute rien aux citations extraites de cette correspondance par Dawānī, il est probable que ces citations, contenues dans les écrits de ce dernier, étaient son unique source.

1. *Ibid.*, p. 127-128.
2. *Thalāth rasā'il*, p. 153.
3. « Nihāyat al-kalām fī ḥall shubhat "kull kalāmī kādhib" », éd. A. F. Qarāmalikī, *Nāme-ye Mufīd* 2 i (1375/1996), p. 113-114.
4. MS Majlis 1998, f. 116b.
5. Éd. A. F. Qarāmalikī, *Kheradnāme-ye Ṣadrā* 2 v/vi (1375/1997), p. 79-80.

Ghiyāth al-Dīn al-Dashtakī (m. 949/1542-43) insère les citations de Dawānī, tirées du *Maṭālib* et de l'*al-Jadīd fī l-ḥikma* d'Ibn Kammūna, concernant les arguments sur l'unicité de Dieu, dans son surcommentaire du commentaire de Dawānī relatif au *Hayākil al-nūr* de Suhrawardī[1]. Approuvant la solution d'Ibn Kammūna telle que Dawānī la cite à partir du *Jadīd fī l-ḥikma*, Ghiyāth al-Dīn reproche ensuite à Dawānī de l'avoir critiquée[2]. Par ailleurs, Ghiyāth al-Dīn eut directement accès au *Sharḥ al-Talwīḥāt* d'Ibn Kammūna, comme le prouve sa référence au commentaire qu'y fait Ibn Kammūna sur le *burhān al-musāmata* pour la limitation des dimensions (*tanāhī ab'ād*), commentaire qu'il cite à part et qu'il approuve[3]. Sur d'autres sujets, Ghiyāth al-Dīn est en désaccord avec Ibn Kammūna. Il rejette la notion de prééternité de l'âme d'Ibn Kammūna, telle qu'elle avait été expliquée par Quṭb al-Dīn al-Shīrāzī. Il met en exergue le principal argument d'Ibn Kammūna en sa faveur, à savoir que la cause d'une chose simple ne peut être qu'une chose simple, tandis que la cause des choses temporelles est toujours une chose composée ; et puisque l'âme est simple, elle ne peut être temporelle et doit donc être éternelle[4]. Il remarque brièvement que l'origine temporelle des choses simples est possible : c'est le cas des accidents simples (*annahu manqūḍ bi-ḥudūth a'rāḍ basīṭa*)[5].

Najm al-Dīn Maḥmūd al-Nayrīzī (m. après 943/1536) cite, à plusieurs reprises, dans son commentaire sur l'*al-Alwāḥ al-'imādiyya* de Suhrawardī, des explications données dans le *Sharḥ al-Talwīḥāt* d'Ibn Kammūna Dans l'usage qu'il fait d'Ibn Kammūna, il évite les sujets sur lesquels Ibn Kammūna soutient des opinions controversées, comme la prééternité de l'âme, se référant à lui uniquement quand il traite de sujets non controversés, comme la preuve de l'existence de l'âme et la connaissance divine[6].

Dans son surcommentaire de la section relative à la métaphysique du commentaire de Qūshchī sur le *Tajrīd* de Ṭūsī, Shams al-Dīn al-Khafrī (m. 942/1535-36) discute en détail le problème de l'unicité de Dieu[7].

1. *Ishrāq hayākil al-nūr li-kashf ẓulumāt shawākil al-ghurūr*, éd. 'Alī Awjabī, Téhéran, Mīrāth-i maktūb, 1382/2003, p. 180.

2. *Ibid.*, p. 180-181.

3. *Ibid.*, p. 291.

4. *Ibid.*, p. 167.

5. *Ibid.*, p. 169.

6. Voir R. Pourjavady, *A Shī'ī Theologian and Philosopher of Early Safavid Iran. Najm al-Dīn Ḥājjī Maḥmūd al-Nayrīzī and his writings*, Leiden, Brill, 2011.

7. Éd. Fīrūzah Sā'atchiyān, Téhéran, Mīrāth-i maktūb, 1382/2004, p. 208-209.

Khafrī le désigne par « le sophisme d'Ibn Kammūna » (*shubhat Ibn Kammūna*) ; il semble être le premier à utiliser ce label qu'il a probablement inventé. De plus, il blâme explicitement Ibn Kammūna d'avoir formulé cette *shubha*, l'appelant « la fierté des démons » (*iftikhār al-shayāṭīn*)[1]. Bien qu'il ne cite aucun des passages correspondants des écrits de Dawānī, il est probable que sa connaissance du paradoxe provenait des écrits de ce dernier. Aurait-il eu un accès direct aux ouvrages d'Ibn Kammūna, il est improbable qu'il se serait autant focalisé sur ce problème ou qu'il aurait jugé Ibn Kammūna exclusivement sur ce point. A propos du même problème, Khafrī critique aussi le commentateur 'Alī Qūshchī, pour avoir suivi (du moins est-ce ainsi qu'il l'a compris) Ibn Kammūna[2]. Cependant, rien n'indique que Qūshchī ait utilisé les écrits d'Ibn Kammūna ou même qu'il ait adopté l'une quelconque de ses positions, lorsqu'il traite du problème de l'unicité de Dieu dans son commentaire *Sharḥ Tajrīd al-kalām*[3]. Ceci laisse aussi à penser que Khafrī n'était pas familier des écrits d'Ibn Kammūna, sinon il n'aurait pas formulé un tel reproche à son égard.

Les écrits de Dawānī et le surcommentaire de Khafrī sur le *Tajrīd* de Ṭūsī furent très populaires parmi les philosophes des générations suivantes, aussi Ibn Kammūna fut-il considéré surtout comme un auteur de sophismes philosophiques et logiques (*shubahāt*). Outre la *shubhat al-tawḥīd*, deux autres *shubhas* lui furent encore attribuées. L'une est le paradoxe du menteur, connue parmi les philosophes musulmans comme la *shubhat jadhr al-aṣamm* ou la *shubhat "kull kalāmī kādhib"*. 'Iṣmat Allāh b. Kamāl al-Dīn al-Bukhārī (xᵉ/xvɪᵉ siècle) est l'un des plus anciens savants à prétendre qu'Ibn Kammūna était l'auteur de ce paradoxe. Il affirme même qu'on l'appelle *aṣamm* (« sourd ») parce que, soutient-il, Ibn Kammūna était sourd[4]. Ibn Kammūna avait correspondu avec Kātibī sur le paradoxe du menteur et en traite dans son *al-Jadīd fī l-ḥikma*. Cependant, attribuer cette *shubha* à Ibn Kammūna et prétendre qu'il en est l'auteur n'est pas justifié, car ce paradoxe était bien connu et avait déjà été traité par des savants musulmans.

Le second sophisme attribué à Ibn Kammūna est appelé « le problème de l'exigence nécessaire » (*shubhat al-istilzām*). L'auteur de cette *shubha*, qui remet en question la notion philosophique de l'éternité du monde

1. *Ibid.*, p. 209.
2. *Ibid.*, p. 209.
3. Édition lithographique, Téhéran 1301/[1883-84], p. 359-360.
4. Cf. A. F. Qarāmalikī, « Kamāl al-Dīn Maḥmūd Bukhārī u mu'ammā-yi jadhr-i aṣamm », *Kheradnāme-ye Ṣadrā* 4 xiv (1377/1999), p. 53-57.

(*qidam al-ʿālam*), est, semble-t-il, Kātibī. Dans l'un de ses échanges avec Ṭūsī, Ibn Kammūna demande à Ṭūsī son opinion sur ce problème qui, comme il le dit explicitement, avait été formulé par Kātibī. Le premier savant à attribuer cette *shubha* à Ibn Kammūna est Shams al-Dīn al-Ḥusaynī al-Astarābādī (« Mīr Dāmād », m. 1041/1631). Il omet de fournir une référence à l'appui de son affirmation, déclarant simplement que ce problème « a été transmis depuis Ibn Kammūna » (*shubhat al-istilzām al-manqūla ʿan Ibn Kammūna*) ou l'intitulant « le fameux sophisme d'Ibn Kammūna » (*al-mughālaṭa al-mashhūra li-Ibn Kammūna*). A ses yeux, l'importance de ce problème est patente, car il lui consacre plusieurs de ses écrits [1]. Mīr Dāmād discute aussi du problème de l'unicité de Dieu, affirmant que son attribution à Ibn Kammūna n'est pas exacte, car il n'a pas été le premier à en discuter. Dans ce contexte, la manière désobligeante dont Mīr Dāmād présente Ibn Kammūna, à savoir *rajul min al-mutafalsifīn al-muḥdathīn yuʿrafu bi-*Ibn Kammūna [2], suggère qu'il ne le connaissait qu'à partir d'écrits secondaires, très probablement ceux de Dawānī et Khafrī.

Ṣadr al-Dīn al-Shīrāzī (« Mullā Ṣadrā », m. 1050/1640) discute de la *shubhat al-tawḥīd* en de multiples occasions. Sa discussion la plus élaborée se trouve dans son *magnum opus : al-Ḥikma al-mutaʿāliya fī l-asfār al-arbaʿa* (*Les quatre voyages de l'esprit*). Il y présente sa propre solution à la *shubha* qui, dit-il, « est attribuée à Ibn Kammūna » (*mimmā yunsabu ilā Ibn Kammūna*) [3]. Comme ce fut le cas avec Dawānī et surtout avec Khafrī, sa solution repose sur l'analyse de la notion d'existence pure (*wujūd baḥt*). Concluant sa discussion, Mullā Ṣadrā déclare que, de cette façon, on trouve une solution au problème attribué à Ibn Kammūna, et que « l'un des savants » (*baʿdahum*) l'appelait « la fierté des démons » (*iftikhār al-shayāṭīn*) parce qu'il avait inventé ce problème [4]. Il a clairement à l'esprit le passage de Khafrī et se réfère à l'expression mentionnée antérieurement *ahl al-ʿilm wa-l-ʿirfān* (« Les gens de la connaissance et de la gnose »). La section entière d'*al-Ḥikma al-mutaʿāliya* de Mullā Ṣadrā est intitulée *rajm al-shayṭān* (« La lapidation de Satan ») montrant son approbation au surnom d'*iftikhār al-shayāṭīn* donné à Ibn Kammūna. Cependant, la réserve de Mullā Ṣadrā envers le jugement de Khafrī est évidente. Car,

1. Cf. *Muṣannafāt-i Mīr Dāmād mushtamil bar dah ʿunwān az kitāb-hā u risāla-ha u ijāza-hā u nāma-hā*, t 1, éd. ʿAbd Allāh Nūrānī, Téhéran, Anjuman-i āsār va mufākhir-i farhangī, 1381/2003, p. 528-531.

2. *Ibid.*, p. 115

3. Beyrouth [5]1419/1999, t. 1, p. 131-132.

4. *Ibid.*, p. 132.

comme Mīr Dāmād, Mullā Ṣadrā sait qu'Ibn Kammūna n'a pas été le premier à exprimer des doutes quant au caractère incontestable des preuves de l'unicité de l'Existant Nécessaire[1]. Il le dit ailleurs de manière plus précise, expliquant que cette *shubha* a été formulée explicitement par Suhrawardī dans son *Mutārahāt* et qu'elle est implicite dans ses *Talwīhāt*. Puis, continue d'expliquer Mullā Ṣadrā, Ibn Kammūna, un commentateur de Suhrawardī, l'a reprise « dans un de ses écrits » (*fī ba'd musannafātihi*). Elle reste associée à son nom, par suite de son incapacité à la résoudre et ce, parce qu'il suivait Suhrawardī dans sa compréhension de l'existence comme notion mentale, sans équivalent dans la réalité (*li-isrārihi 'alā i'tibāriyyat al-wujūd wa-annahu lā 'ayn lahu fī l-khārij*). Mullā Ṣadrā cite ensuite le passage correspondant du *Matālib* d'Ibn Kammūna, qu'il extrait probablement du *Shawākil al-nūr* de Dawānī ou de sa *Risālat Ithbāt al-wājib al-jadīda*[2].

L'attitude sévère de Mulla Ṣadrā envers Ibn Kammūna ne se comprend que si l'on suppose qu'il n'a pas eu directement accès à ses écrits. Comme Khafrī et Mīr Dāmād, il est probable qu'il le jugeait mal, parce que tout ce qu'il en savait provenait de sources secondaires. S'il avait lu ses œuvres, notamment celles écrites après le *Maṭālib* et dans lesquelles Ibn Kammūna présente ses propres solutions à ce problème, il en aurait tenu compte.

D'autre part, toutes les citations manifestes d'ouvrages d'Ibn Kammūna que fait Mullā Ṣadrā semblent provenir d'écrits de savants postérieurs, ce qui confirme qu'il n'a pas eu directement accès à la pensée d'Ibn Kammūna. Dans son traité sur *al-Taṣawwur wa-l-taṣdīq*, Mullā Ṣadrā utilise à l'évidence le traité sur le même sujet de Quṭb al-Dīn al-Rāzī, quand il cite le passage tiré du *Sharḥ al-Talwīḥāt* d'Ibn Kammūna. Lorsqu'il commente un passage traitant de la conception et de l'assentiment dans ses gloses sur le *Sharḥ Ḥikmat al-ishrāq* de Quṭb al-Dīn al-Shīrāzī, Mullā Ṣadrā remarque que Quṭb al-Dīn suit Ibn Kammūna sur ce sujet. A l'appui de cette affirmation, Mullā Ṣadrā cite la totalité du passage du *Sharḥ al-Talwīḥāt* qui se trouve aussi dans la *Risālat al-taṣawwur wa-l-taṣdīq* de Quṭb al-Dīn al-Rāzī[3].

D'autres indices montrent que Mullā Ṣadrā n'a pas eu directement accès aux écrits d'Ibn Kammūna. Ainsi, il partage l'opinion d'Ibn Kammūna que les choses simples ne peuvent émaner de choses composées, qui est une partie de l'argument de ce dernier en faveur de la prééternité de

1. *Ibid.*, p. 132-133.
2. *Ibid.*, t. 6, p. 63.
3. Édition lithographique, Téhéran 1313-15/1895-97, p. 41.

l'âme. Mullā Ṣadrā s'est familiarisé avec cet argument par le biais du commentaire de Quṭb al-Dīn al-Shīrāzī sur le *Ḥikmat al-ishrāq*, dans lequel Quṭb al-Dīn cite l'argument d'Ibn Kammūna et le critique. Or, Quṭb al-Dīn ne mentionne pas nommément Ibn Kammūna et le désigne seulement par « un des savants contemporains » (*ba'ḍ al-mu'āṣirīn min al-afāḍil*). L'identité du tenant de cette opinion n'était donc pas claire pour Mullā Ṣadrā; c'est pourquoi, dans ses gloses sur le *Sharḥ Ḥikmat al-ishrāq* de Quṭb al-Dīn, il le désigne par « celui qui soutient cette opinion », *hādhā l-qā'il*, ou *al-qā'il al-madhkūr*[1]. Dans *al-Ḥikma al-muta'āliya*, Mullā Ṣadrā cite à nouveau l'argument d'Ibn Kammūna dans sa totalité, accompagné de la critique de Quṭb al-Dīn et de sa propre contre-critique, en ignorant toujours l'identité du tenant de cette opinion qu'il désigne par *ba'ḍ al-muḥaqqiqīn (un homme recherchant la vérité)*[2]. C'est encore à travers Quṭb al-Dīn que Mullā Ṣadrā prend connaissance de l'objectif doctrinal de l'argument d'Ibn Kammūna, la prééternité de l'âme, alors que l'identité d'Ibn Kammūna lui est toujours inconnue[3]. Cependant, bien qu'approuvant l'argument principal en faveur de cette position, Mullā Ṣadrā dit qu'une telle conclusion, à savoir la prééternité de l'âme, ne peut être déduite de cette prémisse, parce que l'âme est simple[4].

Les autres savants de l'époque safavide et des époques ultérieures, à quelques exceptions près, ignorent les écrits d'Ibn Kammūna. Mais, à cause surtout de la *shubhat al-tawḥīd* et des deux autres sophismes mentionnés précédemment, le nom d'Ibn Kammūna continue d'apparaitre dans les écrits philosophiques en Iran. A la fin de la période safavide, la *shubhat al-tawḥīd* devient l'un des défis philosophiques majeurs et de nombreux opuscules sont écrits sur ce sujet :

– L'un des premiers est un traité écrit par 'Alī b. Faḍl Allāh al-Jīlānī (Gīlānī) al-Fūmanī, probablement vers la fin du Xe/XVIe siècle. L'auteur y cite les passages pertinents des écrits d'Ibn Kammūna, en s'appuyant très probablement sur les citations de Dawānī. Jīlānī est au courant également de la réponse de Khafrī, car il utilise le titre donné par Khafrī à Ibn Kammūna[5].

– Shams al-Dīn Muḥammad b. Ni'mat Allāh al-Jīlānī (« Mullā Shamsā Gīlānī », m. 1064/1654), l'un des philosophes réputés de cette période,

1. *Ibid.*, p. 256.
2. Beyrouth [5]1419/1999, t. 2, p. 194-197.
3. *Ibid.*, t. 2, p. 198.
4. *Ibid.*, t. 2, p. 197f; t. 8, p. 379f.
5. MS Majlis Sinā 602, f. 129bf.

s'implique beaucoup dans cette discussion. Il consacre cinq ouvrages à l'unicité de Dieu, dont deux traitant spécifiquement de la *shubhat al-tawḥīd* d'Ibn Kammūna, intitulés *Ibṭāl wujūd al-wājibayn* et *Daf' shubhat Ibn Kammūna.*

– 'Abd al-Razzāq al-Lāhījī (m. 1072/1661), un étudiant de Mullā Ṣadrā et aussi son gendre, discute de la *shubha*, en formulant sa propre solution dans un ouvrage philosophique écrit en persan, *Gawhar-i murād*[1].

– Āqā Ḥusayn b. Jamāl al-Dīn al-Khwānsārī (m. 1098/1687) écrit lui aussi sur ce sujet, dans des gloses sur le *Shifā'* (*Livre de la guérison*) d'Avicenne[2].

– Muḥammad b. 'Abd al-Fattāḥ Sarāb Tunkābunī (m. 1124/1712) écrit un traité sur la *shubhat al-tawḥīd* (achevé en 1103/1691-92), dans lequel il commente les solutions formulées par Mullā Shamsā Gīlānī et 'Abd al-Razzāq al-Lāhījī[3]. Tunkābunī écrit aussi une épître sur le paradoxe du menteur (achevée en 1097/1686) dans laquelle il cite l'opinion d'Ibn Kammūna, en se fondant évidemment sur la citation faite par Dawānī dans ses écrits, puis il la commente[4].

L'ouvrage de comparaison des trois religions d'Ibn Kammūna, *Tanqīḥ al-abḥāth* (*Examen de la critique des trois religions*), au contraire de ses écrits philosophiques, n'a jamais beaucoup attiré l'attention du monde islamique et de fait est resté inconnu de nombreux savants, en dépit du scandale que l'ouvrage provoqua à Bagdad, quatre ans après son achèvement. En comparaison des nombreux manuscrits des ouvrages philosophiques d'Ibn Kammūna, il existe peu de copies du *Tanqīḥ* produites par les musulmans. L'ouvrage est inclus dans le codex mentionné plus haut, écrit par Quṭb al-Dīn al-Shīrāzī[5], ainsi que dans les deux copies incomplètes de ce codex. Elles contiennent toutes la même version de l'*Examen*, différant sensiblement, par de nombreuses additions et variantes, de toutes les autres copies manuscrites existantes de ce texte. Un troisième manuscrit d'origine musulmane est conservé à la Chester Beatty Library[6]. Cette copie diffère des trois autres manuscrits d'origine musulmane et n'est pas datée. Cependant, elle contient un colophon écrit par le propriétaire de la copie,

1. Éd. Mu'assassa-yi taḥqīqāti-yi Imām Ṣādiq, Qum 1383/2004, p. 204-206.
2. Éd. Ḥ. N. Iṣfahānī, dans *Dabīrkhāna-yi kongiri-yi Āqā Ḥusayn Khwānsārī*, Qum 1378/1999, p. 289ff.
3. MS Mahdawī 592/2, f. 3a-6a.
4. MS Mahdawī 592/1, f. 8b-11a.
5. MS Mar'ashī 12868.
6. Ar. 4965.

Shihāb al-Dīn Aḥmad b. Abī l-Qādir b. al-Hādī (?), déclarant qu'il en fit lecture au Shaykh al-'Allāma Badr al-Dīn b. al-Ṭabbākh al-Ash'arī au début de l'an 965/1557.

Un indice supplémentaire du peu d'attention accordée à l'ouvrage dans le monde musulman est le fait que les deux opuscules écrits, comme on le sait, pour le réfuter, ont été perdus. Le premier, intitulé *al-Durr al-manḍūd fī l-radd 'alā faylasūf al-yahūd*, est l'œuvre de Muẓaffar al-Dīn Aḥmad b. 'Alī b. al-Sā'ātī al-Baghdādī (651-694/1254-1294-5). Le second a été composé par Zayn al-Dīn Sarījā b. Muḥammad al-Malaṭī (m. 788/1386-7), avec pour titre *Nuhūḍ ḥathīth al-nuhūd ilā duḥūḍ khabīth al-yahūd*. La seule réaction musulmane à l'*Examen* qui ait subsisté est un traité relativement concis d'un auteur anonyme, lequel aurait été composé au VIIIe/XIVe siècle[1]. Dans son introduction, l'auteur déclare que c'est l'*Examen* d'Ibn Kammūna qui l'a poussé à écrire son traité; mais, le corps principal du texte, composé de deux chapitres, apparaît plutôt comme un traité polémique de plein droit contre le judaïsme que comme une réfutation de l'*Examen*. Comme point de départ de son propre traité, cet auteur utilise l'*Examen* et aussi l'*Ifḥām al-yahūd* (*La réfutation des Juifs*) de Samaw'al al-Maghribī.

La seule réfutation de l'*Examen* d'Ibn Kammūna qui ait été conservée est celle écrite par un chrétien (apparemment jacobite), Ibn al-Maḥrūma, qui vers 733/1333 composa de longues gloses (*ḥawāshī*) sur les chapitres deux et trois de l'*Examen*, traitant du judaïsme et du christianisme[2].

Vers la fin du XVIIIe siècle, l'*Examen* d'Ibn Kammūna attire l'attention d'Āqā Muḥammad 'Alī Bihbahānī (1144-1216/1732-1801), apparemment par le biais du codex Shīrāzī cité plus haut ou du codex copié en 1060/1650[3]. Bihbahānī, fils du fameux Waḥīd Bihbahānī (1118-1207/1706-1792), est surtout connu pour avoir persécuté et tué des chefs de l'ordre Ni'matullāhī[4]; sa vive hostilité envers les Ni'matullāhīs s'exprime dans son *Khayratiyya dar ibṭāl-i ṭarīqa-yi ṣūfiyya*[5]. Peu avant sa mort, (en 1216/1801), il achève *Rādd-i shubahāt al-kuffār*, un ouvrage polémique contre le judaïsme et le christianisme[6]. Dans son introduction, il déclare

1. Nous l'avons édité dans *A Jewish Philosopher of Baghdad*, Appendix B.

2. Éd. Habib Bacha, Rome, al-Ma'had al-Bābawī al-Sharqī, 1984.

3. MS Majlis 593.

4. Ordre soufi, nommé d'après son fondateur au IXe/Xe siècle, Nūr ad-Dīn Ni'mat Allah, qui vécut à Mahan, près de Kerman, où il est enterré. Ordre sunnite à l'origine, il devint shiite au XVIe siècle, à la suite de la conversion générale au shiisme de l'Iran.

5. Éd. Sayyid Mahdī Rajā'ī, Qum, Anṣāriyān, 1412/1991.

6. Éd. Sayyid Mahdī Rajā'ī, Qum, Anṣāriyān, 1413/1992.

qu'il va entrer dans les détails à propos des trois religions (*dar laṭā'if-i abḥāth-i milal-i thalāth*) et que son ouvrage présentera une introduction (*muqaddamāt*), trois chapitres (*sih baḥth*) et un épilogue (*khātima*). Plus loin, il donne un titre plus vaste à l'ouvrage : *Rādd-i shubahāt-i kuffār dar dhikr abḥāth-i milal-i thalāth*[1], ce qui est déjà une allusion au *Tanqīḥ al-abḥāth li-l-milal al-thalāth* d'Ibn Kammūna. La comparaison entre le *Rādd-i shubahāt al-kuffār* et l'*Examen* révèle que ce n'est pas seulement la structure globale de l'ouvrage de Bihbahānī qui est conforme au modèle de l'*Examen* d'Ibn Kammūna; tant l'introduction que les trois chapitres du *Rādd* qui suivent, consistent, dans une large mesure, en traductions de vastes portions de l'*Examen*, bien que, tout au long du texte de son *Rādd*, Bihbahānī s'abstienne de mentionner explicitement le titre de l'ouvrage comme le nom de son auteur. L'introduction de Bihbahānī est, à quelques omissions près, une traduction du premier chapitre d'Ibn Kammūna traitant de la prophétie en général, avec seulement quelques remarques additionnelles. Le premier chapitre de Bihbahānī, consacré au judaïsme, est essentiellement une traduction de la plus grande partie du second chapitre d'Ibn Kammūna sur le judaïsme, avec quelques compléments tirés d'autres sources. Le second chapitre de Bihbahānī consacré au christianisme est, à quelques omissions près et hormis les deux premières sections ainsi qu'une partie de la section huit, une traduction du troisième chapitre d'Ibn Kammūna sur le christianisme. Le troisième chapitre, consacré à l'islam, est aussi une traduction du quatrième chapitre d'Ibn Kammūna, mais avec des omissions importantes et de nombreuses additions tirées d'autres sources.

L'ACCUEIL D'IBN KAMMŪNA DANS LES MILIEUX JUIFS

Les écrits d'Ibn Kammūna reçurent un accueil limité dans les milieux juifs, si nous le comparons à l'importante influence que ses écrits philosophiques et sa pensée eurent sur le développement ultérieur de la philosophie chez les musulmans. Certains de ses écrits philosophiques, tout comme ses deux ouvrages comparatifs, circulaient parmi les juifs et notamment les Caraïtes, comme en témoignent les manuscrits en caractères hébraïques, conservés dans les bibliothèques européennes, dans les diverses collections provenant de la Genizah de la synagogue Ben Ezra à Fostat/Vieux Caire et dans la collection Abraham Firkovitch à Saint-

1. *Ibid.*, p. 24.

Pétersbourg, elle-même issue en partie de la Genizah de la synagogue caraïte du Caire. Seuls trois de ses écrits philosophiques furent copiés et lus par les générations postérieures de juifs : la *Maqāla fī l-taṣdīq bi-anna nafs al-insān bāqiya abadan* et *al-Maṭālib al-muhimma* (des copies incomplètes sont conservées dans la collection Firkovitch) et son commentaire sur les *Talwīḥāt* de Suhrawardī (trois fragments sont conservés dans la même collection). Deux de ces trois fragments proviennent à l'évidence de la même copie de l'ouvrage et un autre fragment substantiel de cette copie, après avoir appartenu au *Nachlass* de Moses Wilhelm Shapira (1830-1884), devint la propriété de la bibliothèque d'état de Berlin en 1885. Les trois fragments pris ensemble constituent (à l'exception d'au moins quatre folios) une copie complète des parties I (logique) et II (physique) du *Sharḥ al-Talwīḥāt* d'Ibn Kammūna.

Les ouvrages comparatifs d'Ibn Kammūna furent aussi lus et copiés dans les milieux juifs. La collection Firkovitch contient trois fragments de son traité sur les différences entre Rabbanites et Caraïtes, dont deux faisaient partie à l'origine de la même copie de l'ouvrage. Le seul manuscrit complet du texte, conservé à la bibliothèque d'état de Berlin,[1] a été copié en 1341 E.C. à Bagdad. En outre, deux copies complètes de l'*Examen*, écrites en caractères hébraïques, sont conservées à la Bibliothèque nationale de Berlin et à la Bodleian Library d'Oxford. Deux fragments, provenant à l'évidence de la même copie de l'*Examen*, sont conservés dans la collection Firkovitch.

A ce jour, nous connaissons un seul penseur juif qui ait étudié les œuvres d'Ibn Kammūna et les ait utilisées dans ses propres ouvrages : il s'agit de David ben Joshua Maïmonide, un lointain descendant de Maïmonide, qui fut actif aux environs de 1335-1410 E.C.[2]. Dans son commentaire en judéo-arabe sur le *Mishneh Torāh*, il cite l'*al-Jadīd fī l-ḥikma* d'Ibn Kammūna et il semble être également familier de son *Sharḥ al-Talwīḥāt*. Il n'est pas improbable que la copie du commentaire d'Ibn Kammūna sur les *Talwīḥāt* de Suhrawardī, dont des portions ont été recueillies par Abraham Firkovitch et par Moses Wilhelm Shapira, soit le manuscrit même dont disposait David ben Joshua.

1. Ms. Or. Oct. 256.

2. Voir à son sujet, S. Schmidtke, « Two commentaries on Najm al-Dīn al-Kātibī's *al-Shamsiyya*, copied in the hand of David b. Joshua Maimonides (fl. ca. 1335-1410 CE) », *Law and Tradition in Classical Islamic Thought*, éd. Intisar Rabb et al., New York, Palgrave (in press).

SA'AD B. MANṢŪR IBN KAMMŪNA

EXAMEN DE LA CRITIQUE DES TROIS RELIGIONS MONOTHEISTES

(Tanqīḥ al-abḥāṯ lil-milal al-ṯalāṯ)

(Bagdad, 1280)

Au nom de Dieu, le Tout-Clément et le Miséricordieux

Je remercie Dieu pour sa direction et sa guidance. Je l'implore, par ses plus beaux noms[1] et ses sublimes attributs qu'il a révélés par la bouche de ses prophètes et de ses messagers, de me protéger dans la vie future et dans celle ici-bas et de me placer dans la demeure éternelle parmi ceux qui jouissent du bonheur suprême. Et aussi de bénir ceux qui appartiennent à l'assemblée d'en haut[2] et ceux parmi les mortels qu'il a distingués par la prophétie et la sainteté, en particulier son messager élu, sa famille et ses compagnons pourvus d'un intellect supérieur.

Ceci dit, des controverses récentes m'ont contraint à composer cet essai «*Examen de la critique des trois religions monothéistes*», portant sur la religion des juifs, celle des chrétiens et celle des musulmans. J'ai tout d'abord rappelé succinctement les divers états de la prophétie, puis j'ai rapporté, dans l'ordre chronologique, ce qui concernait chaque religion. J'ai donc commencé par la plus ancienne qui est la religion juive, poursuivi avec l'intermédiaire qui est la religion chrétienne et j'ai terminé par la plus récente qui est la religion musulmane. Pour chacune d'elles, j'ai rapporté les articles de foi, sans entrer dans les différentes obédiences qu'il est impossible d'examiner complètement. J'ai poursuivi en rapportant les arguments des partisans de chaque religion, quant à l'authenticité de la prophétie de son prophète fondateur. J'ai cité les objections soulevées et les réponses rapportées, en soulignant l'étendue des regards que l'on peut porter sur ces réponses et en y faisant la part de ce qui est valide – pour y recourir – de ce qui ne l'est pas.

Dans tout cela, je me suis exprimé sans passion, je n'ai pas entrepris de favoriser une religion sur une autre, mais j'ai tenu à conduire les questionnements concernant chaque religion jusqu'à leur terme ultime. J'ai organisé l'essai en quatre chapitres.

Je demande à Dieu de m'accorder réussite et guidance, de me permettre de mener à bonne fin ce travail jusqu'à son terme et de me faire place, dans la vie future, parmi les croyants et les pieux. C'est lui le dispensateur des bienfaits dans ce monde et c'est vers lui que sont dirigées nos aspirations à la demeure future. Il doit être remercié pour ses bienfaits et ses faveurs. Dieu me suffit[3] et je m'en tiens à lui.

1. *al-'asma' al-ḥusna* : ce sont les 99 appellations de Dieu (cf. *EI*², I, 714 *sq.*).
2. *al-mala' al-'a'la* : ce sont les anges.
3. Expression coranique (*Coran*, 9,129 ; 39,38).

CHAPITRE PREMIER

La véritable nature de la prophétie : ses variétés, les preuves de son existence, son utilité et autres sujets connexes

La substance de l'homme à sa naissance a, comme nous pouvons le constater[1], une capacité de perception qui ne va pas au-delà des sensations immédiates.

Au départ, l'homme est pourvu des cinq sens extérieurs qui sont le toucher, le goût, l'odorat, l'ouïe et la vue. Par le toucher, il appréhende certains phénomènes, tels le chaud et le froid, l'humidité et la sécheresse, l'état rugueux ou lisse d'une surface, etc. Avec les autres sens, il appréhende d'autres types de réalités, comme les goûts, les odeurs, les sons et les couleurs.

Chaque sens est inapte à percevoir ce que les autres sens perçoivent. Bien plus, les perceptions de chaque sens sont comme inexistantes pour les autres : ainsi les couleurs pour le toucher ou les sons pour l'odorat.

Quand l'homme progresse au-delà du sensible, apparait en lui la faculté de discernement. C'est une autre étape de son développement, au cours de laquelle il appréhende ce qui ne lui est pas révélé par les cinq sens. Cette étape a lieu vers l'âge de sept ans.

Plus tard, il franchit une autre étape, celle de l'intellect, au cours de laquelle il appréhende les notions de nécessité, possibilité, impossibilité, et d'autres notions absentes des étapes de la sensation et du discernement.

Ceci posé, nous disons que la prophétie est encore une autre étape, au-delà de celle de l'intellect, au cours de laquelle un autre regard s'ouvre. On voit ce qui est caché, ce qui se produira dans l'avenir, ce qui s'est produit

1. Idées empruntées à al-Ghazālī (*Munqiḏ*, p. 41 *sq.*).

dans le passé et d'autres choses face auxquelles l'intellect est impuissant, comme sont impuissantes la faculté de discernement face aux perceptions de l'intellect ou les facultés sensorielles face aux perceptions du discernement.

C'est pourquoi, un rationaliste peut rejeter les données de la prophétie et les disqualifier, simplement parce qu'elle constitue une étape qu'il n'a pas atteinte et qui ne lui est pas accessible. Il la considère donc inexistante en soi, tel un aveugle de naissance qui, n'ayant pas eu connaissance des couleurs ou des lumières par tradition fiable ou par ouï-dire, n'admettra pas leur existence lorsqu'on lui en parlera pour la première fois; tel aussi un homme impuissant à qui l'on parlerait du plaisir de la relation sexuelle[1].

Ainsi est la prophétie : elle a trois propriétés[2] :

– la première est inhérente à la faculté de l'âme et de sa substance d'influer sur la substance matérielle du monde aussi bien que sur les autres âmes, en supprimant une forme pour en créer une autre ou en substituant un évènement à un autre.

– la seconde est une propriété de la faculté spéculative de l'âme du prophète qui peut devenir si pure qu'elle est fortement disposée à recevoir la connaissance de son Dispensateur et de son Donateur. Les objets intelligibles lui sont alors rapidement révélés sans qu'il ait à recevoir un enseignement de ses congénères.

– la troisième réside dans le fait que le prophète, aussi bien à l'état d'éveil que de sommeil, prend connaissance de choses cachées dont il ne met pas en doute la réalité. Son jugement quant à la vérité de ce qu'il perçoit n'est pas troublé par la croyance ou l'imagination, quand bien même il le perçoit en état de sommeil, contrairement à ce qui se passe pour un autre homme qui a de vrais rêves mais doute de la réalité de ce qu'il a vu ou de son interprétation.

Certains prophètes combinent ces trois propriétés, d'autres deux seulement; d'autres une seule, la simple vision; d'autres possèdent un peu de chacune. De ce point de vue, les prophètes couvrent une gamme très large. Telle est la vraie nature de la prophétie[3].

Par prophète ou messager, on désigne une personne porteuse de messages venant de Dieu, sans intermédiaire humain entre Dieu et elle.

1. Cette image est citée par Maimonide, *Introduction to Pereq Ḥeleq*, éd. J. Kafih, Jérusalem, 1964, p. 203 et par Avicenne, *Shifā*, *Ilāhiyāt* II, éd. I Madkur, le Caire, 1960, p. 424, l. 9 *sq*. Voir aussi *Aḥwāl*, p. 129.

2. Inspiré d'al-Ghazālī, *Tahāfut*, éd. M. Bouyges, Beyrouth, 1962, p. 192 et *Maqāṣid al-falāsifa*, éd. S. Dunyā, le Caire, 1961, p. 380-384.

3. Inspiré du *Guide* de Maimonide (II, chap. 36; et aussi chap. 45, p. 93*a*).

Cette définition inclut celui à qui le message de Dieu parvient, soit sans intermédiaire, soit au travers d'un intermédiaire non-humain, comme un ange, une âme céleste ou une *intelligence* au sens philosophique.

Dans un sens plus spécifique, les mots *prophète* et *messager* servent parfois à désigner une personne à qui Dieu s'adresse en vue d'améliorer l'humanité. Ceci est vrai pour un prophète qui est envoyé muni d'une loi complète, mais tous ne sont pas dans ce cas. Certains prophètes sont envoyés pour annoncer, par exemple, le châtiment d'un peuple ou d'une personne ou annoncer une chose qui se produira dans le futur ou s'est produite dans le passé ou autre chose. Il en est ainsi pour de nombreux prophètes d'Israël postérieurs à Moïse. Ces prophètes suivaient la loi de Moïse et ils ne furent pas envoyés avec une loi propre, mais pour des missions particulières concernant l'ensemble ou une partie du peuple de leur époque[1].

Parmi ceux qui reconnaissent la véracité de la prophétie, on distingue trois opinions[2] :

1) Il y a ceux qui n'imposent pas au prophète la condition d'être savant, mais disent que Dieu élit à la prophétie qui il veut parmi les hommes. Pour les tenants de cette opinion, nulle différence entre un savant et un ignare, un vieux et un jeune. Ils stipulent seulement qu'il faut jouir d'une certaine excellence et d'intégrité morale. Aucun d'entre eux ne va jusqu'à affirmer que Dieu pourrait envoyer comme prophète un homme méchant, sans l'avoir préalablement rendu vertueux.

2) Il en est d'autres qui voient dans la prophétie une certaine perfection de la nature humaine, à laquelle un homme ne parvient qu'après un apprentissage qui fait passer dans le réel ce qui est à l'état potentiel dans l'espèce, pour autant que ne l'empêche pas un défaut de complexion ou une cause extérieure quelconque. Pour les tenants de cette opinion, ne devient prophète qu'une personne supérieure, douée de qualités intellectuelles et morales parfaites. Ainsi, quiconque est apte à la prophétie et s'y prépare devient nécessairement prophète.

3) Il y a enfin ceux qui admettent que la prophétie ne peut parvenir qu'à une personne supérieure et parfaite, mais qui considèrent que même quelqu'un d'apte à la prophétie et qui s'y prépare peut ne pas devenir prophète, de par la volonté de Dieu et de son arrêt.

Telles sont les opinions que nous connaissons sur ce sujet.

1. La théologie islamique distingue, parmi les prophètes, les deux catégories du *nabī* (« avertisseur », tels Elie, Isaïe, etc.) et du *rasūl* (porteur d'une loi, tels Jésus et Mahomet).

2. *Guide* (II, chap. 32, p. 72*b sq.*).

Un prophète[1] peut recevoir une part d'inspiration qui le rende parfait, sans autre conséquence. Il peut aussi en recevoir une part telle qu'il est poussé à s'adresser aux hommes, à leur délivrer un enseignement et à déverser sur eux une part de sa perfection. C'est comme pour les savants : certains ne sont pas enclins à enseigner autrui ou à composer des ouvrages, n'ayant pour cela ni inclination ni capacité, alors que d'autres ressentent le besoin de composer des ouvrages et d'enseigner. Sans cette impulsion intérieure, les sciences n'auraient pu être consignées dans des livres et les prophètes n'auraient pu s'adresser aux hommes pour leur faire connaître la vérité. Cette disposition est implantée dans la nature des hommes de science et des prophètes, comme l'est l'appétit sexuel dans la nature de l'homme et des autres êtres vivants, afin qu'ils procréent, ce qui est une marque de la bienveillance de Dieu envers ses créatures. Tant l'homme de science que le prophète peuvent ressentir en leur for intérieur le désir de conduire l'humanité vers son bien. Ils s'adressent alors aux hommes dans ce but, que ceux-ci soient réceptifs ou non.

L'inspiration que reçoivent les prophètes se décline logiquement en quatre catégories, car elle peut survenir en rêve ou à l'état éveillé et dans chacun de ces deux cas au travers ou non d'un intermédiaire, ange ou autre[2]. Le prophète, lors de son appel public, peut révéler ou non la catégorie le concernant. Un prophète peut prophétiser par parabole, du fait qu'il reçoit une vision sous forme de parabole. Le sens de cette parabole lui est expliqué pendant sa vision, de la même manière qu'un homme faisant un rêve imagine dans ce rêve qu'il se réveille, raconte son rêve à une autre personne et lui explique sa signification et tout cela en rêve.

Il est certaines paraboles prophétiques dont le sens n'est pas expliqué pendant la vision mais le prophète en apprend l'intention par la suite, sous l'inspiration de Dieu. On se trouve dans ce type de parabole lorsque le prophète voit une chose dont l'intention lui est indiquée par le nom de cette chose, au travers de la dérivation ou de l'homonymie et, à partir d'un sens de cette chose, il en déduit un autre. Ce procédé de création de paraboles est également rapporté à propos de certains prophètes d'Israël.

L'indication de l'intention[3] peut résulter d'un nom dont les lettres sont celles d'un autre nom, dans un ordre différent, même si aucune relation n'existe entre les deux noms, ni par dérivation ni par homonymie. Comme pour l'homme qui, en rêve, se voit partir vers tel pays, s'y marier, y

1. *Guide* (II, chap. 37, p. 81*a*).
2. *Guide* (II, chap. 43).
3. *Guide* (II, chap. 43, 46, p. 91*a-b*).

séjourner un certain temps, voit un enfant lui naître à qui il donne tel nom et à qui il arrive telle et telle chose, ainsi en est-il de ce que l'on voit dans les paraboles prophétiques, même lorsque de longues périodes de temps s'écoulent entre deux actions exprimées par parabole. Dans le discours des prophètes interviennent souvent métaphores et expressions figuratives ainsi qu'expressions en forme d'hyperbole[1]. C'est pourquoi, celui qui interprète ces mots dans leur sens premier peut se tromper lourdement.

La sainteté[2] est limitrophe de la prophétie. Le saint n'est pas considéré comme prophète. Tout prophète est un saint, alors que tout saint n'est pas prophète.

Le saint qui jouxte la classe des prophètes peut jouir de l'assistance divine. Celle-ci le stimule et l'encourage à accomplir un bienfait majeur, de grande portée, comme libérer une communauté de justes d'une clique de méchants ou libérer un juste de haut rang ou répandre le bien sur une multitude de gens. Pour cela, il ressent en lui-même une force et un appel qui le poussent à agir. L'esprit divin repose sur un tel personnage, non pour lui faire énoncer quelque chose mais pour le pousser à agir. Cette action, non fortuite, consiste à porter secours aux opprimés ou à y contribuer, qu'il s'agisse d'une seule et éminente personne ou d'une communauté. Quiconque fait un vrai rêve n'est pas prophète. De même, il ne peut être dit de quiconque obtient de la providence un certain profit – richesses ou ambition personnelle – qu'un esprit divin l'a saisi ou qu'il est un saint de Dieu ou qu'il a fait ce qu'il a fait sous l'emprise de l'Esprit Saint. Par contre, on peut le dire de quelqu'un qui accomplit un bienfait de grande portée ou une action y contribuant.

Le saint[3] peut sentir quelque chose se produire en lui, une force extérieure s'emparer de lui, l'amenant à parler. Il s'exprime alors par de sages maximes, des louanges à Dieu, des mises en garde salutaires ou des commandements normatifs d'origine divine, tout cela en état d'éveil et dans la jouissance habituelle de ses sens. On dit d'une telle personne qu'elle parle sous l'emprise de l'Esprit Saint.

Ces deux derniers niveaux de sainteté se situent en deçà de la prophétie. Les niveaux de sainteté et leur positionnement sont nombreux et leur discussion n'entre pas dans le propos de ce livre. Mais, en mentionnant ces deux niveaux, notre objectif est d'aborder à partir d'eux l'exposé des degrés de prophétie.

1. *Guide* (II, chap. 46, p. 97*b*).
2. *Guide* (II, chap. 45, p. 93*b*-94*a*). La *wilāya* (sainteté) est une catégorie plutôt soufie.
3. *Guide* (II, chap. 45, p. 94*a*).

Je mentionnerai dix degrés de prophétie :

Premier degré : en rêve, le prophète, dans les conditions de prophétie décrites plus haut, voit une parabole dont la signification et l'objectif lui sont révélés.

Deuxième degré : en rêve, il entend un discours explicite et clair, sans voir le locuteur.

Troisième degré : en rêve, un être humain lui parle comme précédemment.

Quatrième degré : en rêve, un ange lui parle.

Cinquième degré : en rêve, il voit, en apparence, Dieu s'adresser à lui.

Sixième degré : éveillé, une révélation sous forme de parabole lui parvient.

Septième degré : éveillé, il entend un discours.

Huitième degré : éveillé, il voit apparemment un homme s'adresser à lui.

Neuvième degré : éveillé, il voit un ange s'adresser à lui.

Dixième degré : éveillé, il voit Dieu s'adresser à lui[1].

Telles sont les classes de prophétie qui ont été rapportées[2].

Un prophète[3] peut avoir une révélation d'un certain degré, puis à un autre moment une révélation d'un autre degré, supérieur ou inférieur. Il

1. Comparaison des degrés de prophétie chez Maimonide et chez Ibn Kammūna :

Degré	Chez Maimonide	Degré	Chez Ibn Kammūna
1	Assistance divine		} État de sainteté (*awliya'*)
2	Le prophète est poussé à parler en public		
3	Une parabole est clairement perçue en rêve	1	*idem*
4	Un discours est entendu en rêve	2	*idem*
5	Un être humain est entendu en rêve	3	*idem*
6	Un ange est entendu en rêve	4	*idem*
7	Dieu est apparemment entendu en rêve	5	*idem*
8	Vision d'une parabole (non en rêve)	6	Vision d'une parabole en état d'éveil (*yaqẓa*)
9	Un discours est entendu dans une vision	7	*idem*
10	Un être humain est entendu dans une vision	8	*idem*
11	Un ange est entendu dans une vision	9	*idem*
12	Dieu est entendu à l'état d'éveil	10	*idem*

Chez Maimonide, le dernier degré est réservé à un seul prophète, Moïse. Ibn Kammūna omet de citer Moïse, « déjudaïsant ainsi cette échelle », comme le souligne M. Perlmann dans son introduction à *Examination*.

2. *Guide* (II, chap. 45).

3. *Guide* (II, débutant au chap. 45).

peut n'atteindre son degré le plus élevé qu'une fois dans sa vie ou n'atteindre le niveau minimal de la prophétie qu'une seule fois dans sa vie. La prophétie peut même lui être retirée; il la regrette alors et languit son retour. La révélation peut lui venir dans des conditions impressionnantes : il entend, par exemple, des paroles semblables à un puissant tonnerre ou bien voit une ou plusieurs images épouvantables et terrifiantes. Les cas particuliers de tels phénomènes sont quasi illimités. Des exemples de chacun d'eux sont rapportés à propos des prophètes d'Israël. Nous les trouvons dans leurs livres de prophéties.

Les miracles sont l'un des signes d'authenticité des prétendants à la prophétie[1].

Par *miracle* on entend ce que les êtres humains sont incapables de faire ou de maîtriser, par manque de puissance, de savoir ou de moyens. Pour la plupart des légistes, c'est le miracle qui constitue la preuve de l'authenticité d'un prophète se revendiquant comme tel.

Plusieurs conditions sont stipulées pour que le miracle soit bien prouvé. Il faut :

– que les autres hommes ne puissent accomplir l'acte considéré ou un acte approchant,

– que cet acte soit en contradiction avec le cours naturel des choses,

– qu'il se produise en période de *taklīf*[2],

– qu'il ait lieu au moment où le prophète revendique la prophétie,

– qu'il relève de l'action de Dieu ou de son commandement et de son soutien.

Pour prouver la prophétie par les miracles, cinq conditions sont donc stipulées :

1) *Il faut que les autres hommes soient incapables d'accomplir le miracle.*

En effet, les capacités des autres hommes sont identiques, qu'ils soient de bonne foi ou menteurs. Les revendications de chacun étant vraiment semblables, celle de l'homme de bonne foi ne peut être discernée. Il en est de même pour un acte se rapprochant d'un miracle. En effet, en de rares occasions il peut arriver qu'un homme, expert dans un savoir ou un métier, surpasse ses contemporains et les autres hommes. Mais ceci ne prouve pas

1. Faḫr al-Dīn al-Rāzī (*Ma'ālim*, marges des p. 97 *sq.* ; *Arba'īn*, p. 316, bas).
2. Voir note 1, p. 56.

sa qualité de prophète, en supposant même qu'il ait lancé un défi à ce sujet. *A contrario*, ce sera le cas si le niveau auquel il parvient est tel que l'on puisse catégoriquement affirmer qu'il n'est pas donné au genre humain de faire ce qu'il a fait ni de s'en rapprocher.

2) *Il faut que le miracle soit en contradiction avec le cours naturel des choses.*

Cela seul peut prouver le bien-fondé de la revendication, car si celle-ci n'était pas fondée, le miracle n'aurait pas eu lieu. On ne peut proclamer : « si ce prophète ne disait pas la vérité, le soleil ne se serait pas levé aujourd'hui », car il s'est levé aujourd'hui pour la même raison qu'hier.

3) *Il faut que le miracle se produise à un moment où la loi divine s'impose légitimement à l'homme (taklīf).*

Si le miracle se produisait en même temps que les signes de fin des temps, le cours naturel des choses pourrait être perturbé, mais pour une raison indépendante de la revendication prophétique[1].

4) *Il faut que le miracle ait lieu au moment où le prophète revendique la prophétie.*

En effet, le bien-fondé de la revendication prophétique est un attribut de celle-ci et l'existence de l'attribut n'est pas concevable sans l'existence de l'objet dont il est l'attribut.

5) *Il faut que le miracle provienne de l'action de Dieu ou de son autorisation.*

En effet, la confirmation du bien-fondé de la revendication n'est établie que si l'agent de la confirmation ou celui qui l'ordonne ou l'autorise est un sage. Les hommes doués de raison ne voient pas de différence entre :

– une personne *donnant* son sceau à une autre qui le présente comme le signe et la preuve de ce qu'il est l'envoyé de la première,

1. Nous avons pris en compte la remarque de G. Vajda : « le traducteur s'est mépris sur le sens de ce passage qui revient à dire ceci : le miracle qui confirme la véracité du prophète doit être produit au temps où la loi divine est légitimement imposée à l'homme (*taklīf*) et non au temps eschatologique marqué par la rupture de l'ordre des choses, ces évènements stupéfiants n'ayant rien à voir avec l'authenticité de la prétention à la prophétie. La leçon *ašrāt*, réléguée en apparat, est la seule bonne. *Ašrāt al-sā'a* est le terme technique musulman pour désigner les bouleversements qui accompagnent la fin des temps. » *REJ*, 1974 (tome 133); janvier-juin 1974 : fascicule 1-2, p. 272-275 : compte-rendu (en anglais) de la traduction anglaise du *Tanqīḥ* d'Ibn Kammūna par Moshe Perlmann (*Examination*).

– et une personne *autorisant* une autre à prendre son sceau, en sachant que ce sceau atteste que la seconde est l'envoyée de la première.

C'est pourquoi, tant l'action de confirmation d'une revendication que celle consistant à autoriser cette confirmation sont équivalentes pour prouver le bien-fondé de la revendication.

Si toutes ces conditions sont satisfaites, nous savons alors que la perturbation du cours normal des choses est liée à une revendication de prophétie et que c'est de ce fait que ce cours a été perturbé. Ceci servira de confirmation à cette revendication, à la manière d'un homme disant à un autre : « Si je suis ton envoyé, alors pose ta main sur ta tête ». Si ce dernier obtempère, c'est comme s'il lui disait : « Tu as raison de prétendre être mon envoyé ». Si le miracle sert à confirmer un prétendant à la prophétie, vu que Dieu ne saurait confirmer un menteur, alors le bien-fondé de la revendication sera établi.

Sept doutes ont été élevés à ce sujet[1] :

1) *La violation de l'ordre normal des choses est impossible.*

Admettre cette violation conduirait au sophisme car si nous l'admettions, nous pourrions accepter que les montagnes soient changées en or et les mers en sang ou, dans cette hypothèse, en voyant une vieille personne, nous pourrions admettre qu'elle surgit à l'instant sans être engendrée par un père et une mère. En voyant Zayd, nous pourrions dire qu'il s'agit d'une autre personne que Dieu aurait créée suivant le même moule et le même dessin. Tout cela est stupidité.

2) *Pourquoi dire que ce miracle a été accompli à l'initiative de Dieu ou sur son ordre ou avec son autorisation ?*

On peut concevoir que l'âme du prophète soit différente des autres ou que son tempérament et sa constitution soient différents de ceux des autres hommes. Peut-être la source de son pouvoir spécifique est-elle cette spécificité ou peut-être est-ce un élixir trouvé par le prophète qui provoque ces effets ou peut-être encore que *djins*, démons ou autres créatures célestes l'ont aidé dans cet acte accompli comme en désobéissance à Dieu ?

1. Ces objections font écho à des sources plus anciennes, comme Ibn al-Rāwandī et Muhammad Ibn Zakaryā al-Rāzī (IXe siècle).

3) *Nous n'admettons pas que Dieu puisse créer un miracle en vue de confirmer une prophétie.*

En effet, ses œuvres sont au-dessus de tels desseins.

4) *En admettant que Dieu agit dans un but, pourquoi dire qu'en créant un miracle, son seul but est d'authentifier une revendication de prophétie?*

Peut-être s'agit-il d'un phénomène naturel à son début, comme il en a été pour les autres évènements, ou alors d'un phénomène périodique survenant après de longs intervalles et qu'une vie humaine ne peut appréhender? Ou encore d'une mise en garde adressée au fidèle de ne point y voir la preuve qui confirme une revendication de prophétie, malgré la difficulté pour lui d'adopter une telle réserve pour laquelle il serait récompensé. Ceci s'applique, dit-on, à la révélation des versets ambigus ou vise un autre objectif dont nous ne sommes pas informés car l'homme ne peut connaître toute l'étendue de la sagesse de Dieu.

5) *Si tout est création de Dieu, alors c'est lui qui crée la dépravation chez le dépravé et l'incroyance chez l'incroyant.*

Dans ce cas, la création d'un miracle accréditant l'incroyance ne serait pas plus improbable que la création de l'incroyance elle-même. Ceci étant, la confirmation d'un prophète par Dieu ne prouve pas la vérité du prophète sur le fond.

6) *Si une personne dit à une autre* « si je suis ton messager, fais ceci » *et que cette dernière le fait, ceci ne prouve pas qu'elle confirme le dire de la première*, car il est possible qu'une cause indépendante conduise cette personne à agir ainsi, à ce moment précis.

7) *En admettant que cette personne n'avait d'autre dessein que de confirmer le dire de la première, nous n'admettons pas pour autant que cela prouve la confirmation par Dieu du prophète agent du miracle surnaturel.*

En effet, connaissant l'histoire de cette personne, ses traits de caractère et ses façons d'agir, nous pouvons déduire avec certitude qu'elle accomplit cet acte pour confirmer une prophétie. Mais, pour ce qui est de la sagesse de Dieu à l'égard de ses œuvres et de ses créatures, nul ne dispose d'un moyen d'accès permettant de les connaître et de les sonder, car comment pourrait-on comparer ses œuvres avec celles de ses serviteurs?

Réponses à ces doutes :

1) *Réponse au premier doute* : admettre une chose en général n'exclut pas d'affirmer son absence à un moment déterminé. Admettre la création d'un pseudo-Zayd ou d'un homme dénué de géniteurs n'interdit pas d'affirmer que ce Zayd est celui que nous avons connu ou que ce vieil homme est né de parents, qu'au début il était enfant, puis est devenu homme et puis vieillard. Ceci est une information irréfutable que Dieu a créée pour ses serviteurs, de peur que l'ordre existant ne soit perturbé par la non-reconnaissance du cours normal des choses et le doute à son propos[1].

2) *Réponse au second doute* : si nous admettons le postulat que Dieu est le seul créateur, nous admettons alors que permettre la création a le même statut que créer. Le Très-Sage ne peut tolérer d'infraction à ce statut car cela conduirait à l'égarement.

3) *Réponse au troisième doute* : la création d'un miracle révèle le fait que Dieu lui-même effectue la confirmation (de la revendication de prophétie) et si l'on appelle cela « dessein », en quoi cette interprétation serait-elle absurde ?

4) *Réponse au quatrième doute* : nous savons spontanément, en notre for intérieur, que le miracle est destiné à authentifier une revendication de prophétie et n'a pas d'autre fin.

5 à 7) *On répondra de la même façon aux autres doutes* : lorsque l'existence d'une chose est connue de manière irréfutable, supposer le contraire de cette chose n'invalide pas cette connaissance irréfutable.

Miracles des prophètes et miracles des saints diffèrent en ce que ces derniers, contrairement aux premiers, ne sont pas accompagnés d'une revendication de prophétie[2].

La différence entre miracles des prophètes et magie (pour ceux qui l'acceptent), c'est qu'au faiseur de magie, prétendant mensonger à la prophétie, Dieu suscite un opposant qui l'empêche d'accomplir l'acte de magie qu'il était capable d'accomplir auparavant[3].

1. Faḫr al-Dīn al-Rāzī (*Muḥaṣṣal*, p. 156 ; *Ma'ālim*, p. 104 ; *Arba'īn*, p. 316).

2. Catégorisation propre au *kalām* mais aussi au soufisme, qui distinguent les miracles (*mu'jizāt*) donnés uniquement aux prophètes et messagers divins et les gratifications (*karāmāt*) accordées aux gens saints (pour ces derniers, le terme « miracle » est abusif).

3. Cf. l'opposition entre mu'tazilites et soufis sur ce point.

Pour les faibles d'esprit, un miracle ressemble à d'autres phénomènes extraordinaires ou à des supercheries, comme ce qu'accomplissent les jongleurs ou les faiseurs de tours de passe-passe (naturels ou techniques). L'homme sensé doit être prudent à l'égard de telles choses, car nombreux sont les gens fourvoyés.

Le « mécanisme » de la prophétie[1]

Les philosophes disent que les images d'anges ou autres que les prophètes voient – même lorsqu'ils disent « Nous avons vu Dieu » – ressemblent à ce que les autres hommes voient dans leurs vrais rêves en dormant; une plus ou moins grande intensité, seule, les distingue. Chez les prophètes, contrairement aux autres hommes, la force de cette vision atteint le niveau de la certitude et de l'absence de doute[2], comme nous l'avons expliqué.

Les philosophes professent que les choses existantes sont gouvernées par leurs causes et que la connaissance complète de la cause implique la connaissance de son effet. Les choses existantes peuvent être appréhendées avant que d'exister, non au travers de ce qu'elles peuvent être mais au travers de ce qu'elles sont par nécessité causale. Si certains facteurs d'un phénomène nous sont clairs et que d'autres nous sont inconnus, alors :

– à proportion de ce qui nous en est clair, nous croyons intuitivement à l'existence de ces phénomènes;

– et, à proportion de ce qui nous en est inconnu, nous doutons de leur existence.

La prédisposition du monde envers ce qui doit s'y produire est imprimée dans les *principes supérieurs* qui sont soit des âmes célestes, soit leurs sphères, soit des intellects abstraits. Ces âmes ou ces intellects, selon la terminologie des philosophes, ce sont les anges. Ces principes, en soi, ne sont absolument pas cachés à nos âmes par un voile, mais le voile réside dans nos facultés :

– soit en raison de leur faiblesse,

1. Ce sous-titre est du traducteur.

2. Pour Maimonide, la perception prophétique n'est possible que lorsque la faculté imaginative atteint sa plus haute perfection, c'est-à-dire « lorsque les sens se reposent et cessent de fonctionner » (*Guide*, II, 36). « C'est alors, *dit-il*, que survient une certaine inspiration ... qui est la cause des songes vrais et celle aussi de la prophétie ».

– soit parce qu'elles se trouvent engagées dans une direction différente de celle qui permet d'atteindre ces principes.

Le cas échéant, l'union avec les principes devient possible et l'on accède à une partie de ce qui est caché. Si l'imagination intervient, la faculté imaginative – du fait de sa tendance à l'imitation et au mouvement – se transporte alors de cette partie vers autre chose, abandonnant ce qu'elle a appréhendé et produisant son semblable, son contraire ou sa contrepartie. C'est ce qui arrive à une personne éveillée qui voit quelque chose que son imagination dévie alors vers d'autres choses. Elle oublie alors la première chose et n'y retourne qu'à la suite du choc en retour de l'analyse et de la conjecture. La faculté imaginative peut ne pas se mouvoir mais consolider son acquit. L'état est stabilisé du fait qu'il n'y a pas mouvement vers un autre état. Lorsqu'elle est de ce type, la vraie vision ne nécessite pas d'interprétation[1].

La perfection de la faculté imaginative peut être telle que les facultés sensorielles, avec ce qu'elles véhiculent, ne la submergent pas et ne l'empêchent pas d'aider l'âme rationnelle à communiquer avec ces principes qui l'inspirent. L'âme rationnelle reçoit alors, en état d'éveil, l'image de l'inconnu; puis, la faculté imaginative agit comme dans un état de vision qui demande interprétation. On observe parfois des images divines étonnantes, conjuguées avec des paroles divines audibles et qui sont comme des perceptions révélées. Plus fort encore est le cas où ces situations et ces images se maintiennent fermement dans leurs apparences, sans que la faculté imaginative ne s'attache à les imiter. La perception sensorielle peut occuper la faculté imaginative avec les images sensibles qu'elle lui apporte. L'intellect, lui, peut l'occuper, en la détournant de l'illusion de mensonges qui ne seraient ni induits par la perception sensorielle, ni mis en œuvre par l'intellect. La conjugaison de ces deux sources d'occupation peut empêcher la faculté imaginative d'achever les actions qui lui sont propres.

Si l'une des deux sources d'occupation disparaît, il est probable que la faculté imaginative résiste à l'autre, mais cette résistance n'empêchera pas cette autre source d'agir. Parfois, la faculté imaginative se libère de l'attraction des sens et sa force surpasse la résistance de l'intellect : c'est le cas, dans le sommeil, quand elle produit des images semblables à des choses vues. Parfois, elle se libère de l'autorité de l'intellect lorsque le mécanisme utilisé par celui-ci pour contrôler le corps est défaillant. Dominant alors les sens, ne leur permettant pas de la distraire, la faculté imaginative se préoc-

1. Ce paragraphe est fondé sur Ibn Sīnā (*Aḥwāl*, p. 116-117).

cupe d'assurer ses propres actions. Là aussi, les images initiées par elle deviennent semblables à des choses vues, comme il arrive en cas de maladie, de forte peur ou de démence. C'est pourquoi, chez les déments et les bilieux, du fait de leur fort rejet des sens – notamment en cas d'épilepsie ou d'évanouissement – l'activité des forces sensorielles est altérée et comme leurs pensées sont détachées des sens, ils peuvent voir des choses cachées. Ce phénomène conduit à une apparition semblable à une chose vue et entendue. Si un bilieux, ou une autre personne au parcours analogue, annonce une chose cachée et si le résultat s'avère conforme à sa parole, il s'agit d'une prédiction du futur liée à la déficience de ces personnes. Les prophètes, à cause de leur grande perfection, de leur contact plus étroit avec les principes supérieurs et de leurs perceptions plus complètes, sont certains des choses cachées qu'ils perçoivent et n'en doutent pas, que leur perception de ces choses ait lieu en état d'éveil ou dans le sommeil. S'ils ne parviennent pas à la certitude de ces choses, alors leur perception ne constitue pas une prophétie, même si la prophétie a pu leur parvenir à un autre moment. Voilà donc le secret de leur connaissance des choses cachées et de leur perception des formes [1].

S'agissant de la perfection des prophètes quant à leur intellect spéculatif [2], le terme médian du syllogisme, grâce auquel ils parviennent à acquérir des choses intelligibles inconnues, s'obtient parfois par l'intuition, parfois par l'étude initiée elle-même par l'intuition. C'est pourquoi, très certainement, les choses remontent aux intuitions dont ont été saisis leurs maîtres qui les ont ensuite transmises à leurs disciples. L'intuition peut parvenir à un homme en son for intérieur et le syllogisme peut être conclu dans son esprit, sans maître. Cela est variable : certains ont l'intuition d'un plus grand nombre de termes médians, d'autres en ont une intuition plus rapide. Le niveau le plus bas correspond à la personne dénuée d'intuition; le niveau le plus élevé à celle douée d'intuition sur toutes les questions ou la plupart d'entre elles ou encore à celle douée de l'intuition la plus rapide, acquise dans le temps le plus court. Une personne peut être favorisée d'une pureté si grande et d'un contact si étroit avec les principes supérieurs qu'elle utilise l'intuition pour toutes les choses qu'un homme peut appréhender – ou pour la plupart d'entre elles ou du moins pour beaucoup – et elle les apprend non par l'incertaine imitation d'un maître,

1. Paragraphe basé sur Ibn Sīnā (*Aḥwāl*, p. 120 *sq.*).
2. Cf. Ibn Sīnā (*al-Najāt*, p. 272 *sq.* ; *Šifa'*, p. 248 *sq.* ; *Aḥwāl*, p. 122 *sq.*).

mais en parvenant elle-même aux termes médians et aux syllogismes démontrés.

Quant au secret des actes miraculeux des prophètes, il tient à ce que la matière du monde subit l'impact de ce qui, dans les âmes et les intelligences du monde spirituel, est formes. Parmi celles-ci, les formes intelligibles sont la source des formes sensorielles dont dérivent nécessairement les différentes espèces existant dans le monde corporel. L'âme humaine est pure spiritualité, semblable à la substance des esprits célestes. La matière de son corps lui est soumise, comme la matière du monde entier est soumise aux substances spirituelles supérieures.

Il peut se trouver une âme dont l'influence transcende le corps de l'homme attaché à elle. Si elle le veut, elle produit dans le monde matériel ce qu'elle imagine en elle-même. Il se produit alors, dans ce monde matériel, ce qu'elle a tendance à produire dans le corps de cet homme, tel que mouvement et repos, échauffement et refroidissement et autres phénomènes ; elle le fait comme dans son corps. De par la volonté de cet homme apparaissent, entre autres, nuages, vents, tempêtes, tremblements de terre, eaux jaillissantes et sources.

Dans l'espèce humaine, la personne la plus parfaite est celle qui :
– reliée au monde de l'intellect, lui est comme immédiatement attachée,
– reliée au monde de l'âme, est comme l'un de ses résidents,
– reliée au monde de la nature, agit sur lui comme elle le veut.

L'homme qui atteint ce niveau est certainement parfait de caractère, noble, doué d'une âme pure, enclin aux bonnes actions. C'est lui qui parvient au plus haut degré de prophétie et qui acquiert le bonheur humain le plus parfait et la félicité perpétuelle.

Sache que toutes les essences que nous pouvons imaginer n'existent pas forcément.

Nous venons d'expliquer ce qu'est la prophétie, ce que sont ses catégories, les miracles qui en sont la preuve, ce qui la motive, comment le prophète entend la parole de Dieu, voit ses anges et comment ceux-ci se muent en une image qu'il voit.

MAINTENANT, IL NOUS FAUT JUSTIFIER L'EXISTENCE DU PROPHÈTE ET LA FINALITÉ DE SON EXISTENCE

Nous en discuterons à la manière des philosophes.

Nous disons[1] que l'homme se distingue des autres êtres vivants, en ce que sa vie ne peut être bonne ou achevée s'il s'isole dans la conduite de ses affaires, sans coopérer avec les membres de son espèce pour ses besoins indispensables. Ainsi, un tel procure des légumes à un tel, celui-là fait du pain pour celui-ci, celui-ci coud pour un autre, cependant qu'un autre encore fabrique son aiguille. Cette coopération ne peut être accomplie sans une relation mutuelle qui exige règle de conduite et équité, lesquelles présupposent quelqu'un pour prescrire la règle et veiller à l'équité. Il ne peut s'agir que d'un être humain qui s'adresse aux hommes et les y oblige car, laissés à eux-mêmes, les hommes s'entre querelleraient.

Celui qui observe d'un œil attentionné la providence du Créateur envers sa création, trouve l'existence de cette personne plus indispensable au bon ordre de l'espèce humaine que celle de beaucoup de choses que la providence divine n'a pas délaissées, comme l'extension du poil sur les cils et les sourcils, la courbure de la plante des pieds et d'autres commodités qui ne sont pas nécessaires pour survivre mais ont une certaine utilité. Si la providence divine a imposé ces choses utiles, comment n'imposerait-elle pas des choses encore plus utiles ? Il est inconcevable que le Premier principe, et après lui les anges, ait conscience des unes et pas des autres. Si le Créateur, qui est grand et puissant, embrasse toute chose et s'il est conscient de ce qui est nécessaire pour paver la voie à l'avènement du bien, alors ceci doit exister. Et si ce qui est lié à l'existence du prophète existe, alors celui-ci doit certainement exister.

Il est évident que cette personne – ce législateur – doit se distinguer des autres hommes par quelque chose. S'il ne s'en différenciait pas, l'acceptation de son message n'aurait pas priorité sur celui d'un autre, ce qui provoquerait la discorde sur la législation elle-même. Ce qui différencie cette personne, ce sont les miracles qu'il nous aura annoncés et qui sont la preuve de sa qualité de prophète, comme déjà mentionné.

Sache que cette capacité intrinsèque de justifier l'existence du prophète par son utilité n'est pas suffisante, car l'utilité est également présente chez

1. Adaptation d'Avicenne : *Šifā', Ilāhiyāt*, Le Caire, 1960, p. 441-446 ; *al-Najāt*, p. 498 *sq.* et de Faḫr al-Dīn al-Rāzī, *Kitāb al- Mabāḥiṯ al-Mašriqīya*, Hyderabad, 1925 ; Téhéran, 1966, II, p. 523. Cf. A.J. Arberry, *Avicenna on Theology* (Londres, 1951), p. 42 et *Guide* (II, chap. 40).

quelqu'un que l'on croit prophète du fait de sa magie ou de son pouvoir de suggestion, alors même qu'il ne l'est pas vraiment, comme nous le constatons dans l'organisation sociale de beaucoup de villes païennes. Par contre, il est nécessaire que d'autres mérites lui soient rajoutés que nous mentionnerons et qui n'apparaissent que dans la vraie prophétie. La croyance peut s'enraciner dans l'âme non par une certaine preuve consignée, mais par des causes, des concomitances et des expériences dont les détails sont innombrables. Les rêves véridiques sont quasiment le modèle de la prophétie. Parfois, une intuition suffit à accréditer la source de la prophétie; parfois, on parvient à la certitude de cette prophétie, en y assistant ou par suite d'une tradition concordante ou par ouï-dire. Si, par exemple, tu connais la médecine, tu reconnais qu'un tel est médecin par la rumeur que tu entends à son sujet et par ses ouvrages que tu as sous les yeux. De la même manière, tu croiras à l'existence de la prophétie après avoir pris connaissance de son essence et de sa vraie nature.

Le principe fondamental des prescriptions d'un vrai prophète doit être :

– d'enseigner aux gens qu'ils ont un Créateur unique, vivant, tout-puissant, n'ayant dans son règne ni associé, ni semblable, ni égal, connaissant ce qui est mystère comme ce qui est manifeste; qu'aucune chose n'échappe à sa connaissance, dans les cieux ou sur la terre; qu'il a droit à l'obéissance, réservant la félicité à celui qui obéit et la mauvaise fortune à celui qui désobéit,

– et d'instiller en eux l'idée du Lieu de retour[1] ultime où règnent le plaisir éternel, bien considérable, et la souffrance, punition permanente.

Le type d'homme auquel appartient le prophète ne se trouve pas fréquemment, car une matière susceptible d'une telle perfection ne se rencontre que chez peu de tempéraments. Il lui faut donc imposer aux hommes des actes et des pratiques sans cesse répétés, rappelant Dieu et le Lieu de retour, afin que cela ne soit pas oublié au terme de la génération suivante ou peu après. Il s'agit de rites d'adoration tels que prières, jeûnes, pèlerinage, *jihād*[2], sacrifices, aumônes légales et autres commandements

1. « Le *Ma'ād* (lieu de retour) est un terme technique du vocabulaire religieux et philosophique. Il n'est employé qu'une seule fois dans le Coran (28,85). Diverses interprétations lui ont été données, en particulier le Pélerinage (*ḥajj*) et la Vie Dernière (*al-Âḫira*). Il a fini par désigner le lieu de retour auprès de Dieu des hommes ressuscités. Il réunit les deux significations de retour et de recommencement : retour à la sourçe de l'être, qui est Dieu et seconde création, qui est la Résurrection. ». Cf. *EI*², tome V, p. 899 (R. Arnaldez).

2. *Jihād* : étymologiquement, signifie effort tendu vers un but déterminé, par exemple effort sur soi-même en vue d'un perfectionnement. La racine du mot *j.h.d.* ne vise que « l'effort », la « peine ». D'après la doctrine classique générale et dans la tradition historique,

ou interdits qu'il leur prescrit et dont ils tirent profit dans ce monde et dans celui d'après.

Concernant l'utilité de certains actes d'adoration, il n'y a pas d'explication rationnelle; mais il ne faut ni les fuir ni les rejeter. Il se peut que des règles particulières de la loi religieuse, destinées à soigner et purifier les cœurs, ne soient pas appréhendées par la philosophie rationnelle. C'est seulement dans la phase prophétique qu'elles peuvent être discernées, comme indiqué plus haut. C'est également[1] dans cette phase que l'on peut appréhender des préjudices liés aux interdits de cette loi. On peut comparer cela aux propriétés particulières des médicaments et des drogues ou à l'effet présumé des talismans, tel qu'on le rapporte. Si, par exemple, nous n'avions pas observé la formation de l'homme à partir d'une goutte cohabitant dans la matrice et nourrie du sang menstruel, nous aurions nié qu'une aussi noble vie puisse résulter d'un tel acte, bas et malpropre. Il en est de même des sacrifices et prescriptions semblables dont nous ne percevons pas l'utilité en ce monde ni dans l'autre, si ce n'est la récompense de l'obéissance au commandement concerné et rien d'autre.

On cite quinze bénéfices résultant de l'envoi de prophètes et de messagers[2].

1) Rendre clairs, qualitativement et quantitativement, les rites religieux exigés de nous car, si notre raison admet l'obligation du principe d'obéissance à Dieu, la manière d'obéir ne nous est pas connue. Pour parer à une telle excuse, Dieu a envoyé des messagers.

2) Négligence et inattention sont constitutives de l'homme, passion et désirs le dominent. L'envoi d'un prophète est donc une aide pour lui; car, s'il se montre négligent, il est mis en garde et si la passion tend à le posséder, il peut lui résister; alors qu'abandonné à lui-même et à sa passion, il serait tenté par des abominations.

3) Notre raison nous permet de concevoir le bien que procurent la foi et la pratique des bonnes actions, comme le mal dû à l'incroyance et aux actes répréhensibles. Mais, nous ne concevons pas rationnellement que

le *jihād* consiste en l'action armée en vue de la défense de l'islam. A cette racine se rattache aussi, au réfléchi, le terme canonique d'*ijtihād*, « initiative » en matière doctrinale ou jurisprudentielle. Selon l'adage, « la porte de l'ijtihād s'est fermée » depuis le IVe siècle de l'Hégire (à peu près notre Xe siècle), faisant place au traditionalisme et au conformisme (*taqlīd*).

1. Cf. al-Ghazālī (*Munqiḏ*, p. 51 s).
2. Cf. Faḫr al-Dīn al-Rāzī (*Muḥaṣṣal*, p. 156).

faire le bien puisse donner droit à une généreuse et éternelle récompense dans l'autre monde et que faire le mal puisse entrainer un grand châtiment; d'autant plus que nous savons qu'un acte répréhensible nous procure un plaisir immédiat, sans causer de tort à Dieu. Grâce à l'envoi d'un prophète, de telles excuses sont rejetées.

4) Par notre raison, nous ne savons des attributs de Dieu que ceux que nous déduisons de ses actes. Quant à ses autres attributs, nous ne pouvons accéder à leur connaissance que par le biais du récit prophétique.

5) N'eût été l'envoi de prophètes, l'homme soumis au joug religieux resterait en proie à la peur, se disant : *Si je m'adonne à l'obéissance, je pourrai me conduire dans le royaume de Dieu en dehors de sa volonté et si je ne m'y adonne pas, je pourrai être châtié pour ma désobéissance.* Un tel homme serait donc en proie à la peur dans les deux cas. L'envoi de prophètes fait disparaître cette peur.

6) Une chose peut nous être répugnante sans être répugnante en soi. L'envoi de prophètes permettra de distinguer les deux cas.

7) Parmi les choses créées dans ce monde, fait d'engendrement et de décomposition, se trouvent les aliments, les remèdes et les poisons. L'expérience ne suffit à les reconnaître qu'après de longues périodes, alors même que leur action est dangereuse pour la plupart. L'envoi d'un prophète a pour avantage de faire connaître leur nature et leurs bienfaits, sans préjudice ni danger. C'est devenu un argument de l'existence de la prophétie ; je veux dire qu'on la déduit de l'existence, dans ce monde, de connaissances qu'on ne peut imaginer acquérir par la raison. C'est le cas en médecine : celui qui étudie les propriétés de médicaments, simples ou composés, sait qu'on ne peut les appréhender que grâce à l'inspiration divine et à l'information venant de Dieu. Nous en concluons qu'il existe, pour appréhender ces choses et leurs semblables, une voie hors de la raison : à savoir qu'elles sont appréhendées dans une autre phase, supérieure à celle la raison, la phase de la prophétie.

8) Certains phénomènes astronomiques ne se produisent qu'après de longs intervalles de temps. Or, l'expérience tient compte de la récurrence et la vie humaine ne suffit pas pour fixer les cycles des planètes. Ainsi en est-il de Mercure : les instruments d'observation ne suffisent pas pour connaître ses états, du fait de sa petitesse, de son occultation et de sa faible lumière et aussi parce que cette planète est constamment proche du soleil, à son lever comme à son coucher. Il en est de même pour d'autres phénomènes astronomiques.

9) L'apprentissage des métiers utiles ne s'acquiert pas par la simple raison. Chacun l'apprend d'un autre et, à l'origine, l'initiation à ces métiers s'est faite par le biais de la prophétie, par révélation ou inspiration.

10) Pour une bonne conduite de vie, éthique, gestion domestique et administration de la vie publique sont indispensables et l'envoi de prophètes est nécessaire à leur enseignement.

11) L'homme est social par nature et le fait d'avoir besoin les uns des autres peut donner lieu à des conflits où l'on s'entre-tue. Il faut donc une loi imposée par un législateur, c'est à dire le prophète.

12) Si l'on confiait les modalités de la législation aux hommes, il est probable que chaque faction proposerait un modèle particulier. Les habitants d'une même ville, eux non plus, ne parviendraient pas à s'accorder sur une loi, ce qui provoquerait la discorde. L'élaboration d'une loi unique pour la communauté (*'umma*) éliminera ce risque.

13) Ce que l'homme accomplit selon sa raison s'apparente à un acte de routine. Or, routine n'est pas dévotion. Mais les ordres lui parvenant d'une personne extrêmement vénérée, même s'il n'en connaît pas la raison, relèvent de la pure dévotion pour leur accomplissement. Peut-être est-ce là l'un des bénéfices des commandements relatifs aux actes insolites du culte.

14) Les esprits humains sont divers, la perfection rare et les mystères divins très précieux. C'est pourquoi, l'envoi de prophètes et la révélation par des Écritures sont nécessaires, afin que quiconque s'y préparant atteigne le plus haut degré de perfection possible, compte tenu de sa personnalité.

15) Chaque genre est constitué d'espèces, parmi lesquelles se trouve l'espèce la plus parfaite. La même relation existe entre espèce et famille, entre famille et individu ainsi qu'entre individu et organe. Or, l'organe le plus noble, le grand maître des organes, c'est le cœur dont le substitut est le cerveau ; et c'est du cœur que les forces diffusent vers toutes les parties du corps. De la même façon, l'homme doit avoir un chef ; l'autorité de ce chef peut s'exercer sur ce qui est visible seulement – c'est le souverain – ou sur ce qui est caché seulement – c'est l'homme de savoir – ou sur les deux – c'est le prophète ou la personne qui le remplacera de son temps ou après lui. Ainsi, le prophète est comparable au cœur et l'homme de savoir, vice-prophète, au cerveau. Et de même que les facultés de perception diffusent du cerveau vers les organes, les facultés de compréhension et d'enseignement diffusent, par le biais du vice-prophète, vers tous les hommes de savoir.

Tels sont donc les avantages mentionnés à propos de l'envoi de prophètes. Certains relèvent de la conviction intime et non de la certitude.

CEUX QUI CONTESTENT LA PROPHÉTIE ÉMETTENT TROIS DOUTES [1]

Premier doute

L'envoi de prophètes vise à mettre les humains en état de responsabilité légale (*taklīf*). Mais ce concept de *taklīf* étant erroné, l'envoi de prophètes est inapproprié.

Nous affirmons que le *taklīf* est erroné pour six raisons :

1) Supposons qu'un homme soit chargé d'accomplir un acte ou de s'en abstenir et qu'au moment de marquer sa préférence pour l'accomplir :

a) si la possibilité de s'abstenir ne lui est pas offerte :

Il est alors sous contrainte et n'est pas maître d'agir ou de s'abstenir. Ni l'action ni l'abstention ne relèvent de son choix et il n'en porte donc pas la responsabilité légale.

b) si la possibilité de s'abstenir lui est offerte :

Il doit alors exprimer sa préférence et préférer l'une des options à l'autre, car il est impossible de distinguer entre deux choses égales sans un critère de choix. Or, si ce critère est un acte humain, il aboutit nécessairement en remontant vers l'amont à un critère qui est un acte de Dieu et non un acte humain.

Lorsqu'un tel acte se produit mais qu'existait la possibilité qu'il ne se produise pas, alors parfois il se produit et parfois non, les chances des deux cas étant égales. Et donc, à nouveau pas de critère pour les distinguer.

S'il est impossible que l'acte choisi ne se produise pas, alors : s'il se produit, c'est inévitable et s'il ne se produit pas, c'est impossible.

Ainsi, l'homme n'est pas libre de son choix et n'est donc pas responsable.

2) Dieu est omniscient :

Considérons une chose pour laquelle la responsabilité de l'homme est engagée. Si l'occurrence de cette chose est certaine, elle est alors inévitable et toute responsabilité à son sujet est une plaisanterie. Si c'est sa non-occurrence qui est certaine, elle est alors impossible et toute responsabilité à son sujet est une iniquité. De plus, la responsabilité a une utilité : c'est la récompense obtenue. Or, si l'occurrence de cette récompense est connue, l'acte d'obéissance n'est pas nécessaire et si c'est sa non-occurrence qui est connue, cet acte n'a pas d'utilité.

1. Cf. Faḫr al-Dīn al-Rāzī (*Arba'īn*, p. 324 *sq.*; *Muḥaṣṣal*, p. 154). Dans la littérature islamique, de telles opinions sont habituellement attribuées aux Brahmanes hindous.

3) S'il y a tendance égale à faire ou à s'abstenir, la responsabilité est absurde, car il est impossible de parler de préférence. Si l'une des deux alternatives prime, l'occurrence de l'alternative mineure devient impossible, car dans ce cas seulement cesse l'égalité, l'impossibilité étant plus appropriée au statut d'alternative mineure. L'alternative mineure étant impossible, l'alternative majeure s'impose alors avec certitude. Le *taklīf* est donc injustifié dans les deux cas, en cas de nécessité comme en cas d'impossibilité[1].

4) Le *taklīf* est dépourvu d'utilité :

S'il existait, il serait absurde et inapproprié à la sagesse divine. Preuve en est que s'il avait une utilité, celle-ci profiterait soit à celui qui assigne la responsabilité – c'est Dieu – soit à quelqu'un d'autre. Or, Dieu est bien au-dessus de bénéfices ou préjudices, gains ou pertes. Par ailleurs, le profit de l'homme se limite au plaisir, au bonheur, à l'élimination de la souffrance ou du chagrin ou de ce qui y conduit. Or, la divinité peut procurer tout cela à l'homme sans le biais du *taklīf*.

5) Imposer le *taklīf* à une personne connue pour son incroyance et son immoralité ne sied pas à la sagesse divine.

En effet, pour ce qui touche ici à l'objet du *taklīf* :

– s'il est accompli, il vaut ignorance de la divinité. Dieu est bien au-dessus de cela !

– s'il ne l'est pas, il implique un châtiment mérité de cette personne.

1. Cf. Faḫr al-Dīn al-Rāzī (*Arba'īn*, p. 234, en bas).

Une chose est soit nécessaire et se produira, soit impossible et ne se produira pas. L'égalité des chances n'existe pas réellement : tant que tous les facteurs ne sont pas connus, il y a apparente égalité des chances. Le *taklīf* peut signifier imposer le nécessaire ou l'impossible. Or, le nécessaire se produira indépendamment du *taklīf* et l'impossible ne se produira pas, sans considération du *taklīf*. Dans ce cas, quel sens a le *taklīf* en tant que responsabilité humaine ?

S. Horovitz dans *The German Oriental Society's Journal* v. 57 (1903), se réfère à Plutarque *De Stoic. Repugn.*, ch. 23. Plutarque rapporte que certains philosophes affirment que parfois l'âme manifeste la présence d'une faculté incidente : « car, avec deux choses identiques et d'égale importance, il est nécessaire d'en choisir une, alors qu'aucune cause ne fait incliner vers l'une ou l'autre et qu'aucune ne se distingue de l'autre. Cette faculté aléatoire de l'âme de saisir son inclination, détermine le doute ». Chrisippus (280-209 avant J.-C.) s'opposait à cette théorie qui niait la causalité et suggérait qu'en cas de chances égales (par exemple, les dés ou le mouvement d'une balance), des causes cachées, obscures mais réelles sont en action, conduisant à ce qu'un côté l'emporte.

Or, l'accomplissement d'un acte conduisant à l'une ou l'autre de ces alternatives dont il faut se garder ne saurait émaner du plus Miséricordieux et du plus Sage[1].

6) Les actes assignés à l'homme par le *taklīf* le distraient et l'empêchent de se plonger dans la connaissance de Dieu et dans son adoration. Il éliminera donc de ses devoirs prioritaires tout ce qui l'en écarterait.

On a rétorqué à tout cela que l'avantage du *taklīf* est d'être un signal d'information : la personne, à qui un acte a été assigné par le *taklīf* et qui l'accomplit, est informée qu'elle obtiendra récompense et celle qui ne l'accomplit pas est informée qu'un châtiment s'abattra sur elle. Mais nul ne peut s'opposer à ce que Dieu réserve à une personne la récompense et à une autre le châtiment. De même que son essence n'est pas à justifier, ainsi en est-il de ses actes.

Second doute

Si le message du prophète est porteur d'un bien que la raison connait, il est alors bienvenu, qu'il ait été révélé à un messager ou non et il n'y a donc pas d'utilité à la mission prophétique.

S'il est porteur d'un mal que la raison connait, il est alors rejeté par elle.

Si ni bien ni mal ne sont discernés dans ce message, alors :

– s'il pourvoie à une nécessité et à un besoin, son utilité peut être confirmée après évaluations successives – car le *taklīf* appliqué à quelque chose de non supportable humainement ne sied pas à la sagesse divine.

– s'il ne pourvoie pas à une nécessité, nous l'écartons pour prévenir tout préjudice possible[2].

RÉPONSE : L'envoi de prophètes a justement pour but de faire connaître ce qui ne peut être connu par la simple raison.

Troisième doute

La loi religieuse mentionne des actes qui s'accordent mal avec la sagesse, tels les étranges rites du pèlerinage. En outre, prière, jeûne, pèlerinage ne sont d'aucun profit pour la divinité et sont nuisibles et fatigants

1. Cf. 'Abd al-Jabbār al-Asadābādī (mort en 1025) dans *al-Muġnī* (Le Caire, 1965), XI, p. 129, 138 bas, 139 l. 5, 159, 164 *sq.*, 224, 293 *sq.*, 511, 517. Cf. R. Brunschwig, « Devoir et Pouvoir », *Studia Islamica*, XX (1964) ; S. Horovitz, *op. cit.* note en p. 190.

2. Cf. 'Abd al-Jabbār al-Asadābādī, *op. cit.* p. 563, bas. L'argument avait été avancé par Ibn al-Rāwandī et repris par plusieurs auteurs.

pour l'homme. Certains de ces actes poussent les rationalistes à railler ceux qui les pratiquent, car comment l'envoi de messagers pour prôner de tels actes siérait-il au plus Sage? Parmi les informations que les prophètes ont apportées, il y a des instructions destinées à clarifier les points ambigus. Ainsi, une Maison particulière est consacrée pour l'exaltation suprême de Dieu, de préférence à d'autres similaires. De même, des moments particuliers sont spécifiés pour certains rites, alors que d'autres, notamment ceux tout à fait proches, conviendraient aussi bien. De tels exemples sont nombreux dans la loi religieuse.

RÉPONSE : Il n'est pas exclu qu'une part de sagesse se manifeste dans ces actes, quand bien même nous ne le saurions pas, car l'homme ne peut appréhender la sagesse de Dieu dans sa création.

Voilà donc ce que l'on peut dire sur la possibilité d'une prophétie authentique[1] et sur son existence.

MÉTHODE POUR DÉTERMINER AVEC CERTITUDE LA QUALITÉ DE PROPHÈTE D'UNE PERSONNE DONNÉE

Elle consiste à connaître le comportement de cette personne, soit en l'observant, soit à partir d'une tradition concordante, soit par ouï-dire. Si, par exemple, tu connais la médecine et l'astronomie, tu peux reconnaître médecins et astronomes en observant leur comportement et en écoutant leurs paroles. Ainsi, quiconque étudie les livres de Galien, en ayant lui-même étudié un peu de médecine, n'aura aucun doute sur sa connaissance de la médecine. De même, prenons une personne qui, comprenant la signification de la prophétie, examine à discrétion l'apport d'un prétendant à la prophétie, scrute ses faits et gestes et ses prescriptions en matière de pratiques rituelles et de bonnes actions. Elle peut, à partir de là – outre des concomitances qui ne peuvent être exprimées en détail – arriver à croire en sa prophétie, sans avoir besoin pour cela de faits miraculeux de sa part. D'ailleurs, les simples faits miraculeux, à eux seuls, ne suffiraient pas pour croire en sa prophétie, tant que de multiples éléments d'évidence n'y sont pas associés. En effet, il pourrait s'agir de magie, d'illusion ou d'une erreur provoquée par Dieu – car *il égare qui il veut et guide qui il veut*[2] – ou d'autres cas de miracles douteux. De fait, les évènements extraordinaires

1. Cf. al-Ghazālī (*Munqiḏ*, p. 43), *Guide* (II, chap. 40).
2. *Coran*, 14, 4; 16, 93.

ne constituent qu'une des preuves et évidences dans l'examen d'ensemble permettant d'établir avec certitude la qualité de prophète d'un prophète particulier. C'est souvent à l'aide de l'ensemble, et non des éléments particuliers, que l'on parvient à la certitude, comme il en est de la certitude d'un récit que l'on acquiert à la faveur d'une tradition à garants multiples.

Telle est donc la méthode permettant d'accréditer la prophétie de prophètes.

La prophétie a été revendiquée par de nombreuses personnes. Nous ne pouvons ici les dénombrer ni mentionner les circonstances et les preuves les concernant. Dans chaque nation que nous connaissons aujourd'hui, une ou plusieurs personnes ont revendiqué la qualité de prophète. On exceptera les habitants des confins et leurs homologues, quasi semblables à des êtres dépourvus de raison, et dont la situation économique et sociale relève d'une organisation primitive.

Ainsi, les Mages ont revendiqué la prophétie de Zoroastre, rapportant à son sujet de nombreux miracles. Les Sabéens ont revendiqué la prophétie d'Hermés, d'Agathodémon et d'autres. On rapporte qu'Hermès est monté au ciel et de nombreuses maximes ont été relatées en son nom[1]. Les Indiens, les Turcs et d'autres peuples font état de personnages auxquels ils attribuent la prophétie et un rang éminent.

Les juifs croient en la prophétie de Moïse, en celle de prophètes antérieurs à lui et en celle de nombreux prophètes qui lui sont postérieurs et ont adhéré à sa loi.

Les chrétiens, en sus, reconnaissent la prophétie du Christ Jésus, fils de Marie. Ils prétendent qu'il est le fils de Dieu et qu'il est à la fois totalement Dieu et totalement homme. Ils ont abandonné la loi de Moïse et ont adopté celle attribuée à Jésus.

Les musulmans croient en la prophétie de ceux que juifs et chrétiens ont reconnus comme prophètes. Ils croient aussi en la prophétie de Mahomet, professant que sa loi abroge toute loi antérieure. Ils s'opposent aux

1. Le Coran (2,62; 5,69; 22, 17) cite les Sabéens parmi les monothéistes. Il se réfère probablement aux Mandéens judéo-chrétiens, « baptistes » d'Irak. Ce nom de Sabéens fut utilisé dans l'empire islamique, du IXe siècle au XXe siècle, par un groupe concentré à Ḥaran, pratiquant l'araméen et poursuivant un rite fait d'un mélange de paganisme, de gnotisme grec et de spéculation néo-pythagorienne et néo-platonicienne. Tandis que les gens du peuple maintinrent les rites païens, l'élite rationalisa les croyances et le rite anciens et, sous la pression croissante de l'environnement, les façonna en un monothéisme théorique. Les Sabéens, à travers leur pensée et leurs traditions, influencèrent aussi bien les Manichéens que les musulmans.

chrétiens sur le dogme de la divinité du Christ et le fait qu'il soit le fils de Dieu, considérant comme incroyant quiconque professe un tel dogme.

Il n'est pas possible de citer chaque prétendant à la prophétie ni les arguments rapportés à l'appui de sa prophétie. Nous nous limiterons donc aux plus importants et aux plus connus de nos jours et dans nos pays. Ce sont les arguments des juifs, des chrétiens et des musulmans, à propos, respectivement, de la prophétie de Moïse, de celle de Jésus et de celle de Mahomet. Nous allons donc nous concentrer sur les questions soulevées à leur sujet et sur les réponses correspondantes, en consacrant un chapitre à chacun d'eux.

CHAPITRE II

Preuves des juifs concernant la prophétie de Moïse et principes des lois qu'il leur prescrivit (rappels conformes à la tradition juive) Questions et réponses à ce sujet

LES JUIFS DISENT

Le fait divin s'est attaché en premier lieu à Adam, père de l'humanité[1]. Il était prophète et Abel lui succéda. Lorsque, envieux de la distinction de ce dernier, son frère Caïn le tua, Abel fut remplacé par Seth qui ressemblait à Adam. Seth fut donc l'essence d'Adam puis l'essence de Seth fut en Enoch. Le fait divin fut ainsi transmis jusqu'à Noé, par l'intermédiaire d'individus qui constituaient le cœur de l'humanité et jouissaient de la perfection physique et morale, de la longévité, des sciences et de la puissance. Il en fut de même de Noé à Abraham, même si le divin ne s'attacha pas à certains d'entre eux, comme Térah[2], père d'Abraham. Abraham fut l'élève de son grand-père 'Eber. Il en fut à la fois l'essence et l'élève[3] et c'est pourquoi il fut appelé l'Hébreu[4]. 'Eber était l'essence de Sem et Sem l'essence de son père Noé. L'essence d'Abraham, d'entre tous ses fils, fut en Isaac et l'essence d'Isaac fut en Jacob qui fut appelé Israël. Tous les

1. Cf. *Kuzari*, I, § 95. L'influence de cet ouvrage sur Ibn Kammūna, dans le présent chapitre, a été soulignée par Léo Hirschfeld dans l'édition et la traduction partielles qu'il fit de ce chapitre dans : *Sa'ad Ibn Manṣūr Ibn Kammūna und seine polemische Schrift* (Berlin, 1893).

2. Térah lui-même était idolâtre (cf. *Josué* 24, 2)

3. La tradition rabbinique parle souvent de l'école de Sem et 'Eber mais elle n'y envoie comme élève que Jacob. Elle fait d'Abraham l'élève de Melchisédek, lui-même identifié à 'Eber.

4. *'Ibrī*; cf. *Genèse*, 14, 13.

enfants de Jacob furent d'essence pure et furent dignes du divin. Dieu prit sur lui de les préserver, de les multiplier et de les diriger en Egypte, comme on entretient un arbre de bonne souche jusqu'à ce qu'il porte un fruit parfait, semblable au fruit originel à partir duquel il a été planté, je veux dire par là Abraham, Isaac, Jacob, Joseph et ses frères. Ce fruit produisit Moïse, Aaron et Miriam, ainsi que les chefs des tribus et les soixante-dix anciens qui furent aptes à la prophétie, et aussi Josué, fils de Noun, Caleb, Hour et beaucoup d'autres encore.

Les enfants d'Israël furent asservis en Egypte [1]. Le nombre des hommes âgés de vingt à cinquante ans dépassait six cent mille, hormis donc les adolescents, les enfants, les vieillards et les femmes. Ils se rattachaient à douze tribus. Ils tenaient de leurs ancêtres la promesse d'hériter de la terre de Canaan. A l'époque, la terre de Canaan était aux mains de sept peuples extrêmement nombreux, puissants et prospères, pendant que les enfants d'Israël supportaient une humiliation et une misère terribles de la part de Pharaon qui tuait leurs enfants pour qu'ils ne puissent se multiplier.

Alors, Dieu envoya Moïse et Aaron, en dépit de leur faiblesse : en effet, Moïse, lorsqu'il fut envoyé par Dieu, était âgé de quatre-vingt ans et Aaron de plus de quatre-vingt ans. Tous deux affrontèrent Pharaon, faisant fi de sa puissance, à l'aide de signes, de miracles et de prodiges. Pharaon ne put ordonner qu'on leur fasse du mal, ni se soustraire aux dix plaies qui s'abattirent contre les Egyptiens sur les eaux, puis sur terre et dans les airs, sur la flore et la faune, sur leurs corps, sur leurs propres personnes enfin, lorsqu'en un clin d'œil, au milieu de la nuit, mourut ce qu'ils avaient dans leurs demeures de plus précieux et de plus cher, à savoir tout premier né mâle. Nulle maison sans un mort, excepté les maisons des enfants d'Israël. Les détails de tout cela sont dans la Torah; c'est pourquoi, je n'insisterai pas. Chacune des plaies s'abattait après annonce, avertissement et menace de la part de Dieu et cessait pareillement, si bien que l'on était conduit à croire qu'elle était voulue par une divinité apte à faire ce qu'elle veut, quand elle veut.

Cette nuit-là, les enfants d'Israël, sur l'ordre de Dieu, sortirent de la maison de servitude de Pharaon et se mirent en route vers la mer Rouge. Une colonne de nuées et une colonne de feu se déplaçant devant eux les guidaient et Moïse et Aaron étaient à leur tête. Pharaon les poursuivit avec ses soldats mais eux n'eurent pas recours aux armes, n'étant pas de ceux qui savent faire la guerre. Pour eux, la mer se fendit et ils la traversèrent. Mais

1. Cf. *Kuzari*, I, § 83.

Pharaon et sa multitude furent engloutis et la mer rejeta leurs cadavres vers les enfants d'Israël pour qu'ils les voient de leurs propres yeux.

Puis, les enfants d'Israël atteignirent la terre ferme où rien ne poussait[1]. Alors, la manne tomba sur eux, jour après jour, excepté le jour du sabbat. Ils la mangèrent durant quarante années, jusqu'à la mort de Moïse. C'est d'une mort acceptée de plein gré, sans maladie ni décrépitude que, parvenu à l'âge de cent vingt années solaires, Moïse mourut, tel celui qui monte sur sa couche pour s'endormir au jour fixé, à l'heure fixée. Nul ne connaît sa tombe et il est par essence d'un rang différent de celui des autres hommes.

Peu après leur sortie d'Egypte, Dieu, par l'organe de Moïse, ordonna aux enfants d'Israël de se préparer, en se purifiant physiquement et moralement et en se tenant éloignés de leurs femmes, à écouter clairement le discours divin, afin que, dans leur esprit, il ne subsiste plus de doute sur le fait que Dieu s'adresse à l'homme[2]. Ceci advint après trois jours de préparation. En prélude, un fracas éclatant retentit, fait d'éclairs, de tonnerre et de tremblements de terre, cependant qu'un feu enveloppait le mont Sinaï. Ce feu resta sur la montagne pendant quarante jours, à la vue du peuple. Ce dernier vit Moïse y entrer puis en sortir et il entendit distinctement proclamer les dix paroles qui constituent la source des lois divines et leur fondement. Dieu inscrivit ces paroles sur deux tables de pierre de haute qualité et les tendit à Moïse. C'est pourquoi, les enfants d'Israël virent dans ces paroles l'écriture divine, de même qu'ils les avaient écoutées comme parole divine. Sur l'ordre de Dieu, Moïse leur fit une arche qu'il surmonta de la Tente bien connue. Cela subsista parmi eux près de neuf cent ans, jusqu'à la disparition de l'arche, lorsque, du fait de leur désobéissance, Nabuchodonosor les vainquit et les exila.

Les miracles qu'accomplit Moïse de sa main furent nombreux et prodigieux. Par exemple, il changea son bâton en serpent; sa vénérable main devint blanche de lèpre mais sans être altérée; d'un solide rocher, il fit surgir de l'eau pour abreuver tous les enfants d'Israël. Il fit aussi surgir une multitude de volatiles – des cailles précisément – qu'il leur donna à manger; la nuée leur dispensait de l'ombre; la lumière irradiait son visage au point que nul ne pouvait le regarder et qu'il était contraint de le cacher pour leur parler ... et d'autres miracles que renferme la sainte Torah et qui y sont relatés.

Tout miracle accompli par un prophète postérieur à Moïse – adepte de sa religion et s'en réclamant – est comme un miracle de Moïse. Il en est

1. Cf. *Kuzari*, I, § 41 et § 85.
2. Cf. *Kuzari*, I, § 87.

ainsi de ce qu'accomplit Josué, fils de Noun, son successeur, lorsqu'il commanda au soleil de retarder sa course et de ne pas se coucher jusqu'à ce qu'il obtienne la victoire sur ses ennemis ; ou lorsque pour lui le Jourdain fut mis à sec et le flot de ses eaux contenu, jusqu'à ce que l'arche de la *Sakīna*[1] et tous les enfants d'Israël l'aient traversé. Ou encore, de ce que fit le prophète Elie, en ramenant le fils de la veuve à la vie, en faisant déborder la jarre d'huile, en arrêtant les pluies pendant trois années et demi et en commandant à la terre de ne rien produire. Il offrit ensuite un sacrifice et invoqua Dieu qui lui ouvrit les portes du ciel et agréa son sacrifice. Alors, la terre fut inondée et Elie s'empara de ses ennemis idolâtres et les égorgea sur le mont Carmel. Puis Dieu l'éleva au ciel, pour l'honorer. De même pour le pro-phète Elisée qui, au cours de sa vie, ressuscita un mort et, après sa propre mort, un autre corps qui avait été rapproché de son tombeau. Les miracles des prophètes qui suivent la loi de Moïse sont nombreux ; ils sont relatés dans les livres prophétiques et leur examen détaillé serait trop long.

Entre autres miracles de Moïse, il y a la promesse qu'il fit aux enfants d'Israël dans la Torah, à savoir que s'ils obéissaient à Dieu, Dieu les distinguerait par des faveurs et des miracles : leur séjour dans la terre sainte qui leur avait été promise perdurerait et la fertilité ou l'infertilité de cette terre, son bonheur ou ses vicissitudes dépendraient de leurs actions, par ordre divin. Tant que la *Sakīna* résida parmi eux, ils purent se rendre compte, grâce à la fertilité de leur pays, à la régularité des pluies tombant aux moments propices, à la victoire remportée sur l'ennemi malgré leur petit nombre, que le cours de leurs affaires ne suivait pas la loi naturelle mais relevait de la volonté divine. De même, subissant plus tard la disette, la sécheresse, l'épizootie et les bêtes féroces, pendant que les autres peuples vivaient dans la quiétude, ils sauront que leurs affaires étaient dirigées par une force supérieure à la nature[2].

C'est là un des plus grands miracles de Moïse que le cours de leurs affaires ait été conforme à la promesse et à la menace divines. Avancer que la plupart de ses miracles résultent de ruse ou de collusion est invraisemblable, car le récit de ces miracles s'est étendu à la majeure partie de la terre et de l'humanité. Certains miracles perdurèrent quarante années, les autres étant peu nombreux, tels : son bâton qu'il change en un serpent qui s'agite, sa main qu'il retire blanchie par la lèpre ou la lumière de son visage. Si on se cantonne à ces derniers miracles et à d'autres semblables, on pourrait dire

1. Présence divine (en hébreu *Shékhīna*).
2. Cf. *Kuzari*, I, § 109.

qu'ils résultent de subterfuges. Mais pour les autres, il est invraisemblable qu'il en soit ainsi.

Moïse leur donna – j'entends aux enfants d'Israël – la loi sacrée. Il n'abrogea pas la loi d'Adam et Noé que les peuples avaient reçu l'ordre d'observer[1]. Il ne l'abolit pas mais maintint de s'y conformer, en y rajoutant ce qui concernait les enfants d'Israël en propre et non les autres peuples. Il distingua la tribu de Lévi, notamment Aaron et sa descendance, par des préceptes et des charges auxquels le reste des enfants d'Israël n'était pas soumis. Tous les peuples sont assujettis au joug des commandements que Dieu leur prescrivit par l'organe de ses prophètes antérieurs à Moïse puis par l'organe de Moïse. Les enfants d'Israël, eux, sont assujettis au joug des commandements ordonnés par Dieu aux autres peuples avant Moïse *et* aux commandements supplémentaires que Dieu leur prescrivit spécifiquement par l'organe de son messager Moïse, comme marque d'honneur et de sollicitude à leur égard. Aaron et ses fils furent distingués par des charges supplémentaires, leur conférant un surcroit d'honneur, de prérogatives et de majesté.

Quiconque, parmi les peuples, se soumettait aux commandements auxquels étaient assujettis les enfants d'Israël, comme le sabbat et d'autres choses qui leur sont particulières, était logé à la même enseigne qu'eux, au point d'être passible de mort s'il revenait sur son engagement. Nul moyen n'était offert à qui que ce soit, qu'il appartienne ou pas aux enfants d'Israël, de se joindre aux enfants d'Aaron. Ceux-ci étaient favorisés par rapport aux autres, notamment le grand prêtre qui occupait le rang d'Aaron dans le sanctuaire, avec des obligations et une distinction supplémentaires par rapport aux autres aaronides. Il est clair que ce supplément d'obligations répondait à un supplément de distinction dans ce monde-ci comme dans le monde futur.

Tout ce que Dieu leur a recommandé, par l'organe de son fidèle messager Moïse, était de croire en son unicité, d'abandonner l'idolâtrie, de ne rien lui associer, de le déclarer bien au-dessus de quiconque (qu'il soit ressemblant, semblable ou dispensateur d'aide ou de conseil), de n'adorer que lui, de l'aimer de tout leur cœur, de toute leur âme et de toute leur force. Et aussi de le craindre, d'implorer son secours, de s'en remettre entièrement à lui, de considérer qu'il est l'Omniscient à la connaissance de

1. Cf. *Kuzari*, I, § 83 ; II, § 97 et *JE*, VII, p. 648 *sq*.

Les rabbins ont enseigné que sept lois (dites *no'ahides*) s'imposent à l'humanité entière, à savoir : l'obligation d'instituer des tribunaux, outre l'interdiction de l'idolâtrie, du blasphème, de l'inceste, du meurtre, du vol et de l'arrachement du membre d'un animal vivant.

qui rien n'échappe, l'Omnipotent, le Créateur de toutes choses, celui qui donne la mort et qui ressuscite, qui frappe de maladie et qui guérit. Nul ne peut échapper à son pouvoir. Il est le premier et le dernier et il n'y a pas d'autre divinité que lui. Il leur a prescrit de cultiver les nobles vertus, d'observer la prière, le jeûne, l'aumône, la justice, l'équité, de respecter un contrat et un vœu, d'honorer les parents et les sages, d'obéir aux dirigeants et de les respecter et de désirer pour autrui le bien qu'ils désiraient pour eux-mêmes. Il leur a fait connaître la voie à suivre dans la vie domestique, la vie publique et la vie morale. Il leur a interdit les vices, l'injustice, le meurtre, le vol, l'adultère et la convoitise des biens d'autrui. Il leur a aussi prescrit des commandements positifs et négatifs dont notre raison ne comprend pas l'utilité de les avoir imposés.

Les commandements et interdictions de la Torah qui s'imposent de manière immuable s'élèvent à 613, hormis donc ceux et celles prescrits ponctuellement, et non pour toujours. Il serait trop long d'entrer dans les détails de tout cela; d'autres livres y sont consacrés.

Les juifs croient que la récompense de l'obéissance est la béatitude éternelle au paradis et dans le monde futur et que le châtiment de la désobéissance est la souffrance en enfer, mais une souffrance qui, pour un adepte de cette religion, fût-il pêcheur, ne serait pas éternelle. Rien de cela n'est clairement affirmé dans la Torah, pour la raison que nous mentionnerons plus loin. Mais les érudits de la communauté, leurs sages et les transmetteurs de leur religion ont légué ces notions. Ils ont fait la description du paradis et de l'enfer, dépeignant la béatitude et la souffrance avec beaucoup de détails.

Les juifs ont imposé de rappeler la croyance en la résurrection des morts dans chaque prière. Ils ont décrété qu'une prière qui l'omettrait ne serait pas valide. Ils ont imposé aussi de la rappeler chaque jour, hors de la prière. Ils l'ont également imposé sur les sites de leurs cimetières. En outre, chez eux, un condamné à mort, avant son exécution, est incité à prier pour que sa mort fasse expiation de son crime.

Certains d'entre eux croient que la résurrection des morts se produira deux fois :

– une fois, à l'époque du Messie qu'ils attendent. Cette résurrection, réservée aux Justes de la communauté, surviendrait en leur honneur sous la forme du miracle messianique.

– une autre fois, au jour du Jugement universel. La résurrection des morts concernerait alors tous les hommes, justes et méchants, avec comme rétribution : la récompense éternelle pour l'obéissance et le châtiment pour le péché.

Ils croient également à l'immortalité de l'âme après la décomposition du corps. Ils croient qu'elle ne disparaît jamais, du fait que cela est mentionné dans les livres des prophètes postérieurs à Moïse et a été transmis par les rabbins et les savants fidèles à sa loi.

Certains d'entre eux prétendent que le monde futur est seulement l'état d'après la mort et que la récompense éternelle et le châtiment s'appliquent à l'âme seule, après destruction du corps et qu'ils ne sont pas physiques mais uniquement spirituels. De nombreux textes, rapportés au nom de leurs savants et des transmetteurs de leur loi, parlent métaphoriquement de la rétribution par la récompense ou le châtiment, sans retour de l'âme dans le corps. Ces textes n'appellent aucune autre interprétation pour toute personne sensée qui les examinerait dans leur totalité.

Les juifs croient que la loi de Moïse ne sera ni abrogée ni remplacée par une autre, car de nombreux passages de la Torah l'attestent, de même que la tradition de leur communauté. Ils allèguent que ceci est une évidence tirée de la religion de Moïse.

Voilà donc un énoncé sommaire de la doctrine des juifs en ce qui concerne la prophétie de Moïse et son message. Pour plus de détails, on se réfèrera à la Torah, aux livres prophétiques et aux ouvrages rabbiniques, anciens ou modernes.

VOICI LES SEPT OBJECTIONS SOULEVÉES CONTRE LE JUDAÏSME

Première objection

La tradition des juifs a été rompue par l'invasion de Nabuchodonosor et par d'autres évènements. C'est pourquoi, il n'y a rien de véridique dans ce que vous avez mentionné à propos de miracles ou d'autres sujets.

RÉPONSE : C'est de l'obstination ! En effet, quiconque étudie les chroniques des juifs à la manière dont ils le font eux-mêmes ne peut douter que cette langue hébraïque, que personne d'autre qu'eux ne parle, est celle qu'ils parlaient au début de leur histoire et il ne pourra mettre en doute l'existence de Moïse, Aaron, David, Salomon et de leurs autres rois bien connus. Il conclura que leurs célèbres prophètes et savants, dont ils se sont transmis à tour de rôle la théologie et la jurisprudence, ont bien existé. Il ne mettra pas en doute la période pendant laquelle a duré le temple bâti par Salomon jusqu'à sa destruction, ni celle du temple bâti plus tard, ni la royauté des Hasmonéens, ni la destruction du deuxième temple par Titus, ni d'autres particularités de leur histoire, de leur enseignement, de leur jurisprudence et d'autres sujets, particularités qu'eux seuls ont transmises. Même si leur transmission avait été rompue, nous n'aurions pas émis une telle objection.

Leur massacre par Nabuchodonosor et par d'autres ne prouve pas la rupture de leur tradition. Les Byzantins n'ont-ils pas étés battus par les Perses qui tuèrent leurs hommes et s'emparèrent de leurs enfants ? À l'époque d'Alexandre, les Byzantins pénétrèrent en Perse, tuèrent leur roi Darius, détruisirent leurs forteresses et emportèrent leurs écritures. Les Arabes subirent les incursions des Éthiopiens qui les tuèrent et s'installèrent dans leur pays, jusqu'à ce que le roi de Perse envoie une armée mettre en déroute les Éthiopiens. Qui plus est, les juifs ne se trouvaient pas tous à Jérusalem lorsque Nabuchodonosor les vainquit dans cette ville et ce dernier ne tua pas tous ceux qui s'y trouvaient.

En effet, dans le livre de Jérémie il est dit que la multitude des enfants d'Israël partit en exil en sécurité[1]. On les trouve ensuite dans d'innombrables pays et la prophétie les accompagne pendant près de 110 ans.

Même leurs ennemis, détracteurs de leur religion, attestent en leur faveur que toute rupture dans leur transmission est exclue. Ainsi, l'auteur du livre *Faire taire les juifs* dit ce qui suit dans son ouvrage :

> Les juifs, dans l'ancien temps, appelaient leurs jurisconsultes *sages* et ces jurisconsultes disposaient d'académies à Babylone, Soura, Ctésiphon ainsi qu'en Palestine, comme n'en disposait aucun autre peuple. Ils comptèrent plusieurs milliers de jurisconsultes au même moment, à l'époque de la domination des Nabatéens (Babyloniens), des Perses, des Grecs et des Romains[2].

Si telle fut leur situation, après l'offensive de Nabuchodonosor, comment ce dernier aurait-il pu les massacrer au point qu'il n'en subsiste pas assez pour assurer la transmission de la tradition ? En outre, postérieurement à l'offensive de Nabuchodonosor, ils disposèrent d'une Grande Assemblée dont la réalité ne peut être mise en doute par quiconque examine la biographie de ses membres, comme les juifs le font. La construction du second temple eut lieu 70 ans après l'offensive citée, alors que les juifs constituaient une communauté très nombreuse. Toute personne équitable et sans parti pris délibéré sait en définitive que, globalement, leur transmission n'a pas été rompue. Seule, la transmission de quelques situations et évènements a pu être rompue, du fait de la longueur de la période

1. *Jérémie*, 52, 12-15 et 28-30.
2. *Ifḥām*, p. 21 *sq.* / 64.

considérée. Comme ces derniers étaient sans importance pour eux, ils ne s'en sont pas préoccupés comme pour le reste. C'est pourquoi, ils ne furent rapportés que par quelques-uns ou totalement oubliés. Ceci ne leur est pas spécifique et les autres peuples n'y font pas exception.

Deuxième objection[1]

Même si nous tenons pour véridique l'origine de leur transmission, nous n'admettons pas pour autant la transmission ininterrompue de la Torah. En effet, mémoriser la Torah ne constituait chez eux ni un précepte ni une habitude, sauf que chaque Aaronide en mémorisait un chapitre. Lorsqu'Ezra vit que le sanctuaire du peuple avait été incendié, que leur souveraineté avait pris fin, que la population avait été dispersée et que leur Livre leur avait été enlevé, il rassembla, à partir de ce qu'il avait mémorisé et des chapitres mémorisés par les prêtres, le matériau dont il confectionna cette Torah qui se trouve entre leurs mains. Il a pu en rajouter ou en retrancher, selon ses desseins, de sorte que la Torah est en vérité le livre d'Ezra et non pas le livre de Dieu.

Cet argument est conforté par le fait que lorsqu'un état périt, ses archives authentiques disparaissent et ses vestiges sont effacés par les invasions, les batailles successives et la destruction du pays. Or, cette nation a été dominée par les Chaldéens Babyloniens, les Perses, les Grecs, la Chrétienté et l'Islam, chacun de ces peuples ne concevant à son égard que les pires desseins. Et plus violent pour les juifs que tous ces empires fut ce qu'ils subirent de la part de leurs rois rebelles qui adorèrent les idoles, leur érigeant de vastes sanctuaires et des temples. Ces rois ainsi qu'une grande partie des Israélites leur rendirent un culte, abandonnant les préceptes de la Torah et ses lois durant de longues périodes s'étalant sur plusieurs siècles. Si telle fut la succession de calamités que leur religion eut à subir de la part de leurs propres rois et d'eux-mêmes, que penser alors des calamités diverses qui plus tard les accablèrent tour à tour sous la domination d'autres peuples ? Dans les chroniques d'un de leurs rois, il est mentionné qu'une copie de la Torah trouvée dans le Temple lui fut apportée. L'ayant lue, il ordonna d'observer la Pâque. Dans le livre d'Ezra, il est dit que ce dernier fit lecture de la Torah en présence de la communauté. Ayant trouvé dans le texte le commandement de dresser des cabanes recouvertes de branchages pendant la fête appropriée et l'interdiction d'épouser des femmes

1. *Ifḥām*, p. 50 *sq.* / 54 *sq.* Cf. *Intertwined*, chap. III, p. 50-74 (« Ezra-'Uzayr : The Metamorphosis of a Polemical Motif »).

d'Ammon et de Moab, ils dressèrent des cabanes et répudièrent les femmes d'Ammon et de Moab. Ceci montre bien qu'auparavant ils avaient perdu la Torah[1].

RÉPONSE : Concernant l'affirmation des opposants selon laquelle la mémorisation de la Torah n'était pour les juifs ni un précepte ni une habitude, la Torah actuellement entre leurs mains dit le contraire, de même que leurs livres de lois.

Les opposants disent que cette Torah n'est pas la vraie Torah mais qu'elle a été falsifiée et altérée[2], et pourtant ils expliquent son altération à l'aide du texte altéré, ce qui constitue un non-sens et une allégation sans preuve. Même si la mémorisation de la Torah n'était ni un précepte ni une habitude, cela ne mettrait pas en cause sa transmission, car pour eux, c'est un livre sublime dont ils tirent leur loi. Mémoriser ce livre, le préserver méticuleusement et échanger des arguments basés sur lui est indispensable à leurs procédures judiciaires. Et surtout, les juifs se délectent en le lisant et l'exaltent en pratiquant leur culte.

Nous constatons ceci : lorsque des livres composés par des hommes jouissent d'une opinion favorable et procurent un grand bienfait, ils sont transmis fiablement sur des centaines d'années. Que penser, alors, d'un livre considéré comme la parole de Dieu ?

Les juifs ont, en effet, conservé la Torah et même les livres de leurs prophètes avec une minutie que nous ne trouvons chez aucun autre peuple, à l'égard d'aucun livre. Ils ont décompté les versets, les mots et les lettres de la Torah – toutes les lettres hébraïques du texte[3]. Ils ont procédé ainsi pour chacun de ses livres et pour chaque section de chaque livre. Ils ont été jusqu'à indiquer pour chaque mot (ou un grand nombre d'entre eux) s'il existait d'autres occurrences de ce mot ou non ; si oui, ils ont indiqué combien, dans quel passage, si c'était au milieu, au début ou en fin de verset et d'autres précisions qui suscitent l'émerveillement. Il existe des livres spécialement consacrés à ce sujet, bien connus chez eux. Souvent, ils consignaient ces notes en marge de leurs exemplaires et cela est notoirement connu chez eux.

L'écriture de la Torah et des autres livres comporte pour eux un rituel dont ils n'ont pas retenu l'utilité. Ils le transmettent de génération en génération et l'imposent en tant que rite, sauf pour l'écriture d'exemplaires

1. *Rois II*, 23, 21-23 ; *Ezra*, 9, 1-5 et 10-14 ; 10, 10 *sq.* ; 3, 4-6 ; *Néhémie*, 13, 23-29 ; 8, 13-18.

2. Cf. *Intertwined*, chap. II, p. 19-28 : « Falsification, alteration (*Taḥrīf*, *Tabdīl*) ».

3. Allusion à la *Massorah*.

destinés à l'enseignement des petits ou des convertis. Pour ces derniers, ils ne s'astreignent pas à tout ce rituel comme ils le font dans le cas du Rouleau de la loi (*Séfer-Torah*) dans lequel ils lisent selon le rite, dans les lieux de prière ou d'autres endroits.

Par ailleurs, il existe chez les juifs plusieurs groupes qui divergent les uns des autres sur des questions subsidiaires, mais point de divergence entre eux sur la Torah elle-même ni sur les livres prophétiques[1]. Et si divergence il y a, elle porte sur l'interprétation de certains passages, non sur leurs mots et leur enchaînement.

Tout ceci dissipe le soupçon de modification et de falsification du texte de la Torah.

Si l'on dit que la Torah des juifs diffère de celle des chrétiens et que celle des samaritains diffère des deux autres, renforçant ainsi l'opinion de ceux qui prétendent que la Torah a été modifiée et falsifiée, nous disons : la Torah des chrétiens n'existe pas dans la langue de sa révélation qui est l'hébreu, mais dans une traduction syriaque qui se présente sous deux versions :

– l'une, semblable à celle des juifs, n'en diffère que par l'interprétation de certains mots dont la traduction suit l'opinion du traducteur sur le sens de ces mots.

– l'autre version, appelée Septante, diffère par certains mots qui modifient, mais sans conséquence significative, la datation déduite des âges mentionnés aux premiers chapitres de la Torah.

Ceci tient simplement au fait que, dans leur culte, les chrétiens ne pratiquent pas – pas même de manière approchée – la lecture de la Torah et des autres écrits prophétiques, comme le font les juifs. C'est pourquoi, en la copiant ou en la traduisant dans une autre langue, des chrétiens ont pu faire preuve de négligence, comme il arrive dans la composition de nombreux livres, du fait de la négligence des scribes à vérifier les textes ou pour une autre raison.

Il en est de même pour la version des samaritains. Elle diffère légèrement des deux autres, car, à l'origine, les samaritains ne l'utilisaient pas dans leur culte. Plus tard, après en avoir fait une traduction inexacte et peu soignée, ils jugèrent bon de l'utiliser dans leur rite. C'est dans cet état qu'elle s'est maintenue chez eux.

Les trois versions de la Torah renferment peu de mots ayant des sens différents. Et ces différences sont bien moindres que celles que l'on trouve

1. Implicitement, comme c'est le cas, dans l'islam, entre Sunnites et Shiites.

dans les sept lections du Coran ou dans les versions du Coran d'Ibn Mas'ūd, d'Ubbay et de nombreux autres.

Par contre, les sectes juives ne divergent pas sur le moindre mot de la Torah, ni sur les livres prophétiques en leur possession, ni sur ce qui a trait aux miracles de Moïse ou à la formulation de la loi. Là-dessus, pas de divergence non plus entre les trois confessions, je veux dire les juifs, les samaritains et les chrétiens.

Un accord entre juifs des différents pays en vue de modifier le texte est d'évidence inadmissible pour toute personne sensée. Même si cela avait été possible, les autres peuples convertis au christianisme n'auraient pas été d'accord avec eux, tels les Byzantins, les Francs, les Nabatéens, les Arméniens, les Grecs, les Coptes, les Hindous, les Abyssiniens, les Arabes, les Nubiens, les Daylamites, les Berbères[1], les Khazars[2], les Slaves, les Chinois[3]. Et ce, d'autant plus que chacune des deux confessions, juive et chrétienne, se partageait entre diverses écoles mutuellement hostiles.

Si les opposants disent que la Torah a été modifiée avant l'avènement du christianisme et la large diffusion de celui-ci, on répliquera que s'il en avait été ainsi, alors Jésus-Christ et les apôtres l'auraient fait savoir, auraient interdit de la lire, de faire des calculs basés sur elle et de citer son contenu ou celui des autres livres prophétiques. Or, il est notoire que c'est le contraire qui est vrai.

En outre, la prophétie a accompagné la génération du second Temple pendant 40 ans et cette Torah fut en usage parmi eux pendant plus de 300 ans jusqu'à l'avènement du Christ, Jésus fils de Marie. Et déjà, tout au long de cette période, les juifs s'étaient constitués en factions nombreuses et en sectes multiples.

Ezra, à qui les opposants attribuent la remise en vigueur de la Torah, après sa prétendue disparition, est célèbre pour sa dévotion, sa grande vertu et sa grande piété. C'est lui que les musulmans nomment '*Uzayr*[4] en prétendant, avec quelques juifs, qu'il était prophète. Même ceux qui lui dénient la qualité de prophète ne contestent pas sa grande vertu et sa grande piété. C'est pourquoi, on ne peut imaginer qu'il se serait permis de falsifier le livre de Dieu et de le modifier.

A propos des rois des juifs, les opposants notent qu'ils adoraient des idoles et leur avaient érigé des sanctuaires. Or, cela ne résultait pas de leur

1. Mot douteux : peut-être *Sadīr* (?).

2. Il n'y avait pas de Khazars à l'époque d'Ibn Kammūna.

3. Un dernier peuple, non identifié, est cité par Ibn Kammūna après les Chinois : il est écrit *Sūds* (?).

4. *Coran*, 9, 30.

incroyance envers Dieu, la Torah ou Moïse, mais plutôt, comme on l'a dit, de leur recherche d'avantages immédiats à partir des procédures particulières des astrologues et des magiciens (néanmoins, ils observèrent les rites et les fonda-mentaux de la religion et les plus vertueux d'entre eux détruisirent ces sanctuaires, afin que seul le Temple choisi par Dieu soit honoré). Pour les rois rebelles de cette époque, cela paraissait insignifiant – même si agir ainsi constituait un péché majeur contre la religion – car toutes les communautés religieuses étreignaient des images, cherchant ainsi à accéder au divin. Aujourd'hui, de telles pratiques sont jugées abominables parce qu'elles ont disparu de la plupart des confessions actuelles, dans nos pays[1].

Quant à l'épisode du rouleau de la Torah qu'ils trouvèrent dans le Temple et de l'ordre donné alors par le roi de célébrer la Pâque, il n'implique pas l'absence de Torah jusqu'à ce que ce rouleau soit trouvé, ni le fait que les prescriptions de la Torah avaient été oubliées. On dit seulement qu'ils trouvèrent ce rouleau déroulé sur un verset à partir duquel le roi pouvait déduire un augure. Or, chaque fois qu'ils déroulaient ce rouleau sur un autre verset, ils le retrouvaient déroulé sur ce même verset. Ils comprirent alors que c'était un signe et un avertissement de Dieu. C'est ce qui est dit; mais, peut-être y a-t-il une autre explication[2].

Ceux qui se hâtèrent de répudier leurs femmes d'origine ammonite ou moabite et d'ériger les cabanes pour la fête appropriée, après qu'Ezra leur eut lu la Torah, ne constituaient qu'une partie du peuple, celle qui s'était mélangée à d'autres peuples, et non tout le peuple.

A cette époque vivaient des prophètes, des saints, des sages, des Aaronides distingués de la tribu de Lévi et des membres de la Grande Assemblée, qui transmirent la loi et la religion et dont les jugements et les décisions font toujours autorité à ce sujet. Peut-on imaginer qu'ils ignoraient tous la Torah ! Ceci est, de prime abord, hautement improbable. Et, l'opposant aurait mieux fait de se cantonner à dénier la transmission fiable de la Torah avant la construction du second Temple.

Troisième objection

Dans la Torah qui est aux mains des juifs, nous trouvons de nombreux passages empreints d'anthropomorphisme à l'égard de Dieu, le comparant à l'homme et le décrivant de manière inconvenante (il y a aussi d'autres

1. Cf. *Kuzari*, I, § 97.
2. *Rois II*, 22, 8-13 ; 23, 21-23.

blasphèmes et opinions sacrilèges). Les personnes sensées les rejettent et en nient la réalité. Il est donc impossible qu'ils soient révélés par Dieu. Par exemple :

– l'épisode où Moïse monte sur la montagne en compagnie des Anciens de son peuple *et ils contemplèrent Dieu là-bas.*

– *l'homme a été créé à l'image de Dieu*[1].

– Noé, lorsqu'il sort de l'arche, entreprend d'ériger un autel à Dieu et lui offre des sacrifices : *alors, Dieu respira l'odeur de fumet.*

– Elles (les deux tables de la loi) furent écrites par le doigt de Dieu.

Sont attribués à Dieu le repentir, la colère, l'amour, la parole (tant vocale que littérale) et d'autres dispositions dont il est entièrement dépourvu[2].

Réponse : L'interdiction de l'anthropomorphisme et de la représentation de Dieu est rappelée dans de nombreux passages de la Torah. Le deuxième commandement, écrit sur les tables de la loi, interdit d'adopter une autre divinité que Dieu, de l'associer à quiconque, de le représenter, de le comparer ou de l'imaginer.

Pour ce qui est des Anciens contemplant Dieu[3], on a dit que cette vision, bien qu'à l'état d'éveil, était comparable à celle d'un rêve, non à celle que procure le sens externe. La preuve catégorique, c'est que, lorsque dans un autre passage de la Torah, Dieu leur interdit l'anthropomorphisme et les met en garde contre une telle croyance, il leur rappelle qu'ils n'avaient vu, en cette occasion, aucune image. Il récuse simplement la vision concrète à l'aide de l'œil qui voit. Il est donc clair que la vision mentionnée dans ce passage n'est pas de ce dernier type. C'est que Dieu a fait montre de bienveillance et a établi une relation entre une perception intime et sa signification immatérielle. Celles d'entre ses créatures qu'il honore, Dieu les a pourvues d'un œil intérieur qui voit les choses et leur permet de déduire rationnellement le sens et la quintessence de ces choses. Celui qui est pourvu d'un tel œil discerne le vrai[4]. Peut-être cet œil constitue-t-il la faculté imaginative, chaque fois qu'elle est au service de la faculté intellectuelle : elle voit alors une image grandiose et redoutable, révélatrice de vérités indubitables. De même que tu ne peux saisir le sens de la prière par la seule pensée sans la réciter, ni le nombre 100, par exemple, sans

1. Pierre d'achoppement entre judaïsme et islam. Cf. *La passion de Hallāj, martyr mystique de l'islam*, 4 vol., Paris, Gallimard, 1975.

2. *Ifḥām*, p. 44-48. Cf. *Intertwined*, p. 29-33.

3. *Exode*, 24, 10 ; *Deutéronome*, 4, 15.

4. *Kuzari*, IV, § 3.

le prononcer, surtout si tu veux le combiner à divers autres nombres[1], de même, n'eut-ce été la perception qui préserve l'ordre rationnel à l'aide d'images et d'imitations, cet ordre n'aurait pu être préservé. C'est probablement un impact analogue qu'eut sur Moïse et les Anciens des Israélites l'apparition de la gloire divine, lorsqu'ils virent cette image majestueuse et flamboyante créée pour eux, ainsi que les phénomènes redoutables émis dans cette vision. Et nous, tels ceux aux yeux chassieux qui ne supportent pas la contemplation de cette lumière, nous nous laissons guider par ceux doués d'une bonne vue et capables de la voir[2].

L'expérience de la vision, en rêve ou à l'état d'éveil, d'images même non réelles, facilite la représentation correspondante et en élimine l'invraisemblance, même si la relation entre les deux types de perception (la sensible et l'intérieure) est très lointaine. De même que le mot et la voix désignent la parole de Dieu (laquelle n'est faite ni de mots ni de voix et est néanmoins dénommée parole de Dieu), de même ces images que Dieu a créées pour être vues par les prophètes et les saints et qui montrent sa gloire et sa majesté, portent le nom divin de manière métaphorique. Il n'y a nul inconvénient à cela tant qu'il n'y a pas croyance dans la corporalité, l'anthropomorphisme ou l'incarnation. La prédisposition à ces visions a déjà été abordée plus haut dans la discussion sur les mystères des miracles des prophètes et sur les images qu'ils aperçoivent.

C'est ainsi qu'est résolue l'expression *Dieu créa l'homme à son image* et bien que le terme *image* soit émis, on ne veut pas signifier par là la forme et le dessin et ce terme n'a probablement pas été utilisé pour cela. A propos de la vision de Dieu et de la création de l'homme à son image, d'autres interprétations ont été mentionnées, qu'il n'est pas nécessaire de rappeler ici.

S'agissant de *Dieu respirant l'odeur des sacrifices*[3], c'est un artifice de langage signifiant qu'ils ont été agréés.

Le doigt de Dieu est une métaphore de sa puissance, comme on dit *Dieu entendit sa prière* au sens de « il l'agréa ». La preuve catégorique de cela est l'épisode relaté dans la Torah au sujet des Égyptiens qui, frappés par les plaies, dirent *c'est le doigt de Dieu*[4]. Il est clair qu'ils voulaient désigner par là la puissance de Dieu.

1. *Kuzari*, IV, § 5.
2. *Kuzari*, I, § 7.
3. *Génèse*, 8, 21.
4. *Exode*, 31, 18 ; 8, 15.

On nomme *repentant* par métaphore celui qui fait ce que ferait un repentant d'entre nous. Or, la Torah et les livres des prophètes ont affirmé que la repentance n'est pas admise pour Dieu. Il faut donc interpréter la repentance qui lui est attribuée comme nous l'avons dit, à savoir que lorsque Dieu extermina les créatures par le déluge, il le fit savoir auparavant et il exprima cela en disant qu'il regrettait de les avoir créées, à l'instar de quelqu'un qui, regrettant une chose qu'il a faite, rectifie la situation en interrompant son action et en fulminant contre cette chose[1].

Il est dans la nature du coléreux de se venger de celui envers qui il est en colère ; c'est pourquoi, on a exprimé la vengeance de Dieu par sa colère.

A l'instar de celui d'entre nous qui, pris d'amour pour une personne, déborde de sollicitude et de compassion envers elle, on a appelé *amour* la miséricorde de Dieu et sa grande sollicitude. Ce n'est pas que Dieu conçoive des sentiments de colère et d'amour – Dieu est bien au-dessus de cela !

Quant au fait que Dieu parle par la *voix* et le *mot*, tu sais déjà ce qu'il en est et c'est de manière analogue qu'il faut interpréter tous les passages de ce type figurant dans les livres des autres prophètes de la doctrine mosaïque et dans les ouvrages des rabbins et des sages. Des auteurs juifs plus récents ont composé des ouvrages expliquant ce point et d'autres semblables, clairement et de manière plus étendue[2].

Quatrième objection

Dans la Torah actuelle sont mentionnés des récits que les esprits sensés jugent invraisemblables et dont ils rejettent même toute réalité. Par exemple, l'histoire d'Adam et les raisons de son renvoi du paradis, les histoires de Loth et de Juda et des narrations dénuées d'intérêt, telles la généalogie des tribus issues de Noé avec leurs noms et leurs territoires (de même pour les enfants de Séïr), l'énumération des rois qui régnèrent sur Édom, le nombre des haltes effectuées par les enfants d'Israël en route vers la terre de Canaan et d'autres choses de ce genre[3]. Sont aussi mentionnés dans la Torah des préceptes pour lesquels on ne conçoit pas de signification utile, la raison excluant que de tels préceptes aient eu pour origine le plus Sage des souverains ou qu'ils aient été annoncés par un prophète à qui Dieu aurait parlé de vive voix. Cette objection se trouve corroborée par le récit, à la fin de la Torah, de la mort de Moïse, relatant comment il fut enterré et comment sa tombe demeure inconnue. Il est rationnellement inconcevable que cette

1. *Génèse*, 6, 6.
2. Allusion probable au *Kuzari* et au *Guide* et même, avant eux, à Sa'adia Gaon.
3. Cf. *Intertwined*, p. 33-35.

annonce ait été faite à Moïse par inspiration divine, avec emploi du passé et alors qu'il était encore vivant.

RÉPONSE : Nous ne rejetons pas, comme rationnellement invraisemblable, la réalité des récits d'Adam, de Loth et de Juda[1], surtout à cette époque. C'est que les évidences changent au gré du temps. Ce que l'on rejette comme invraisemblable à une époque ne l'est pas à une autre.

Pour ce qui est des histoires dont la narration est prétendue sans intérêt, il n'est pas dit qu'elles aient été dénuées d'intérêt à l'époque de la révélation de la Torah, ou avant ou après.

S'agissant des généalogies des tribus, peut-être furent-elles été mentionnées afin de ne pas juger invraisemblable le fait que, de Noé à Moïse, malgré la brièveté de la période qui les sépare, ce monde sublime a essaimé dans l'univers. Qu'un doute surgisse là-dessus, il sera alors éliminé grâce à toutes ces généalogies et ramifications ainsi qu'à la mention de ceux devenus célèbres, en précisant leurs âges et leurs lieux de séjour[2].

Quant au signalement des tribus des enfants de Séïr[3], il s'explique peut-être par le commandement d'exterminer la postérité d'Amaleq, fils d'Éliphaz. Ésaü, frère de Jacob, qui s'était apparenté aux enfants de Séïr, engendra à partir d'eux et régna sur eux. Sa postérité se mélangea à la leur et tout le pays de Séïr avec ses tribus devint alors lié par parenté à la tribu dominante, celle des enfants d'Ésaü, notamment la postérité d'Amaleq. L'Écriture a donc explicité leurs tribus afin qu'une tribu ne soit pas tuée par erreur à la place d'une autre. Peut-être y a-t-il d'autres causes à cela qui nous ont été cachées jusqu'à maintenant. Si nous les avions connues et si nous avions connu les évènements survenus à cette époque, nous aurions eu une idée claire et précise du motif pour lequel beaucoup de ces choses sont mentionnées. Nul doute que les actions des rois cités et leur sort étaient bien connus ; et peut-être ces rois ont-ils été cités pour servir de leçon.

Pour ce qui est des haltes des enfants d'Israël en direction de la terre qui leur avait été promise, peut-être sont-elles mentionnées pour établir fermement le miracle de leur séjour dans le désert, 40 années durant, ainsi que celui de la manne qu'ils trouvèrent chaque jour dans ce désert très éloigné d'une contrée habitée, dépourvu d'eau et de semences, infesté de serpents et d'insectes malfaisants (ils ne mangèrent pas de pain durant cette période). Ce sont là des miracles clairs et évidents. Dieu savait que ces miracles chemineraient dans le futur à la manière dont cheminent les

1. *Génèse*, chap. 3, 19, 38.
2. *Guide* (III, chap. 50).
3. *Génèse*, chap. 36.

chroniques historiques. On croirait alors que les Israélites avaient séjourné dans un désert proche d'un lieu habité, où l'homme pouvait vivre (tels les déserts des Arabes et des Turcs) ou qui pouvait être cultivé. On croirait de même que la manne – qui est un miracle considérable! – y était descendue de manière naturelle et constante ou qu'il s'y trouvait des puits d'eau. Toutes ces idées fausses ont donc été écartées en rappelant ces étapes et ces haltes, afin qu'à l'avenir les gens en les contemplant comprennent l'immensité du miracle du séjour de ce peuple dans ces lieux, 40 années durant!

C'est pour une raison analogue que Josué, fils de Noun, interdit à jamais la reconstruction de Jéricho. C'est pour que ce miracle soit manifeste et solidement établi et que quiconque voyant cette muraille enfoncée dans le sol admette à l'évidence que cette structure de bâtiment n'a pu s'écrouler à la suite d'un phénomène naturel, mais bien par un miracle[1].

La mention de l'irrégularité des étapes, certaines empruntées plusieurs fois, la mention de la durée variable de leur séjour à ces haltes, au point qu'à l'une d'elles ils séjournèrent 18 ans, dans une autre un seul jour et dans une autre une seule nuit, au gré de l'ascension de la colonne de nuée, ont pour but de faire savoir que ceci résultait de la volonté divine et non d'une erreur de route, comme le pensent certains hommes de nos jours. Et ce trajet est bien connu : il s'effectue en 11 jours de marche! Comment donc cette multitude aurait-elle pu s'égarer pendant 40 ans?[2].

Un récit n'est mentionné dans la Torah qu'en raison de son apport nécessaire à la loi ou alors pour rectifier une idée ou une pratique importantes dans l'organisation de la société ou pour une autre raison.

Quant aux préceptes dont l'utilité n'est pas intelligible, le fait que nous ne comprenions pas leur utilité n'implique pas qu'ils soient intrinsèquement inutiles, car nous n'avons pas connaissance de toute la sagesse cachée de Dieu. Cela a déjà été traité précédemment. Quoi qu'il en soit, il n'est pas impossible que les gens de l'époque connaissaient l'utilité de ces préceptes.

En effet, cette loi est advenue au moment où dominait la religion des Sabéens[3]. Quiconque examine la doctrine des Sabéens, leurs opinions, leurs pratiques et leur culte, comprendra clairement la motivation de nombreux préceptes de la Torah dont l'utilité n'est pas évidente. Tu peux prendre connaissance des doctrines et des opinions des Sabéens dans les

1. *Guide* (III, chap. 50); *Josué*, 6,26.

2. *Guide*, *loc. cit.*, p. 122*b*; cf. *Nombres*, 9, 21. Le chiffre de 18 résulte d'un calcul rabbinique.

3. *Guide* (III, chap. 29). Cf. D. Chwolsohn, *Die Ssabier und der Ssabismus*, St Petersburg, 1856, vol. 2, p. 382-398.

ouvrages composés à leur intention, comme le livre intitulé *L'agriculture nabatéenne*, édité par Ibn Waḥšiya, livre empli d'élucubrations idolâtres, d'actes de magie, de sorcellerie, de djinns et d'ogres réfugiés dans les déserts[1]. Il y a aussi le livre *Al-Usṭumāẖus* attribué à Aristote; des livres de magie, comme *Ṭumṭum*, *Sarb*, *Les degrés du firmament et les constellations qui s'en élèvent degré par degré*; un livre de magie attribué à Aristote; un livre attribué à Hermès; le livre d'Isaac le sabéen, défendant la religion sabéenne ou son livre magistral portant sur leurs lois et détaillant leur religion, leurs fêtes, sacrifices, prières et autres choses. Leurs livres non traduits en langue arabe surpassent en nombre ceux traduits.

Un auteur distingué et vénérable[2] a expliqué la plupart des préceptes de la Torah à partir de ce qu'il a relevé dans ces livres, comme il l'a rappelé globalement et en détail. Je mentionnerai la substance de son propos global, sans entrer dans le détail de chaque précepte. Même s'il a veillé à une conformité et à une mise en correspondance rigoureuses, moi, je ne trancherai pas et je ne décrèterai pas que ces préceptes s'expliquent de cette manière, mais peut-être s'y trouve-t-il une sagesse de Dieu bien plus grande et bien plus insondable que ce que cet homme de mérite a suggéré. C'est le plus vraisemblable et le plus plausible.

Il a dit, en substance, que de même que la Divinité a manifesté sa bienveillance dans la création des êtres vivants, en veillant à la gradation des mouvements des membres et à la proximité de certains membres avec d'autres, de même l'a-t-il manifesté pour les états successifs de la personne humaine[3] prise dans sa globalité. Ainsi a-t-il ramolli la partie avant du cerveau et durci sa partie arrière. Il a fait la moelle épinière plus dure encore et de plus en plus dure au fur et à mesure de son extension. Le nerf est l'organe de la sensation et du mouvement. Les nerfs nécessaires à la seule perception des sens ou à un mouvement compulsif, comme le mouvement de la paupière ou de la joue, relèvent du cerveau, tandis que ceux nécessaires au mouvement des membres relèvent de la moelle épinière. Étant donné que ni un nerf issu du cerveau ni même un nerf issu de la moelle épinière, du fait de leur mollesse, n'étaient en mesure de remuer une articulation, Dieu dans sa bonté a fait en sorte que le nerf devienne fibreux dès l'extrémité du muscle préalablement durci et qu'il soit mêlé de fragments de ligaments : il devient alors un tendon attaché à l'os et collé à lui,

1. Ouvrage du Xᵉ siècle, censé exposer l'antique sagesse chaldéenne. Les livres mentionnés dans ce passage proviennent apparemment du centre sabéen de Ḥaran.

2. Il s'agit de Maïmonide.

3. *Guide* (III, chap. 32).

capable de remuer le membre de manière graduelle. Dieu a aussi fait preuve de bonté à l'égard du nourrisson des êtres vivants. Comme il est très mou à sa naissance, la nourriture solide ne lui convient pas. Dieu a donc mis à sa disposition les seins maternels pour produire du lait, afin qu'il soit alimenté par une nourriture liquide, proche de la complexion de ses membres, jusqu'à ce que ces derniers progressivement s'affermissent et durcissent[1].

Dieu a procédé de la même façon dans la révélation de cette loi sacrée, car elle fut révélée à une époque où la conduite courante bien connue était d'offrir en sacrifice divers êtres vivants dans des sanctuaires voués aux idoles, de se prosterner et de brûler de l'encens devant elles. La sagesse divine n'a pas exigé rejet et abandon de toutes ces pratiques. Un tel commandement aurait certainement été repoussé, car il est dans la nature de l'homme de s'attacher à des habitudes qui deviennent pour lui chose quasi-naturelle et de prendre en aversion ce qui les contrarie. De la même façon, si de nos jours un prophète venait nous inciter à adorer Dieu en nous sommant de renoncer aux prières et aux jeûnes, de ne pas invoquer Dieu dans l'adversité, mais de l'adorer seulement par la méditation pure, nous trouverions cela détestable et ne l'accepterions pas. La sagesse de Dieu et sa bienveillance ont donc prescrit le maintien de ces divers rites d'adoration ainsi que des étranges pratiques qui les accompagnent et au cours desquelles on sollicite des avantages particuliers, à l'instar de ce que font les magiciens. Ces pratiques destinées à des objets, à des astres ou à un principe spirituel quelconque, Dieu les détourna en faveur de son nom, ordonnant de les accomplir à son intention. Dieu ordonna alors qu'un sanctuaire lui soit érigé et que l'autel, le sacrifice et l'encens lui soient voués et il interdit que l'un quelconque de ces actes soit accompli en faveur d'un autre que lui. Pour le service de ce sanctuaire, il distingua les prêtres issus d'Aaron et les lévites. Il les distingua par des droits assurant leur subsistance, pour servir dans le Temple et accomplir les sacrifices. Alors, la vraie croyance fut fermement établie, à savoir l'existence de Dieu et son unicité, et les individus ne conçurent aucune aversion du fait de l'abolition du rite ordinaire et ne le languirent pas.

Comme le culte sacrificiel et ce qui l'accompagne relève d'une intention seconde de la religion, alors que l'invocation, la prière et autres choses analogues sont plus proches de l'intention première et obligatoires pour l'atteindre, Dieu a établi entre ces deux types de culte une distinction notable. Les sacrifices, même voués à Dieu, ne seraient plus prescrits comme ils l'étaient initialement, je veux dire offerts n'importe où, n'im-

1. *Guide* (III, chap. 32).

porte quand, dans un sanctuaire érigé au hasard, par quiconque souhaitant les offrir. Mais Dieu disposa pour les sacrifices un sanctuaire unique, interdisant d'en offrir ailleurs, cependant que le sacrificateur ne pouvait être que de la lignée d'Aaron. Toutes ces mesures visaient à brider ce type de culte. Mais la prière, l'invocation et autres pratiques semblables étaient permises à n'importe qui et en tout lieu. Autant la vraie loi a maintenu ce type de culte par lequel, auparavant, on adorait une autre divinité que Dieu, autant elle a entrepris de s'opposer à la plupart de ses particularités, afin que l'abandon de ce type de culte se fasse dans le cadre d'une indispensable conciliation entre bien-être humain et grâce divine. Cela est dû précisément au fait que le fondement de cette loi – le pivot sur lequel elle tourne – consiste à éradiquer ces opinions des esprits et à abolir ces rites absurdes[1]. C'est ainsi que l'explication de nombreux préceptes dont l'utilité n'est pas intelligible n'apparaîtra qu'à celui qui possède la connaissance de la religion des Sabéens et autres idolâtres, de leur culte et de leurs rites spécifiques.

Par ailleurs, un des buts de la loi parfaite est de repousser les passions, de les dédaigner et de les limiter au strict nécessaire. C'est pourquoi, Dieu a manifesté sa grâce en instituant des lois qui inhibent la sollicitation de ces passions, détournent d'elles complètement la pensée et font obstacle à tout ce qui ouvrirait la voie à l'intempérance et à une jouissance, alimentaire ou sexuelle, primaire[2].

Parmi les buts de la loi, il y a aussi l'aménité et la patience : l'homme ne doit pas être brutal, cruel ou grossier, mais complaisant, obéissant, repentant, patient, débordant d'indulgence et de compassion. Et la plus grande partie de ce que la loi a établi, si tu l'examines, se trouve orientée vers ce but. Le « nettoyage » intérieur des vices moraux et la purification par les vertus, devançant le nettoyage extérieur qui élimine saletés et impuretés, est aussi un des buts de la loi et les nombreux bénéfices, résultant des préceptes prescrits dans ce but, ne sont pas occultés.

Tout ceci concerne la justification d'ensemble (des préceptes); la justification détaillée serait trop longue. Chaque fois qu'on les a explicités, les avantages d'un précepte s'avèrent non négligeables. Ainsi est infirmée l'assertion de ceux qui méconnaissent l'origine divine de tels préceptes[3].

1. *Guide* (III, chap. 29, p. 66*b*, bas).
2. *Guide* (III, chap. 33, début).
3. *Guide* (III, chap. 33, p. 73*b*).

Pour ce qui est de l'objection concernant la révélation à Moïse du récit de sa mort et de son inhumation[1], on a dit que Dieu ordonna à Josué, fils de Noun, d'écrire ce récit et de l'insérer à la fin de la Torah, bien que la révélation de ce récit à Moïse ne serait ni impossible ni si invraisemblable. Et pour ce qui est de l'utilisation du passé pour parler du futur, les exemples abondent : c'est un mode métaphorique, signifiant que ce qui va se produire avec certitude, c'est comme s'il s'était déjà produit.

Cinquième objection

Dans cette Torah, nous ne trouvons pas de proclamation claire de la récompense et du châtiment dans le monde futur, alors qu'il s'agit d'une des choses les plus importantes à rappeler, car c'est la pierre angulaire d'une législation religieuse. Si donc la Torah qui est aux mains des juifs avait été révélée par Dieu, elle n'aurait pas manqué de faire une telle proclamation, au lieu d'y renoncer en faveur de rétributions terrestres, comme elle le fait à profusion. Le monde d'ici-bas est éphémère et nous ne devons pas attacher de prix à la félicité ou à la souffrance qui y règnent. Même si nous le faisions, l'expérience nous forcerait à la conclusion qu'ici-bas la félicité n'est pas le propre des justes ni la souffrance le propre des pécheurs et des impies. Au contraire, que de justes respectueux de la loi endurent des souffrances et que d'incroyants iniques jouissent du bonheur ! Dieu est bien trop élevé pour énoncer des promesses ou des menaces fausses[2] ou pour annoncer un évènement qui ne se produirait pas ou dont le contraire se produirait.

Réponse : Que la Torah ait omis de proclamer cela, ne prête pas à préjudice, du moment que Moïse, après en avoir reçu la révélation de Dieu, en parla aux enfants d'Israël qui en répandirent la nouvelle.

Si l'on demande pourquoi Moïse ne l'a pas explicitement écrit dans la Torah, on répondra qu'on ne peut s'opposer aux choses divines ni même s'interroger à leur sujet, car elles peuvent relever d'une sagesse dont nous n'avons pas connaissance.

Par ailleurs, les prophètes sont les médecins de l'âme[3], par la guidance de Dieu. De même que le médecin du corps ne guérit que la maladie

1. *Deutéronome*, 34, 5-6.

2. Nous avons pris en compte la remarque de G. Vajda : « *lire ḫulf* (fausse promesse) à la place de *ḫalq* (différence d'un seul point diacritique) et modifier en conséquence la traduction anglaise de M. Perlmann qui ne donne pas un sens satisfaisant », *op. cit.*

3. L'idée très répandue de considérer les prophètes comme des médecins de l'âme a des antécédents hellénistiques qui remontent à l'idée du roi-philosophe. Elle apparaît fortement

présente dans le corps, de même le médecin de l'âme, c'est-à-dire le prophète, soigne la maladie de l'âme humaine selon les maux qu'il rencontre à son époque. Les contemporains de Moïse ne contestaient pas la récompense et le châtiment dans le monde futur. Mais leur maladie consistait à adorer les idoles, les planètes et autres objets – bref à adorer autre chose que Dieu – et à croire qu'en les adorant et en leur offrant des sacrifices, la terre se laisserait cultiver, le pays serait fertile et les arbres produiraient de bons fruits.

Les savants, les pieux et les plus vertueux d'entre ces idolâtres mettaient les gens en garde et leur enseignaient que l'agriculture, base de l'existence humaine, « ne prospèrera et ne jouira de la bénédiction que si vous adorez le soleil et les planètes ; si, par contre, vous les irritez par votre désobéissance, le pays sera désolé et dévasté ». Dans leurs livres déjà cités, il est dit que Jupiter s'est emporté contre les steppes et les déserts ; c'est pourquoi, ils furent privés d'eau et de végétation et devinrent le refuge des ogres. On exhortait fortement les paysans et les agriculteurs à s'adonner à la culture du sol, celle-ci dépendant de la volonté des planètes et de leur bon plaisir. Dans le livre *L'agriculture nabatéenne*, à propos de la vigne, on trouve un discours nabatéen affirmant que tous les anciens érudits ainsi que les prophètes ont institué et ordonné que l'on joue avec des instruments de musique devant les idoles pendant les fêtes ; que cela plairait à la divinité qui récompenserait généreusement ceux qui agiraient ainsi. Les Sabéens multiplièrent cette pratique, stimulés par la promesse et le châtiment : promesse d'allongement de la vie, d'éloignement des calamités et infirmités, de fertilité pour les champs et d'abondantes récoltes. Ces croyances s'étant diffusées au point d'être considérées comme vraies, Dieu dans sa miséricorde voulut extirper cette erreur des esprits et soulager les corps de cette corvée, en abolissant ces actes pénibles et inutiles. Alors, Dieu fit savoir, par l'organe de son messager Moïse, que si l'on continuait d'adorer ces planètes et idoles, la pluie cesserait, la terre désolée ne ferait rien pousser, les fruits tomberaient des arbres, des calamités et infirmités affecteraient les corps et les vies seraient raccourcies ; tandis que, par l'adoration zélée de Dieu, les pluies tomberaient, la terre serait fertile, les circonstances favorables, les corps en bonne santé et les vies prolongées.

dans les *Epîtres des frères sincères* et chez al-Ghazālī. Plus tard, un genre de médecine prophétique (*al-Ṭibb al-nabawī*) combine des notions de psychologie-psychiatrie, des avertissements et une discipline spirituelle pour une pratique individuelle ou collective avec une notion théologico-anthropologique du plan divin, en vue du progrès intellectuel et social de l'homme et de la place du prophète dans ce plan. Le début du passage s'inspire d'al-Ghazālī (*Munqiḏ*, p. 46) et la suite est une adaptation du *Guide* (III, chap. 30).

Dieu répéta ces promesses et ces menaces dans de nombreux passages de la Torah pour que cesse cette opinion erronée et que sa trace soit effacée des âmes, les guérissant alors du mal de cette croyance et de la corruption qu'elle entraîne.

Si leur mal avait consisté à rejeter l'immortalité de l'âme après la mort ainsi que la récompense et le châtiment dans l'au-delà, Dieu aurait rappelé cela de manière récurrente dans la Torah pour le confirmer et le proclamer. Comme tel n'était pas le cas, Dieu s'est satisfait de la diffusion, sous forme allusive, de cette opinion dans la communauté.

En effet, les juifs croyaient en la résurrection des morts et en l'immortalité de l'âme après la mort du corps, transmettant cette croyance de génération en génération. Ils demandaient à Dieu miséricorde pour leurs morts et cédaient au repentir lorsqu'ils croyaient leur fin venue. Ils suggéraient au condamné (dont ils avaient réclamé l'exécution à titre de châtiment légal ou de représailles, et une fois cette condamnation confirmée) de prier Dieu de considérer sa mort comme l'expiation de son péché, afin d'être exonéré du châtiment correspondant dans l'autre monde. Ils exigeaient que la foi en la résurrection des morts soit rappelée dans la prière et en dehors d'elle, et aussi lorsqu'ils passaient près de tombes juives, comme je l'ai signalé plus haut dans le descriptif de leur croyance. Leurs rabbins et sages ont fait état, en les agençant, de nombreux détails relatifs au paradis et à l'enfer et cela de manière récurrente.

On peut poser la question : comment se fait-il que dans ce monde il n'y ait pas accomplissement systématique des promesses envers ceux qui obéissent et des menaces envers les récalcitrants, afin de démontrer le mensonge que constitue l'adoration des idoles et des planètes ? On répondra que cela a bien fonctionné lorsque la présence divine résidait parmi eux. Ils savaient alors que le cours de leur vie se déroulait suivant une loi voulue par Dieu, plein de sollicitude à leur égard; et non selon une loi naturelle comme pour les autres peuples, ainsi qu'indiqué plus haut. Les promesses et menaces dans ce monde ne sont pas absolues, mais s'appliquent à cette communauté dans son ensemble (en tant que constituant un ensemble et un groupe) et sur la terre qui leur a été promise lorsque la présence divine résidait parmi eux, et non ailleurs. Elles ne s'appliquent pas à chaque personne individuellement. Les promesses envers chaque individu, en fonction de son obéissance, et les menaces à son égard, en fonction de sa désobéissance, s'entendent seulement pour le monde futur, après la mort obligatoirement. Dans ce bas-monde, ceci ne se produit pas de manière systématique; on peut le déceler parfois dans la providence divine lorsqu'elle accorde à une personne vertueuse et douée de bonté un privilège dans ce monde au regard d'une autre personne. On peut aussi le déceler dans la souffrance que font subir dans ce monde les méchants, tant à eux-mêmes qu'aux autres, ce que l'homme sensé considérera, indubitablement, comme un châtiment rendu à leur iniquité. Mais cela n'est pas systématique, car nous pouvons trouver dans ce monde un pécheur bienheureux et un observant misérable et inversement, comme le concédaient leurs sages et les transmetteurs de leur loi. La réalisation des promesses à l'égard de la collectivité s'est vérifiée lorsqu'ils ont obéi, comme s'est vérifiée la réalisation des menaces lorsqu'ils ont désobéi, s'adonnant à l'adoration d'idoles et de créatures célestes et leur quémandant des bienfaits terrestres. Cela apparaîtra clairement à quiconque étudie l'histoire de leurs rois, de leurs prophètes et des anciens de leur communauté, sur la terre sainte dont ils héritèrent, alors que la présence divine séjournait parmi eux. L'un d'entre eux a comparé le peuple d'Israël à un peuple vivant et les autres peuples à des morts[1]. En voulant ressembler au peuple d'Israël, les autres peuples ne purent aller au-delà d'une ressemblance extérieure. Ainsi, ils érigèrent un temple à Dieu, mais aucune trace de Sa présence ne s'y manifesta. Ils firent abstinence, s'adonnant à une vie ascétique, afin que la révélation divine se manifeste à eux, mais elle ne se manifesta pas. Ils furent dépravés, désobéissants et tyranniques, mais nul châtiment divin ne s'abattit sur eux pour démontrer que c'est à cause de cette désobéissance que fut frappé leur *cœur*, je veux dire le temple vers lequel ils se tournaient dans leurs prières. Leur situation ne varia pas en fonction de leur nombre, grand ou petit, de leur force ou faiblesse, de leur discorde ou concorde ; elle ne s'écarta pas de la voie naturelle et du hasard. *A contrario*, la communauté des Israélites se brisa lorsque fut frappé son *cœur* qui est le Temple. Et lorsque celui-ci sera restauré, eux aussi seront restaurés, qu'ils soient en grand ou petit nombre et quel que soit leur statut. Leur guide et leur soutien, dans leur dispersion et leur décomposition, c'est le Dieu vivant. On n'imaginerait pas, pour un autre peuple, une dispersion telle que la leur, compte tenu notamment de sa durée, sans qu'il ne se transforme en un autre peuple. Et, après eux, que de peuples ont péri, dont nul souvenir ne subsiste !

Telle est, en substance, la discussion sur ce sujet.

Sixième objection[2]

De nombreux miracles, s'appuyant sur une chaîne de transmission fiable, ont été rapportés au sujet de Zoroastre et de plusieurs prétendants

1. Il s'agit de Juda Halévi. La totalité du paragraphe est une adaptation du *Kuzari*, II, par. 32-33, p. 63.

2. *Ifḥām*, p. 13-15.

à la prophétie parmi les autres peuples. Cependant, les juifs rejettent leur prophétie, notamment la prophétie d'idolâtres. S'il en est ainsi, on dira aux juifs : de deux choses l'une, soit la transmission de ces peuples est valide, soit elle ne l'est pas.

– si elle n'est pas valide : quelle assurance avez-vous que votre transmission des miracles de Moïse et des questions concernant votre religion le soit ? Car votre chaîne de transmission n'est pas plus rigoureuse ou plus correcte que la leur.

– et, si leur transmission de miracles est valide : alors, le miracle ne prouve pas que l'on soit dans le vrai. Par conséquent, la prophétie de Moïse et de vos autres prophètes n'est pas fermement établie en votre faveur.

RÉPONSE : Le récit de prodiges effectués par un prétendant à la prophétie ne prête pas à considération si la transmission fiable de ces prodiges n'est pas avérée. C'est le cas en partie de ce qu'auraient prétendument accompli ceux qui incitent à adorer le feu, les astres et les idoles. Toute tradition ayant acquis notoriété chez un peuple puissant ne relève pas d'une transmission fiable. Notoriété ne vaut pas transmission fiable et la différence entre les deux a été clairement expliquée dans les livres de logique. Si une information est *réputée* avoir été l'objet d'une chaîne de transmission fiable, cela ne veut pas dire qu'elle l'ait été *de facto*.

L'absence d'une telle différentiation est une source de dérapage susceptible d'entraîner de graves erreurs dans les maillons de la transmission. Est également sans importance ce qui est réputé avoir été transmis fiablement, si la raison y suspecte une part de supercherie. Certains actes, accomplis par ceux qui incitent aux pratiques citées précédemment et suivies par la grande masse, relèvent aussi de ce type. Cependant, si la raison ne suspecte pas de supercherie dans un acte, alors :

– soit, le récit de cet acte est couplé à la revendication de quelque chose d'absolument interdit par Dieu ou par une autre force [1], du fait de la raison ou d'une solide tradition issue d'une religion bien établie,

– soit, il ne l'est pas.

Ce couplage :

– ou bien est inadmissible, car il constitue un égarement pour les adorateurs de Dieu et on en a déjà parlé à propos des miracles,

– ou bien, si nous l'admettons, peut résulter de ce que Dieu a laissé faire tel faiseur de prodiges, sachant que les gens sensés ne se laisseraient pas

1. L'expression curieuse « Dieu ou une autre force » est tirée du Coran où elle apparaît plus d'une douzaine de fois, parfois sous la forme « une divinité autre que Dieu » (Cf. 6, 14 ; 6, 40 ; 6, 46 ; 6, 114 ; 6, 145 ; 6, 164 ; 16, 52 ; 16, 115).

tromper par lui, sauf à récuser leur propre raison ou à rejeter leur foi en la loi première, ancrée dans leurs cœurs et contraire à la loi du faiseur de prodige.

Lorsqu'un homme accomplit un miracle sans le coupler à une revendication de prophétie, il n'y a pas pour les gens sensés de risque d'égarement ou d'atteinte à leur raison.

Si la revendication d'un prétendant à la prophétie n'est pas couplée à des phénomènes extraordinaires, fiablement transmis et survenus sans aucune suspicion d'une quelconque supercherie, elle n'est rejetée ni par la raison ni par la tradition[1].

Certains n'exigent pas l'évidence de miracles pour admettre comme vraie l'affirmation d'un prétendant à la prophétie, cela en raison des doutes mentionnés plus haut dont ils affirment être incapables de s'affranchir. Mais toi, tu connais déjà le type de discussion à ce sujet. Parmi ce groupe d'hommes, certains ferment hermétiquement la porte aux prophéties, comme le font, dit-on, les Brahmanes[2].

D'autres professent de croire à la prophétie, non par les seuls miracles, mais par des indices complémentaires poussant à y croire. C'est de cette manière que certains juifs admettent la prophétie de Moïse : ils prétendent que la foi de la communauté des enfants d'Israël n'a pas résulté de ses seuls miracles, même s'ils furent nombreux et considérables, mais du discours qu'ils entendirent, adressé par Dieu à Moïse sur le mont Sinaï. Ils eurent alors connaissance de sa prophétie dans leur conscience, comme le prophète connaît sa propre prophétie de manière catégorique. Puis ils transmirent cela à leur postérité suivant une chaîne ininterrompue. Ils prétendent que c'est ainsi qu'ils ont acquis une foi totale, et non par le biais d'une preuve basée sur des miracles. Les miracles de Moïse – bien que nul esprit sensé ne les attribue à un artifice – comme l'ouverture de la mer, son eau muée en sang, l'extermination de tout premier-né en terre d'Egypte, (homme ou bête, à l'exception de ceux des Israélites), la protection de la

1. Nous avons tenu compte, pour la traduction, de la remarque de G. Vajda : « le texte arabe signifie « Ni la raison, ni la tradition ne font obstacle (à une prétention à la qualité de prophète) si cette prétention n'est pas liée à des miracles relatés par une transmission à garants multiples (et) tels qu'on ne saurait attribuer leur production à quelque artifice ». Autrement dit, ni la tradition religieuse ni la raison ne requièrent absolument que la prétention à la qualité d'être mandaté par Dieu soit assortie de thaumaturgie », *op. cit.*

2. *Barāhima* est le terme arabe désignant les Brahmanes indous (cf. *supra*, note 1, p. 69). Voir à ce sujet :

– S. Stroumsa, « The Barahima in Early Kalam », in *JSAL*, 6, 1985, 241.

– S. Stroumsa, *Free thinkers of Medieval Islam*, Ibn al-Rawandi, Abu Bakr al-Razi and Their Impact on Islamic Thought (Islamic Philosophy, Theology, and Science, vol. XXXV, Brill Academic).

nuée, la chute de la manne pendant 40 années sur une communauté très nombreuse, de tels miracles, donc, ne servent qu'à renforcer chez eux une croyance déjà prédominante. Autant que nous le sachions, ce discours divin adressé à la communauté est un phénomène qui ne s'est produit pour aucune autre prophétie[1].

Certains exigent l'authentification par Dieu d'un prétendant, à l'aide de miracles conformes à la description donnée plus haut. La plupart des gens sont de cette opinion. Les juifs de cette opinion n'admettent la transmission fiable de miracles respectant toutes les conditions d'authentification requises, que pour Moïse et les autres prophètes venus après lui et dont la prophétie a été reconnue. Ils rejettent l'objection de l'opposant affirmant : « votre transmission n'est pas plus solide que leur transmission ». Et tu sais déjà ce qui a été dit sur la transmission des juifs.

Septième objection

Nous n'excluons pas l'abrogation[2] de la loi des juifs. Bien au contraire, cette abrogation est une réalité et elle s'impose à eux. Du fait qu'abrogation il y a et que la Torah affirme le contraire dans de nombreux passages, cela récuse la véracité dont elle jouit dans leur opinion.

On démontre la réalité de l'abrogation de cinq manières :

1) Un précepte de la Torah dit que celui qui assiste à la mort d'une personne ou qui touche l'os d'un mort ou qui foule une tombe, se souille et ne peut se purifier qu'au moyen des cendres de la vache que brûlait le pontife issu de la lignée d'Aaron[3]. Si les juifs d'aujourd'hui, ne pouvant se procurer de telles cendres, s'en considèrent dispensés pour se purifier, alors ils admettent l'abrogation due à la situation imposée par l'époque actuelle. S'ils ne s'en considèrent pas dispensés, ils sont impurs, ce qui est contraire à leur doctrine, car ils prient, portent les rouleaux de la loi et s'éloignent d'une femme en menstruation pour ne pas être souillés par elle.

2) Les juifs prétendent que tout le contenu de leurs livres de jurisprudence provient de la tradition transmise par leurs décisionnaires, à partir d'hommes de confiance remontant à Moïse. Leurs divergences sur les problèmes juridiques sont donc dues, soit à une mise en cause de la chaîne de transmission – ce qui est contraire à leur doctrine – soit au fait que l'une des deux traditions a abrogé l'autre (CQFD).

1. Cf. *Kuzari*, I, par. 87 p. 22 *sq*., mais la formulation est différente.
2. *Ifḥām*, pp. 16-21/38-41. Cf. *Intertwined*, p. 35-41.
3. *Nombres*, 19, 19 *sq*.

3) Dans leurs prières, il y a des passages contenant des supplications qui, à l'évidence, ont été élaborées après la disparition de leur état. Certains de leurs jeûnes le prouvent aussi, comme ceux commémorant l'incendie du Temple et son siège, le jeûne de Guédalia et le jeûne commémorant la pendaison d'Haman. Ils ont fait de tous ces jeûnes des obligations, bien que la Torah leur ait interdit d'ajouter de nouveaux préceptes[1], ce qui signifie l'abrogation de cet interdit.

4) La Torah stipule que le roi désigné par les Israélites pour régner sur eux ne devait avoir ni beaucoup de femmes – de crainte qu'il ne s'adonne à l'impiété – ni beaucoup d'or ou d'argent[2]. Pourtant, David eut beaucoup de femmes, de même que son fils Salomon qui posséda aussi or et argent en quantité considérable. Ceci démontre l'abrogation. Dans les livres des prophètes, de nombreux passages montrent la violation de la loi établie dans la Torah. Mais il n'est pas nécessaire de s'y étendre.

5) La Torah proclame à la fois l'obligation de pratiquer la circoncision le 8e jour après la naissance et l'interdiction des travaux matériels le sabbat[3]. Si le 8e jour de la naissance tombe un sabbat, chacun des deux préceptes abolit l'autre.

Ceci mis à part, il y a dans la Torah d'autres preuves de l'abrogation bien connues de celui qui l'étudie minutieusement.

RÉPONSE[4] : Le terme exprimant l'*impureté* dans la langue hébraïque[5] a trois sens :

a) il peut exprimer la désobéissance et le dissentiment à l'égard des commandements, dans l'action ou la pensée,

b) il peut désigner des impuretés, comme les excréments et l'urine,

c) il peut exprimer des conjectures, comme toucher ou porter telle chose ou se trouver sous le même toit qu'elle.

C'est dans ce troisième sens que ce terme est appliqué à la personne touchant un mort. On lui enjoint alors de n'approcher aucun objet sacré, si ce n'est après purification rituelle par les cendres de la vache citée plus haut. On ne lui interdit pas de prier ou de porter les rouleaux de la Torah avant cette purification, contrairement à celui souillé par une souillure au sens propre de saletés. A ce dernier il est interdit de prier et de porter les rouleaux de la Torah, mais l'eau seule suffit à le purifier. Cette objection de

1. *Deutéronome*, 13, 1.
2. *Deutéronome*, 17, 17. *Rois I*, 10, 10-11.
3. *Genèse*, 17, 10-14 ; *Exode*, 20, 8-11.
4. *Guide* (III, chap. 47).
5. *Ṭum'ah* en hébreu.

l'opposant provient donc de son ignorance des sens variés du terme *impureté* dans la langue hébraïque.

Les *responsa* aux questions d'ordre juridique des juifs ne sont pas tous tirés de la tradition. Certains sont tirés du texte, d'autres de la tradition et d'autres sont induits par spéculation et analogie, à partir de prémisses tirées du texte et de la tradition. Il n'y a pas de désaccord sur la véracité de la transmission, mais seulement sur ce qui relève de la spéculation et de l'interprétation personnelle. Aucun juif – *a fortiori* la totalité des juifs – ne prétend que *toute* leur tradition provient exclusivement de leurs autorités.

Sur le fait que les juifs suivent ce que leurs chefs religieux et leurs décisionnaires leur ont imposé, bien que dans la Torah figure l'interdiction d'y ajouter ou d'en retrancher quoi que ce soit, sache que la Torah a ordonné d'obéir aux prophètes qui suivent la loi de Moïse[1]. Les sages juifs ont dit que ces prophètes s'interdisaient dans leurs prescriptions d'ordonner quoi que ce soit qui puisse annuler de manière permanente un commandement de la Torah, sauf à ne plus être un sectateur de cette loi. Mais ils pouvaient ordonner une telle chose, en vertu d'un intérêt exigé par la situation, à la condition que cette annulation ne soit pas permanente; à l'instar du prophète Elie sacrifiant dans un lieu autre que celui où le sacrifice était autorisé, pratique qui ne pouvait être permanente[2].

La Torah a également ordonné d'obéir, même s'ils ne sont pas prophètes, aux chefs religieux et aux juges soutenus par la présence divine (*shekhinah*) sur la terre choisie par Dieu, pourvu qu'ils ne transgressent pas, à titre permanent ou pas, quelque précepte de la Torah. Il est impossible que ces hommes se soient mis d'accord pour transgresser la loi, étant donné leur grand nombre et leur vaste savoir, acquis par eux-mêmes aussi bien qu'hérité de leurs prédécesseurs. Ils ne furent que rarement abandonnés par la prophétie ou par un substitut de celle-ci, tel que l'écoute d'une parole divine dont le locuteur inconnu est appelé *Bat Qol*[3] en hébreu, ou autre chose. Si le fait de suivre leurs chefs est exigé par la Torah, cette observance

1. *Deutéronome*, 17, 8-12 ; 18, 18. Cf. *Kuzari*, III, par. 39 p. 121 *sq.*

2. *Rois I*, 18, 30-38.

3. *Qol* : la voix, instrument de la création. *Bat qol* ou la « fille de la voix » est ce qui reste de la prophétie après la disparition de celle-ci. Quand la prophétie s'est arrêtée en Israël avec les derniers prophètes Haggai, Zacharie, Malachie, des manifestations divines du *ruaḥ haqqoddeŝ* (esprit de sainteté) ont pris la forme d'une voix céleste (Cf. *Daniel* 4, 28 et *Sanhedrin* 11 a). Voir aussi *Le Commentaire sur le Livre de la Création de Dunas ben Tamim de Kairouan (xe siècle)*, Vajda G. Nouvelle édition revue et augmentée par Paul B. Fenton, Collection de la *REJ*, 24, 2002.

ne constitue pas une prescription supplémentaire. Du reste, leurs ajouts sont peut-être d'inspiration divine ; c'est bien possible.

Pour les juifs, David et Salomon n'étaient pas infaillibles au péché, car aucun des deux n'était un messager de Dieu. L'infaillibilité d'un prophète messager est seulement requise pour sa mission, mais pour le reste son infaillibilité est sujette à doute[1]. Pourtant, leurs décisionnaires ont noté, à propos des femmes que David avait épousées, qu'il n'avait pas dépassé le nombre licite. S'agissant de son fils Salomon, il se peut qu'il ait acquis quantité d'or et d'argent, non pour lui-même mais pour le profit du peuple, ce qui ne lui était pas interdit. Pour ce qui est de ses nombreuses femmes, il est écrit, dans le texte du livre le concernant[2], qu'il a péché pour avoir transgressé ce précepte. La solution de problèmes du même type dans les livres des autres prophètes ne saurait échapper à qui a connaissance de ce que nous avons dit.

Quant au précepte de la circoncision en regard du sabbat, l'obligation de la circoncision repousse celle du sabbat. C'est à partir de là que l'on a su que, bien que les travaux matériels soient interdits le sabbat, la circoncision fait exception. Il n'y a donc pas d'abrogation. La solution de cas analogues dans la Torah n'échappera pas à la personne douée de discernement.

Tu dois savoir que seule une personne qui n'est ni de confession chrétienne ni de confession islamique pourra citer ces objections *dans leur totalité*, car les doctrines de ces deux confessions s'opposent à ce qu'elles soient citées en totalité, tout en prescrivant d'en citer certaines.

POUR CE QUI EST DES CHRÉTIENS

Ils reconnaissent la prophétie de Moïse et des prophètes de même confession, tous leurs miracles ainsi que la vérité de la Torah et des livres prophétiques. Ils ne peuvent nier que les juifs admettent la résurrection et le Lieu du Retour après la mort. En effet, dans les Actes des Apôtres[3] il est écrit que Paul, dont le nom était Saül, disait appartenir aux Pharisiens qui professaient *l'espérance et la résurrection* ainsi que la croyance aux anges et à l'Esprit, contrairement aux Sadducéens, juifs hérétiques de cette époque qui suivaient un homme appelé Sadoq et ne professaient rien de tout cela. Dans le passé, les Pharisiens constituaient la majorité des juifs

1. Cf. le jugement du *Guide* (II, chap. 45) sur le second degré de prophétie.
2. *Rois I*, 11.
3. *Actes des Apôtres*, 23, 6-8.

et de nos jours on les appelle Rabbanites. Les sectateurs de Sadoq, peu nombreux, se sont éteints jusqu'au dernier et leur école de pensée a disparu.

De nombreux passages de l'Evangile montrent que les juifs professaient la rétribution après la mort : ceci est manifeste pour qui les examine attentivement. Cependant, les chrétiens prétendent que le Christ a aboli la loi de la Torah, bien que dans l'Evangile il soit stipulé :

> Je ne suis pas venu pour abolir la loi de Moïse, mais je suis venu pour l'accomplir en pratiquant la justice. Amen, amen. Je vous le dis : jusqu'à ce que passent le ciel et la terre, pas une seule lettre de la Torah de Moïse ne sera modifiée, rien n'en sera aboli et celui qui retranchera de la loi de Moïse quoi que ce soit, de petit ou de grand, sera nommé le plus petit au royaume des cieux [1].

Lorsque les juifs blâmèrent le Christ parce que l'un de ses disciples avait glané des épis le sabbat et les avait mangés, il ne leur rétorqua pas que le sabbat avait été abrogé, mais déclara que cela n'était pas interdit à celui qui avait besoin de manger. De même, David, lorsqu'il y fut contraint, ne s'interdit pas de manger de la table du Seigneur, alors que c'était illicite [2]. Le Christ adhéra aux préceptes de la Torah jusqu'à sa dernière heure [3] et, après sa disparition, il en fut de même pour ses disciples. Ce n'est que beaucoup plus tard, lorsqu'ils durent se mélanger aux autres peuples, que Paul les en détourna.

POUR CE QUI EST DES MUSULMANS

Ils reconnaissent, eux aussi, la prophétie de Moïse et ses miracles, ainsi que la prophétie et les miracles des prophètes antérieurs ou postérieurs à lui. Ils concèdent que les juifs reconnaissent la récompense du paradis et le châtiment de l'enfer. Concernant le paradis, on se réfèrera à ce qui est mentionné dans le glorieux Coran : « *Et ils dirent : nul n'entrera au paradis que juif ou chrétien* » [4], voulant dire que chacune des deux communautés proclamait que n'entrerait au Paradis qu'un membre de sa communauté. Concernant l'Enfer, on se réfèrera à ce qui est mentionné dans un autre passage du glorieux Coran : « *Et ils dirent : le feu ne nous touchera que pour*

1. *Mathieu*, 5, 17-19.
2. *Samuel I*, 21, 4-7.
3. *Mathieu*, 12.
4. *Coran*, 2, 111.

quelques jours comptés»[1]. Pour les commentateurs unanimes, c'est la doctrine des juifs qui est ici rapportée. Il est aussi mentionné dans le Coran que l'évocation du monde futur a été révélée à Moïse, comme il est dit dans la sourate *Sabbiḥ*: «*Mais vous préférez la vie présente alors que la vie future est meilleure et plus durable. Ceci se trouve certes dans les Feuilles anciennes, les Feuilles d'Abraham et de Moïse*»[2].

Mais, les musulmans diront que la Torah a été modifiée et ils nieront la transmission fiable de leur tradition par les juifs. Ils disent cela bien que, dans le Coran et dans les *Hadiths* (traditions) du prophète, il y a des preuves que la Torah était bien en possession des juifs, à l'époque de Mahomet. Par exemple: «*Comment te demanderaient-ils d'être leur juge quand ils ont avec eux la Torah dans laquelle se trouve le jugement de Dieu?*»[3]. Il n'est pas dit ici qu'ils n'ont avec eux qu'une partie de la Torah ni que cette Torah a été falsifiée. De nombreux versets le font savoir. Quant aux versets «*Il en est parmi les juifs qui changent les mots de leurs places*»[4] et «*Malheur à ceux qui composent un livre de leurs propres mains, puis disent: ceci vient de Dieu, pour en tirer ainsi un vil profit*»[5], il n'est pas prouvé qu'ils fassent allusion à la Torah. Nul doute que, chez les juifs comme chez les musulmans, se trouvent des personnes rapportant des traditions mensongères.

La falsification de la Torah, après Mahomet, tu le sais bien, est quelque chose que nul homme sensé ne peut imaginer. La religion islamique n'existe qu'en affirmant que la Torah a été abrogée. C'est la raison pour laquelle les musulmans ont du infirmer la transmission des juifs et prôner le dogme de la falsification de la Torah, pour qu'il n'y ait pas d'argument contraignant à leur encontre, en raison des indices que la Torah renferme de sa validité perpétuelle et de sa non-abrogation[6].

Certains musulmans interprètent les mots qui dans la Torah indiquent la pérennité dans le sens de *qui dure longtemps*. Ils s'appuient sur ce que dit la Torah à propos de l'esclave hébreu, à savoir qu'il servira pendant six années, puis sera affranchi à la septième. S'il refuse d'être affranchi, son

1. *Coran*, 2, 80.
2. *Coran*, 87, 16-19 (*Sabbiḥ* est le 1er mot de cette sourate dont le titre est al-A'lā).
3. *Coran*, 5, 43.
4. *Coran*, 4, 46.
5. *Coran*, 2, 79.
6. Nous avons tenu compte, pour la traduction, de la remarque de G. Vajda: «en écrivant «*should be binding upon them*», le traducteur (M. Perlmann) n'a pas vu, semble-t-il, que '*ilzām* était employé ici dans sa signification technique en logique «conséquence contraignante, argument *ad hominem*», *op. cit.* Cf. également Sa'adya Gaon, *Amānāt*.

oreille sera perforée et il servira *pour toujours*[1], voulant dire par là qu'il servira jusqu'à la 50e année[2], comme expliqué dans un autre passage.

Les juifs disent :

Nous ne nous appuyons pas sur les seuls mots exprimant la pérennité et ne nions pas qu'ils puissent être utilisés métaphoriquement dans d'autres passages. Mais, nous savons impérativement, à partir des mots exprimant la pérennité et d'autres indications en ce sens de la Torah et des livres prophétiques, ainsi que des paroles des transmetteurs de la loi, que Moïse professait la permanence de sa loi. Il en est de même pour vous, musulmans, qui savez que votre loi ne sera pas abrogée – et ce, pas seulement par des preuves littérales, car celles-ci ne procurent pas de certitude.

Les musulmans répondent :

S'il en était comme vous le dites, quiconque vous ayant fréquentés le saurait. Or, les chrétiens, malgré leur nombre et le fait qu'ils aient lu vos livres, l'ignorent. D'ailleurs, n'as-tu pas observé que lorsque la religion de Mahomet proclama que sa loi ne serait pas abrogée, tant le musulman que le non-musulman fréquentant les musulmans en eût connaissance[3].

Les juifs peuvent dire :

Si les non-juifs nous avaient fréquentés comme nous avons fréquenté les musulmans, ils auraient impérativement appris cela de notre religion. Mais la fréquentation des juifs par des musulmans n'implique pas qu'ils apprennent tout ce que les juifs affirment, d'autant que les juifs sont empêchés de proclamer leur foi et que leurs livres sont écrits dans une langue que les musulmans ne comprennent pas[4]. La fréquentation de la majorité par la minorité n'est pas équivalente à la fréquentation de la minorité par la majorité. N'observes-tu pas que lorsque les locuteurs d'une

1. En hébreu *lé'olam.*

2. *Exode*, 21, 2-6; *Lévitique*, 25, 39-43; *Deutéronome*, 15, 12-18. L'esclave pour dettes est libéré, au bout d'une période maximale de six ans. Mais s'il aime son maître, on lui perce l'oreille, et il reste esclave pour toujours, c'est à dire jusqu'au jubilé ou jusqu'à la mort de son maître. « Pourquoi est-ce l'oreille qui est percée? *Rabi Yohanan dit*: Que l'oreille qui a entendu ne vole pas, et qui a volé, qu'elle soit percée, plutôt qu'aucun autre organe » (*Meẖilta*).

3. Cf. Faẖr al-Dīn al-Rāzī (*Muḥaṣṣal*, p. 151).

4. Cf. *Intertwined*, chap. V, p. 118-119 (« Arabic Translations of the Bible »).

langue minoritaire[1] fréquentent les locuteurs majoritaires d'une autre langue, la minorité apprend la langue de la majorité, sans que la majorité n'apprenne la langue de la minorité ou alors elle en diffère l'apprentissage. Par ailleurs, malgré une grande fréquentation des musulmans par la majorité des juifs, on a constaté que beaucoup d'entre eux ignoraient les bases de la religion islamique, connues de la masse des musulmans, pour ne pas parler de l'élite. Une situation similaire, de la part des musulmans, est donc encore plus naturelle et, à tout le moins, il y a égalité dans l'ignorance mutuelle.

En outre, comment pourrait-on méconnaître ce type de situation lorsque l'on constate qu'une partie des musulmans rejette ce que l'autre revendique comme fiablement transmis – à savoir, la stipulation claire relative à l'imamat[2] – et ce, malgré leur intense fréquentation qu'on ne peut nier. En outre, l'une des factions rejette ce que l'autre revendique par transmission fiable, au sujet de l'apologie par le Prophète de ses compagnons, de l'annonce du paradis qu'il fit à certains d'entre eux et de l'hommage qu'il leur rendit. Chaque faction rejette ce que l'autre revendique par transmission fiable[3].

1. Les juifs parlaient les langues des pays où ils vivaient. En Irak, ils parlaient l'arabe. Mais l'auteur parle ici de la langue des textes canoniques écrits en hébreu ou en araméen. C'est en ce sens que les juifs sont considérés comme minorité *linguistique*.

2. Les Shiites prétendaient que le prophète Mahomet avait clairement indiqué que son gendre Ali devait lui succéder. « Ali est le maître de quiconque dont j'étais le maître » (*Ibn Ḥanbal*, II, 54, no. 641).

3. Ainsi, un récit affirme qu'une seule personne eut la promesse du paradis de la bouche du Prophète ('Abdallah b. Salām) ; mais de nombreuses traditions prétendent qu'ils furent dix dans ce cas.

Chapitre III

Rappel de la croyance des chrétiens en le Seigneur Jésus Christ, qui est Jésus fils de Marie ; le message qu'il a apporté ; comment il est, selon eux, à la fois prophète et divinité ; les opinions à ce sujet et les réponses correspondantes[1]

Les chrétiens disent

Nous croyons à tout ce qui est mentionné dans la Torah et dans les chroniques des enfants d'Israël, chroniques dont l'authenticité est irréfutable car elles sont bien connues et ont été propagées auprès de foules considérables. Nous croyons qu'au terme échu pour la mission des enfants d'Israël, la divinité s'est incarnée sous forme d'un embryon dans le ventre d'une vierge, d'entre les plus nobles femmes israélites, issue de la

1. Ce chapitre du *Tanqiḥ* s'inscrit dans le cadre de la polémique judéo-chrétienne qui, au cours des huit premiers siècles après l'apparition du christianisme, ne semble pas avoir donné lieu côté juif à une activité polémique spécifique (nous entendons des traités spécifiquement écrits dans cette intention et excluons donc les multiples allusions antichrétiennes contenues dans le Talmud et le Midrash.), si l'on excepte un ouvrage parodique tel que *Toledot Yešu*.

Or, comme l'établissent Daniel J. Lasker et Sarah Stroumsa dans leur ouvrage *The Polemic of Nestor the Priest*, des traités polémiques anti-chrétiens composés spécifiquement par des juifs vont apparaître au IXe siècle, non pas en terre chrétienne mais en terre d'islam, écrits en judéo-arabe et les arguments utilisés par ces polémistes juifs seront inévitablement marqués par la polémique islamo-chrétienne, intense au cours des premiers siècles de l'islam.

Le pamphlet juif anti-chrétien le plus ancien parvenu jusqu'à nous est ainsi un texte anonyme, écrit en arabe, *Qiṣṣat Mujādalat al-Usquf*, qui daterait du IXe siècle (son équivalent hébreu *Sefer Nestor Ha-Komer*, apparaitra plus tard, mais pas avant le XIIe siècle, en terre chrétienne).

La lecture de *Qiṣṣa* montre à l'évidence l'influence notable que ce texte a exercée sur Ibn Kammūna dans l'argumentation qu'il utilise – certes en la pondérant – contre le christianisme.

descendance de David. Elle donna naissance à un être d'apparence humaine et d'essence divine, qui fut envoyé à la fois comme prophète pour ce qui est de l'aspect extérieur et comme divinité pour ce qui est de l'essence. Il est donc totalement homme et totalement divinité. C'est le Christ, appelé par eux fils de Dieu. Dieu est le Père, le Fils et le Saint Esprit.

Ils affirment :

Nous sommes de vrais monothéistes, bien que nos langues proclament la Trinité. Nous croyons en Dieu et à son séjour chez les enfants d'Israël. Dieu leur rendit cet honneur du fait que le divin ne cessa de s'attacher à eux, jusqu'à ce que la masse de ce peuple se révoltât contre notre Messie et le crucifiât. Alors, la colère de Dieu envers cette multitude ne connût de cesse et sa grâce se porta sur le petit nombre d'adeptes du Christ – parmi lesquelles ce dernier distingua 12 personnes, à l'instar du nombre des tribus d'Israël. Plus tard, cette grâce s'étendit aux nations païennes ralliées à ces quelques adeptes. Nous appartenons (spirituellement) aux enfants d'Israël bien que n'étant pas de leur descendance. C'est indiscutablement nous qui sommes les plus dignes d'être appelés enfants d'Israël, parce que nous suivons le Christ et ses apôtres.

Ces premiers adeptes furent suivis par de très nombreux autres qui devinrent le levain de la communauté des chrétiens et méritèrent le statut d'enfants d'Israël. Les chrétiens triomphèrent et se répandirent dans de nombreuses contrées et chez de nombreux peuples. Ils attirèrent les gens au christianisme et les incitèrent à le pratiquer en exaltant le Christ et sa croix et en suivant ses commandements, les recommandations des apôtres, ses disciples, aussi bien que les lois issues de la Torah. De cette dernière les chrétiens disent : nous la lisons et sa vérité et son origine divine sont incontestables[1].

Ceux qui eurent foi dans cet appel s'y conformèrent docilement, volontairement et par libre choix, sans y être poussés par l'épée ou la contrainte.

Les chrétiens s'accordèrent sur cette profession de foi, après la tenue d'un concile de 318 personnes, à l'époque de l'empereur Constantin. La résolution adoptée fut la suivante :

> Nous croyons :
> En Un Dieu, le Père, Tout-puissant, créateur des cieux, de la terre et de toutes choses visibles et invisibles.

1. Jusqu'ici, le texte suit le *Kuzari*, I, 4.

Et en un Seigneur Jésus Christ, unique fils de Dieu, premier né de toutes les créatures, engendré et non créé par son Père avant tous les univers, lumière de lumière, vrai Dieu d'un vrai Dieu, issu de la substance de son Père, par qui les univers furent érigés et toute chose fut créée. Pour nous l'assemblée des hommes et pour notre salut, il est descendu du ciel, a pris chair par l'Esprit Saint et s'est fait homme, porté et enfanté de la Vierge Marie. Il souffrit et fût crucifié à l'époque de Ponce Pilate, fût enterré et ressuscita le troisième jour, comme il est écrit. Puis il est monté au ciel et est assis à la droite de son Père. Il est appelé à venir juger les morts et les vivants.
En un Esprit Saint, esprit de vérité procédant du Père, esprit pourvoyeur de vie.
Et en une Eglise, sainte, apostolique et catholique.
Nous croyons en un baptême pour le pardon des pêchés, en la résurrection de nos corps et en la vie éternelle [1].

Ainsi s'achève cette résolution.

Je n'ai pas trouvé de désaccord entre Jacobites et Nestoriens sur cette résolution, si ce n'est que, dans la version que j'ai obtenue des Jacobites, je n'ai pas retrouvé l'expression : « par qui les univers furent érigés et toute chose fut créée » ; et à la place de « comme il est écrit », j'ai trouvé « comme Il le voulut ». On y trouve des compléments qui ne contredisent pas cette profession de foi.

Tous deux sont d'accord sur le fait :

– que l'hypostase [2] du Père est l'Essence,

– que l'hypostase du Fils est le Verbe – qui est la Connaissance – continuellement engendré par le Père, non au moyen de la procréation mais à la manière dont la lumière du soleil naît du soleil,

– que l'hypostase du Saint Esprit est la Vie qui émane continuellement du Père.

Tous deux s'accordent aussi sur l'union du Verbe avec le Seigneur Jésus Christ. Mais ils sont en désaccord sur le concept de cette union.

1. Le credo de Nicée des 318 pères réunis à Nicée (325) et celui des 150 qui se réunirent plus tard (en 381, à Constantinople), furent approuvés au concile de Chalcédoine (451). Une version différente du credo chrétien se trouve dans *Kitāb al-Milal wa-al-Nihal* de Shahrastani (mort en 1153), éd. W. Cureton (Londres, 1842), p. 174 *sq.* Le récit de Shahrastani était probablement l'une des sources d'Ibn Kammūna.

2. Dans la doctrine chrétienne, l'hypostase désigne chacune des trois personnes divines de la Trinité, chacune étant considérée comme distincte mais substantiellement une (*consubstantielles*). Les théologiens chrétiens disent qu'il y a en Dieu trois hypostases et une seule nature dans la Trinité. Les querelles entre les théologiens des premiers siècles de l'ère chrétienne portent sur le contenu que l'on donne aux mots *personne* (d'origine latine), *hypostase* (d'origine grecque), *substance* (d'origine latine) et *nature*.

Les Jacobites[1] affirment qu'union signifie fusion et mélange d'où surgit un troisième élément, à la manière dont la fusion du feu avec le charbon produit la braise qui n'est ni feu pur ni charbon pur. Ils considèrent cela comme un composé par liaison, bien que relevant du corporel et du spirituel, comme il en est de l'âme abstraite avec le corps, chacun des deux étant lié à l'autre pour devenir une personne unique. Ils disent que le Christ est une essence issue de deux essences et une hypostase issue de deux hypostases.

Les Nestoriens[2] affirment que l'union signifie que le Verbe a fait de Jésus sa demeure et son siège, l'enrobant à la manière d'une plaque[3]. Ils disent aussi que le Christ est deux substances, deux hypostases.

Certains d'entre eux disent que l'union réalisée en lui est comme celle entre le cachet d'un sceau et la cire ou entre l'image d'un visage et le miroir, sans transfert du cachet dans la cire ou du visage dans le miroir.

D'autres disent que l'union entre le Verbe et lui signifie que le Verbe s'est manifesté et a été porté par lui.

Quant aux Melkites[4], ils enseignent que le Christ est deux substances mais une hypostase, car c'est en l'homme universel que l'union s'est

1. Adeptes du monophysisme, doctrine christologique apparue au ve siècle dans les écoles théologiques de l'Empire byzantin. Ils doivent leur nom à Jacques Baradée (ca. 500-578) qui rassembla et organisa les communautés monophysites de Syrie, d'Asie Mineure et d'Égypte.

Pour les monophysites (du grec « monos », un ; et « physis » nature => une seule nature), les deux natures divine et humaine du Christ s'unissent par une sorte de mélange, de fusion. La nature humaine, finie et limitée, est en quelque sorte absorbée dans la nature divine, infinie et illimitée. Pour d'autres tendances du monophysisme, les deux natures divine et humaine se mélangent pour constituer une sorte d'hybride, une nature mixte divino-humaine.

Cette conception se retrouve encore aujourd'hui, dans certaines églises chrétiennes d'Orient (Coptes d'Egypte, Jacobites de Syrie).

2. A l'inverse des Jacobites, les Nestoriens (du nom de Nestorius, archevêque de Constantinople de 428 à 431, initiateur supposé de cette doctrine), affirment que l'union des deux natures divine et humaine dans la personne du Christ est faible, lâche, quasi-accidentelle, à tel point que chacune d'entre elles constitue une sorte d'entité à part entière. Le Christ ne serait donc pas une seule personne, mais deux : une personne divine et une personne humaine, en même temps.

3. *Iddara'athu* : « s'en est revêtu ; en a fait son vêtement le plus intime », d'après le *Lexique arabe-anglais* de E. W. Lane.

4. L'église melkite est l'héritière des trois sièges apostoliques d'Alexandrie, Antioche et Jérusalem dont la formation (les deux premiers au concile de Nicée en 325, le troisième à Chalcédoine en 451) en fit une entité territoriale et juridique. Elle ne prit son nom de melkite qu'à la fin du ve siècle. Ce sobriquet fut inventé par ses détracteurs, les monophysites, pour stigmatiser sa fidélité tant à l'empereur (*malka* en syriaque) Marcien qui avait réuni le concile de Chalcédoine (451) qu'aux résolutions de ce concile. Aujourd'hui, les Melkites d'Orient

produite, non en un homme particulier. Par hypostase, on entend une personne (de la Trinité).

Tous les chrétiens croient à la résurrection des corps, à la récompense dans le jardin d'Eden qu'ils appellent *paradis* et au châtiment en enfer. Mais ils professent une récompense et un châtiment uniquement spirituels et non corporels. Ils disent que les vertueux seront pareils à des anges au royaume des cieux ou au royaume de Dieu. Ils croient en l'immortalité de l'âme humaine après la destruction du corps par la mort.

Ils affirment, tous sans exception, que leur religion, fondée par Jésus Christ et ses apôtres, ne sera pas abrogée jusqu'au jour de la résurrection. Ils le savent par tradition remontant aux apôtres qui, d'eux-mêmes, en eurent connaissance comme d'une indubitable évidence.

Les chrétiens ont rapporté dans les quatre évangiles, celles de Mathieu, Marc, Luc et Jean, de nombreux miracles accomplis par le Christ, entre autres le retour à la vie de trois morts : l'un avant sa mise en cercueil, l'autre déjà en cercueil et avant son enterrement, le troisième quatre jours après son enterrement[1]. C'est Jean qui dans son évangile mentionne la résurrection du troisième; dans certains évangiles, seuls un ou deux des trois miracles sont mentionnés, l'évangile de Jean étant la seule à mentionner la résurrection du mort déjà enterré. Ceci mis à part, les évangiles s'accordent sur la résurrection de l'homme non encore en cercueil, sur la guérison du paralytique et du lépreux, le changement de l'eau en vin, l'alimentation de 5.000 hommes (femmes et enfants non compris) assurée à satiété avec deux poissons et cinq miches de pain, l'expulsion de démons hors d'êtres humains, la guérison de nombreuses maladies, la marche sur l'eau et autres miracles du Christ[2]. Entre les quatre évangiles, il existe de nombreuses contradictions que les érudits chrétiens ont eu du mal à concilier.

Les évangiles renferment de nombreuses paraboles et des sermons. Ils exhortent aux plus nobles qualités morales; par exemple : *Si vous rétribuez les péchés par les péchés, alors nulle récompense pour vous auprès de votre Père qui est au ciel* ou encore : *Si vous pardonnez aux hommes leurs péchés, votre Père qui est au ciel vous pardonnera vos péchés; mais si vous ne pardonnez pas, il ne vous pardonnera pas*[3].

sont des chrétiens d'Antioche, de Jérusalem et d'Alexandrie, de rite byzantin, utilisant l'arabe dans la liturgie, et appartenant soit à une Église orthodoxe, soit à l'Église catholique romaine.

1. *Mathieu*, 9, 18-25; *Luc*, 7, 11-15; *Jean*, 11, 1-44.

2. *Mathieu*, 8, 5-17; 14, 15-21; 14, 22-32; 14, 34-36; 15, 21-28; 17, 14-18. *Marc*, 1, 23-45.

3. *Mathieu*, 6, 14-15.

Il y a eu chez les chrétiens beaucoup de dissensions sur le dogme. Ainsi, certains d'entre eux ont affirmé que le Fils a eu une existence temporelle ou ont dit que Dieu créa le Fils et lui confia la création du monde; tandis que les autres disent que le Christ, comme indiqué dans la profession de foi commune, a été engendré de son Père avant la création de tous les univers et non créé. Ils ont tenu de nombreux conciles pour aplanir leurs différends et lors de ces conciles, des opposants furent excommuniés, ce qui provoqua de sérieuses effusions de sang parmi eux. On le sait d'après leurs livres d'histoire.

Des changements dans les préceptes de la Torah, comme l'autorisation de la viande de porc, l'abandon de la circoncision et de l'ablution des mains, sont rapportés à propos des apôtres mais non de Jésus Christ. Jusqu'à sa capture par les juifs, celui-ci ne cessa d'adhérer aux préceptes de la Torah. Il exhortait à s'y conformer, en disant : « *Je ne suis pas venu pour l'abroger* »[1].

Lorsque les juifs le blâmèrent pour avoir, pensaient-ils, négligé certains préceptes de la Torah, il leur expliqua que ce n'était pas de la négligence et justifia ce point auprès d'eux en accord avec leur jurisprudence et leur loi, comme mentionné dans l'Evangile[2]. Ses disciples continuèrent pendant longtemps à suivre la Torah avant de s'y opposer et de proclamer qu'elle était abrogée et que son respect n'était contraignant que jusqu'à l'avènement du Christ. L'essentiel de ces changements est du à l'opinion de l'apôtre Paul[3].

Aux opposants au christianisme de dire

Si, par les hypostases que vous avez mentionnées, vous vouliez désigner trois entités indépendantes, alors l'argument du monothéisme s'y opposerait et cela irait également à l'encontre de votre croyance en un Dieu unique. Mais si votre propos était de dire que les hypostases sont des attributs ou que l'une est essence et les deux autres des attributs, alors pourquoi n'auriez-vous pas fait de l'attribut de puissance une quatrième hypostase et, de la même façon, fait de tous les autres attributs de Dieu des hypostases?

1. *Mathieu*, 5, 17 ; cité dans l'édition non expurgée du Talmud (*Shabbat*, 116*b*).
2. *Mathieu* 12.
3. *Epître aux Romains*, 9-10.

Si les chrétiens répondaient : sa puissance, c'est sa connaissance, nous rétorquerions : sa vie aussi est sa connaissance et pourquoi en avez-vous fait une hypostase à part ?

Quant au concept d'union, il n'est pas intelligible, car deux choses qui s'unissent sont :

* soit toutes deux existantes,

* soit toutes deux inexistantes,

* soit l'une existante et l'autre inexistante.

– Si les deux existent, il n'y a pas d'union car elles sont deux et pas un.

– Si les deux sont inexistantes, elles ne deviennent pas un, mais un troisième élément apparaît, également inexistant.

– Si l'une est inexistante et que l'autre subsiste, alors il est clair qu'il n'y a pas union.

Si l'union a le sens de mélange, mixture ou composition et si le Père et le Fils sont deux substances séparées, de sorte que le Fils seul, sans le Père, s'unit avec le Christ, avec le sens qui vient d'être dit, alors le dogme monothéiste est contredit.

Si le Fils est un attribut, on ne peut comprendre à propos d'une essence *connaissante* que son *étant connaissant* se mélange à un corps dépourvu de cette essence. Exactement comme il échapperait à l'entendement que Zayd soit à Bagdad tandis que son *étant connaissant* serait au Khurasan. En outre, Dieu étant omniscient, cela impliquerait que son omniscience se trouve simultanément chez Lui et chez le Christ, de sorte qu'un seul attribut aurait deux porteurs au même moment, ce qui est absurde.

Si Dieu n'était pas *connaissant* au moment de l'union, alors son *étant connaissant* serait une assertion vaine et il lui faudrait un spécificateur *ad hoc* (pour le doter de connaissance), ce qui proscrirait sa divinité.

La croyance en une fusion est fausse parce que la fusion ne se conçoit que pour des corps, alors que, pour les chrétiens, le Verbe n'est pas un corps. S'ils disent que la fusion est une composition par liaison– à l'instar d'un homme constitué d'une âme et d'un corps – alors, la connexion de l'un des composants avec l'autre n'est concevable que si l'un a besoin de l'autre. Ce besoin peut être mutuel (comme l'âme a besoin du corps à un certain égard et que le corps a besoin de l'âme à un autre égard) ou ne pas l'être (comme la forme d'un divan a besoin de bois alors que le bois n'a pas besoin de la forme du divan). Mais, dans notre cas, il est exclu que la partie divine ait besoin en quoi que ce soit d'autre chose qu'elle-même. Si l'union était due au besoin de la partie humaine pour le divin, sans réciprocité, une telle union pourrait se produire avec toutes les créatures, car toutes ont recours à Dieu pour leur existence et pour tous leurs besoins.

Si l'union était analogue à celle du cachet d'un sceau avec la cire, signifiant par là que l'essence du Christ est devenue une image du Créateur, ce serait absurde, car il est impossible qu'un corps créé devienne préexistant et infaillible.

Si l'on veut dire que le Christ possédait une qualité particulière grâce à laquelle il a pu faire ce que les autres ne pouvaient faire, ceci n'implique pas sa divinité, sinon tout prophète faiseur de miracles serait une divinité. Ce serait notamment le cas de Moïse dont les miracles sont bien plus prodigieux et moins sujets à illusion que ceux attribués au Christ et ils sont rapportés par un plus grand nombre de traditions, à savoir : les trois religions monothéistes pour Moïse contre deux traditions seulement pour le Christ.

En outre, on ne peut dire d'une chose qu'elle est de la substance d'une autre chose, à moins que ces deux choses aient un dénominateur commun relatif à la substance et qu'elles possèdent une communauté de nature, pas de relation. Si l'une est totalement inséparable de l'autre, alors : dire que le Père engendre le Fils n'est pas plus approprié que l'inverse. Par ailleurs, le Fils n'aurait-t-il pu engendrer un autre fils et ce dernier un autre fils et ainsi de suite *ad infinitum* ? Si l'une diffère de l'autre par la substance, il s'ensuit que le Créateur est composé d'un genre et d'une différence ou que l'essence du Fils est analogue à celle du Père avec un plus. Tout cela est absurde.

Voulez vous dire que le Créateur est une substance unique et trois hypostases, en ce sens qu'il est une essence connaissante et vivante ou une essence qui se perçoit elle-même, son essence étant un objet de connaissance pour elle-même ? à l'instar de Yaḥyā b. 'Adī[1] qui, rapporte-t-on, a interprété la Trinité ainsi : le Père, c'est l'intellect pur de Dieu ; le Fils, c'est Dieu en tant que possédant l'intelligence de Son essence ; et le Saint Esprit, c'est Son essence en tant qu'intelligible pour Lui. Mais alors cette assertion contredit votre profession de foi commune qui confirme que le Fils est une essence différente de celle du Père ou que c'est l'essence du Fils qui est descendue puis montée, non celle du Père.

On dira aux Jacobites que, si chacune des deux substances, la divine et l'humaine, sont inséparables, leur croyance que le Christ est une substance de deux substances et une hypostase de deux hypostases – substance divine et substance humaine – est la même que celle des Nestoriens. Si chacune des deux substances exclut l'autre, les Jacobites concéderaient ainsi

1. Théologien jacobite (893-974), auteur de *l'Epitre sur l'unité divine*. Sur sa conception de Dieu, cf. sa *Maqalah fi'l-Tawhid*, ed. Khalil Samir, 1980, Lubnan : al-Maktaba al-Bulusiyya, p. 107-166, 160-264 ; Augustine Perier, *Yahya Ben 'Adi*, Paris, 1920, p. 122-203 ; H. A. Wolfson, « The Philosopher Kindi and Yahya Ibn 'Adi on the Trinity », in *The Philosophy of the Kalam*, Massachusetts : Harvard University Press, 1976, p. 318-337.

exclure la divinité, impliquant que le Christ n'est ni préexistant ni créé, ni divinité ni non divinité, étant donné que chacune des deux substances s'est soustraite à l'autre. De plus, il est évident que l'humain dans le Christ est identique à l'humain chez quiconque et le divin en lui ne l'infirme pas. L'opinion contraire est inadmissible parce que c'est le divin qui influe sur l'humain, l'humain ne pouvant influer sur le divin.

On dira aux Nestoriens – qui soutiennent le concept de deux substances et deux hypostases – : si tous deux sont préexistants, alors vous postulez un quatrième préexistant qui est l'humanité du Christ, et s'ils sont créés (dans le temps), alors vous concédez la création du Fils que vous prétendez éternel et vous adorez un non-Dieu, en adorant le Christ qui, selon ce point de vue, est deux substances créées dans le temps. Si l'une des deux substances est préexistante et l'autre créée, alors vous adorez le préexistant et le créé – car le Christ que vous adorez est le total des deux et le total du préexistant et du créé, dans la mesure où c'est un total, est créé – ce qui revient à adorer le créé qui, en tant que tel, ne mérite pas adoration. L'adoration doit être réservée au préexistant et le créé ne saurait y donner accès. Si vous empêchez l'accès à l'adoration du créé, vous n'adorez pas le total et il serait alors établi que le Christ qui, lui, est le total des deux choses ne mérite pas adoration, ce qui contredit votre croyance.

On dira aux Melkites, qui professent que le Christ est deux substances et une hypostase et que l'union s'est produite en l'homme universel et non chez un homme particulier, que ceci est faux parce que tous les hommes participent de l'homme universel et si le Verbe s'est uni à lui, il s'ensuit qu'aucun homme, à l'exclusion des autres, n'a été spécialement distingué par cette union. Ainsi, de même qu'il n'est pas deux hypostases, il n'est pas non plus deux substances.

Toutes vos doctrines sont donc erronées.

EN OUTRE

Dieu est trop élevé pour qu'on dise de lui qu'il a séjourné dans une matrice soumise à la souillure menstruelle, dans un giron étroit et obscur; que des yeux de chair l'ont regardé, qu'il était sujet à la somnolence ou au sommeil, qu'il déféquait sur ses habits et urinait dans son lit, qu'il pleurait ou riait. Il est aussi trop élevé pour qu'on dise de lui qu'il fut impuissant ou négligent pour s'opposer à ce qu'il ne voulait pas, qu'il fut saisi de peur et de frayeur; qu'il convoitait les biens des hommes, qu'il fut emprisonné, ou qu'il ait pris la fuite. Dieu est enfin trop élevé pour qu'on dise de lui qu'il mangeait, buvait et était semblable aux humains d'ici-bas; ou que, bien que régnant sur le monde, il ne put accomplir sa volonté jusqu'à ce qu'il descende sur terre pour guider les hommes et les délivrer de Satan ; ou qu'il est venu pour les détourner de l'égarement et les purifier de leurs péchés ; et qu'alors, les juifs le maltraitèrent, le torturèrent, le crucifièrent et l'humilièrent et qu'il séjourna trois jours dans la tombe[1].

Par ailleurs et selon vous, y a-t-il eu, avant ou après le Christ, péché plus grand que celui commis à son époque ? Et pourtant, nous constatons que Satan n'a eu de cesse, depuis l'avènement du Christ comme avant son avènement, de pousser les hommes au mal et de les égarer. Il a séparé votre religion en plusieurs sectes, chacune proclamant l'hérésie des autres. Dans certains pays, les apôtres furent massacrés, humiliés et torturés. Oppression, hostilités, massacres et incroyance n'ont cessé de se répandre jusqu'à aujourd'hui parmi les chrétiens et les autres peuples.

On dira encore aux chrétiens :

Si vous considérez le Christ comme un dieu parce que, selon votre opinion, il est dépourvu de géniteur, alors Adam et Eve sont, de ce point de vue, plus parfaits que lui et il en est de même de chaque animal primitif créé par Dieu. S'il est considéré comme un dieu du fait de son ascension céleste, alors le prophète Elie fût transporté au ciel bien avant le Christ, après avoir accompli lui-même de nombreux miracles et ce, sans avoir subi de malheur dans son existence humaine. Si adorer un être humain était autorisé, Elie aurait été plus apte à la déification qu'une personne emprisonnée, humiliée, torturée et crucifiée. Les anges, aussi, sont trop élevés pour qu'on puisse leur donner l'ordre de descendre sur terre. Si vous adorez le Christ parce que l'Evangile l'appelle le Fils de Dieu, vous reconnaissez pourtant que Dieu appelait Israël « mon fils aîné »[2] et que Jésus appelait les apôtres ses frères[3]. Il est dit aussi dans l'Evangile : « *Aimez ceux qui vous aiment ... vous serez comme mon Père et votre Père qui est au ciel* »[4] et aussi : « *Si vous rétribuez les péchés par les péchés, alors nulle récompense pour vous auprès de votre Père qui est au ciel* » et encore : « *Si vous pardonnez aux hommes leurs péchés, votre Père qui est au ciel vous pardonnera vos péchés ; mais si vous ne pardonnez pas, il ne vous pardonnera pas* »[5]. Si la

1. Tout ce passage souligne l'incompatibilité de l'aspect humain de Jésus avec la notion de divinité.

2. *Exode*, 4, 22.

3. *Mathieu*, 12, 49-50 ; 28, 10.

4. *Mathieu*, 5, 43-48, mais citation inexacte.

5. Cf. *Mathieu*, 6, 14-15.

divinité du Christ est revendiquée du fait de ses miracles, d'autres prophètes en ont également accomplis.

On pourrait aussi dire aux chrétiens :

Comment pouvez-vous dire que le Christ a pu être souillé par le péché jusqu'à ce que Jean Baptiste (*Yaḥya ḅ Zakariyya*) le purifie ?[1] D'un autre côté, vous ne pouvez pas dire qu'il n'a pas été souillé par le péché, sinon le baptême serait une plaisanterie.

Comment une divinité pourrait-elle boire du vin? ou manger du poisson, gros ou petit, et du gibier? ou être exténuée au point d'avoir le visage ruisselant de sueur?[2] Comment Satan pourrait-il l'enlever et l'emmener contre sa volonté ?[3]

Et qu'en est-il du passage de l'Evangile qui dit : « *Je ne suis pas venu pour abolir la Torah, mais pour l'accomplir* »[4] ? Or, vous en avez tant aboli de la Torah, chrétiens !

Dans l'évangile de Mathieu, il est dit que Gabriel vint trouver Marie pour lui annoncer la bonne nouvelle d'un enfant, mais il ne lui a pas dit : « Réjouis-toi de ce que tu vas enfanter une divinité ! »[5].

Joseph était l'époux de Marie, car dans l'évangile de Mathieu il est indiqué que l'ange Gabriel vint dire à Joseph : « *Va, prend ton épouse et n'aie crainte !* »[6]. Dans un autre passage de l'Evangile, nous voyons que Jésus est le fils de Joseph et que Marie reconnaissait ce fait car, le jour où elle le trouva dans le temple, elle lui dit : « *Où étais tu ? Voici que ton père et moi nous nous faisions beaucoup de souci pour toi* »[7]. Et les gens de Nazareth disaient : « *N'est-il pas le fils du charpentier et ses frères ne sont-ils pas Jacques et Juda et ses sœurs ne sont-elles pas mariées parmi nous ?* »[8].

Comment est-il possible que le Christ soit pleinement divinité alors qu'il ne connaissait que certaines choses et non toutes, d'autant que vous affirmez que l'hypostase du Fils est le Verbe qui est connaissance. Une preuve qu'il ne connaissait pas certaines choses, preuve que l'union que vous alléguez n'a pas eu lieu, se trouve dans l'évangile de Marc où nous

1. *Mathieu*, 3, 13-17.
2. *Mathieu*, 11, 18-19 ; *Luc*, 22, 44.
3. *Mathieu*, 4.
4. *Mathieu*, 5, 17.
5. *Mathieu*, 1, 18-21 ; *Luc*, 1, 26-33.
6. *Mathieu*, 1, 20.
7. *Luc*, 2, 48.
8. *Mathieu*, 13, 55-56 ; *Marc*, 6, 3.

voyons Jésus dire, en annonçant les périls de l'heure et leurs circonstances : « *Ce jour et cette heure nul ne les connaît, ni homme ni ange du ciel ni le Fils, seulement le Père* »[1].

Il est dit dans l'Evangile qu'il s'endormit dans le bateau et ne s'en rendit compte que lorsqu'on le réveilla[2]. Or, le prophète David a dit : « *Voici qu'il ne s'endort ni ne sommeille le gardien d'Israël* »[3] et encore : « *Ô Seigneur! Qui te ressemble, toi qui ne sommeilles pas, ô sublime ?* »[4].

Dans l'Evangile, il est dit : « *Celui qui, dans le cœur, a une foi de la taille d'un grain de moutarde dira aux montagnes* suivez-moi ! *et elles le suivront* »[5]. Pourtant nous n'avons vu aucun disciple de Jésus capable de remuer le moindre caillou ou autre chose.

L'Evangile dit que l'oiseau trouve un nid pour demeure et le renard une pierre, mais que le fils de l'homme n'a trouvé aucun endroit pour demeure[6]. Pourtant, le prophète Isaïe a dit que le Messie siégera sur le trône de David et jugera le peuple par la justice et la vérité[7].

Jésus se leva, lava les pieds des apôtres dans l'eau et dit : « *Le fils de l'homme n'est pas venu pour être servi mais pour servir* »[8]. Il ne s'est jamais présenté comme une vraie divinité.

Quant à la croix, elle a été instituée par Hélène et Constantin quelque 300 ans après Jésus et n'est mentionnée ni dans l'Evangile ni aucun autre livre.

Un homme dit à Jésus : « *Purifie-moi* » et il lui répondit : « *J'aurais bien voulu te purifier, va chez le prêtre, montre-toi à lui et offre un sacrifice comme Dieu l'a prescrit à Moïse dans la Torah* »[9]. Comment donc le considérer comme divinité s'il n'a pas de doctrine propre mais a recours à celle d'un tiers ? Ceci étant, il affirme cependant : « *Celui qui m'a vu a vu le Père car moi et mon Père sommes un* »[10].

Il dit à ses disciples : « *Asseyez-vous ici tandis que j'irai prier* »[11]. Il ajoute : « *Mon âme aborde la mort; attendez ici et reposez-vous un peu pendant que je prierai* ». Dans sa prière, il dit : « *O mon Père, sauve-moi et,*

1. *Marc*, 13, 32.
2. *Mathieu*, 8, 23-25.
3. *Psaumes*, 121, 4.
4. Cf. *Psaumes*, 89, 7 ; 44, 24. Citations inexactes.
5. *Mathieu*, 17, 20.
6. *Mathieu*, 8, 20.
7. Cf. *Isaïe*, 9, 6.
8. Cf. *Jean*, 13, 5-16.
9. *Mathieu*, 8, 2-4.
10. Cf. *Jean*, 10, 30 ; 14 ; 9.
11. *Mathieu*, 26, 36.

s'il est possible, que cette coupe s'éloigne de moi». Il dit à Simon : «*N'es-tu pas capable de veiller une seule heure avec moi ? Lève-toi et partons, car l'heure est arrivée*».[1] Plus tôt, il avait dit : «*Et ce fils de l'homme sera livré aux mains des pécheurs et ils le railleront et lui cracheront au visage*»[2]. Auparavant, il avait jeûné durant 40 jours sur la montagne afin d'être éprouvé par Satan. Tout en jeûnant, il priait et suppliait Dieu ; puis une faim intense le tenaillât, comme le dit l'Evangile :[3]

> Satan continua à chercher Jésus. Il le trouva sur la montagne dépérissant de faim et de soif. Satan lui dit alors : si tu es le fils de Dieu, comme tu le dis, alors demande à cette pierre de devenir du pain que tu mangeras. Jésus dit alors à Satan : il est écrit dans la Torah : *ce n'est pas de pain seulement que l'homme vit, mais c'est par la parole de Dieu que l'homme vit*[4]. Alors Satan saisit Jésus pour le transporter dans la ville sainte et, l'ayant soulevé en haut du Temple, lui dit : si tu es le fils de Dieu, comme tu le dis, alors jette toi en bas et il ne t'arrivera aucun mal. Jésus dit alors à Satan : il est écrit dans la Torah : *Ne tentez pas le Seigneur, votre Dieu*[5]. Satan dit à Jésus : le monde et son royaume et tous les biens du monde sont à moi, prosterne-toi et adore-moi. Jésus dit alors à Satan : va-t-en Satan ; il est écrit dans la Torah : *Crains le Seigneur ton Dieu, sers le, demande lui secours et par son nom jure*[6].

S'il était une divinité, sais-tu donc à qui étaient destinés sa prière et son jeûne ? Et puis, comment quelqu'un dont Satan se joue peut-il prétendre à la divinité ?

Par ailleurs, Luc fait remonter Jésus à Adam, alors que Mathieu lui attribue une généalogie différente par certains ascendants. Au début de sa généalogie, Mathieu dit que Jésus est de la lignée de David et d'Abraham, mais à la fin il dit que Mathan engendra Jacob, que Jacob engendra Joseph, le mari de Marie, laquelle enfanta Jésus, appelé le Christ. Mathieu déclare que Joseph ne connut pas Marie jusqu'à ce qu'elle eût enfanté son fils aîné[7]. Et ce fût Judas, l'un des douze proches compagnons de Jésus, qui le dénonca aux juifs et le leur livra pour être crucifié. En échange, Judas se fit payer trente pièces d'argent. S'il avait été certain que Jésus était un

1. Cf. *Mathieu*, 26, 36-46 ; *Marc*, 14, 41.
2. Cf. *Mathieu*, 26, 2.
3. Cf. *Mathieu*, 4, 1-11.
4. Cf. *Deutéronome*, 8, 3.
5. Cf. *Deutéronome*, 6, 16.
6. Cf. *Deutéronome*, 6, 13.
7. *Luc*, 3, 38 ; *Mathieu*, 1, 1-17 ; 1, 25.

prophète, *a fortiori* une divinité, il n'aurait pas osé agir de la sorte pour une somme aussi modique.

Parmi toutes les tortures et infamies que les juifs infligèrent à Jésus, lorsqu'ils voulurent le crucifier, mentionnons le fait de lui couvrir la tête et le visage et de lui fouetter la tête avec des roseaux en lui disant: « *Prophétise pour nous, ô Christ, qui est celui qui t'a battu ?* » Un serviteur du grand prêtre le gifla et ils crachèrent sur lui[1].

Pourtant, Dieu dit à Moïse : « *Nul homme ne peut me voir et vivre* » et les enfants d'Israël dirent à Moïse: « *Que ce soit toi qui nous parle, nous entendrons et nous obéirons, mais que le Seigneur ne nous parle point, car nous pourrions mourir* »[2]. Comment donc un être giflé, et c'est le cas, pourrait-il être une divinité ?

Les juifs déambulèrent devant Jésus le vendredi jusqu'à midi, tandis qu'il portait au cou la poutre de bois avec laquelle il allait être crucifié. Comme vous l'affirmez, chrétiens, Simon de Cyrène vint et l'en dégagea, puis les juifs l'emmenèrent et le crucifièrent sur cette poutre. Ils lui donnèrent du vinaigre à boire et, après sa mort, le transpercèrent avec une lance. Sur la poutre de bois, Jésus dit : « *Mon Dieu, mon Dieu, pourquoi m'as-tu abandonné ?* ». Il resta crucifié jusqu'à ce que vint Joseph d'Arimathée, à qui le corps fût confié et qui l'enterra comme un mort. Tout ceci est relaté dans l'Evangile[3].

Vous, chrétiens, affirmez que toutes les âmes humaines, depuis que Dieu créa Adam, restèrent emprisonnées jusqu'à la mort de Jésus, après quoi elles furent libérées. Ceci inclurait les âmes des prophètes et des hommes de bien.

Rien dans l'Evangile n'indique que Dieu s'est adressé à Jésus, sauf une fois, comme rapporté dans l'évangile de Jean, quand Jésus dit : « *O Père glorifie ton nom; alors une voix vint du ciel, disant : je l'ai glorifié et je le glorifierai encore* »[4]. Comment se fait-il que Dieu ait parlé à son serviteur Moïse de multiples fois et ne se soit adressé à son fils bien aimé que cette unique fois? Et comment se fait-il aussi que Moïse, l'envoyé de Dieu, ait caché son visage, car nul ne pouvait le regarder à cause de la lumière qu'il irradiait[5], mais que Dieu ait agi envers son fils de manière diamétralement opposée, l'abandonnant à l'humiliation de ses ennemis ?

1. *Mathieu*, 26, 67-68 ; *Jean*, 18, 22.
2. Cf. *Exode*, 33, 20 ; 20, 16.
3. *Mathieu*, 27, 32 ; 27, 34 ; 27, 46 ; 27, 57-59. Cf. *Psaumes*, 22, 2.
4. *Jean*, 12, 28.
5. *Exode*, 34, 29-35.

Les livres des prophètes mentionnent certains signes du Messie et ce qui doit arriver à son époque. Mais ni en Jésus ni à son époque n'apparurent de signes semblables à ceux contenus dans les paroles de certains prophètes, comme : « *Il (*le Messie*) frappera la terre par le sceptre de sa bouche et, par le souffle de ses lèvres, il fera mourir le méchant. Il s'assoira sur le trône de David et jugera les hommes par la justice et le droit. Les guerres cesseront et nulle nation ne lèvera l'épée contre une autre. Le loup reposera avec l'agneau et ils paîtront ensemble et le lion mangera de la paille comme le bœuf* »[1]. Pris à la lettre, ceci ne s'est produit ni à l'époque de Jésus ni après. S'il s'agit d'une parabole, ce qui est le plus plausible, c'est la parabole de l'éradication des maux de ce monde et la cessation des antagonismes parmi les créatures. Mais à l'époque de Jésus, c'est le contraire qui s'est produit : à la suite de son avènement, l'inimitié entre les hommes s'amplifia et de grands péchés furent commis contre lui et contre ses compagnons.

Il est mentionné aussi qu'à l'époque du Messie les fils et les filles des enfants d'Israël prophétiseront[2], que le prophète Elie sera envoyé et qu'« *il ramènera le cœur des pères à leurs enfants et le cœur des enfants à leurs pères* »[3]. De tels exemples de signes de l'avènement du Messie sont nombreux dans le discours des prophètes. Mais aucun de tous ces signes n'est apparu jusqu'à aujourd'hui.

Les quelques citations que j'ai faites n'en reproduisent que le sens. Elles ne sont ni littérales ni fournies dans l'ordre de leur apparition dans les livres prophétiques.

Par ailleurs, tous les miracles et autres phénomènes rapportés au sujet du Christ proviennent d'individus qui étaient ses compagnons, mais ils ne sont ni convenablement transmis ni fiables. Même en supposant une transmission sans défaut, il n'est pas improbable, rationnellement, que quelque supercherie ou collusion ne s'y mêle. Si la fiabilité de la tradition des chrétiens ne peut être établie, alors leur profession de foi, disant qu'en vertu de l'autorité de leurs apôtres et du Christ ils savent de manière indiscutable que leur religion ne sera jamais abrogée, ne comporte aucune certitude.

Tels sont les arguments de leurs détracteurs que j'ai jugé bon de mentionner.

1. Cf. *Isaïe*, 11, 4-7 ; 9, 6 ; 2, 4.
2. *Joël*, 3, 1.
3. *Malachie*, 3, 24.

JE VAIS PRÉSENTER MAINTENANT CE QUE LES CHRÉTIENS POURRAIENT RÉPONDRE DE MIEUX A CES OBJECTIONS

Voici ce qu'ils diront :

Concernant les hypostases et leur limitation à trois : nous suivons l'ordre reçu et ne savons pas pour quelle raison elles ont été limitées à ce nombre.

Au sujet de l'union : nous ne connaissons pas sa modalité dans ce monde ; peut-être que sa vérité nous sera dévoilée dans le monde futur. Mais nous y croyons parce qu'elle est mentionnée dans l'Evangile, dans les Actes des apôtres et dans les témoignages des prophètes. Car il est dit dans l'Evangile : « *Celui qui m'a vu a vu le Père car moi et mon Père sommes un* »[1] ; et l'ange dit aux bergers : « *Aujourd'hui, un sauveur vous est né, c'est le Seigneur Jésus-Christ* »[2] ; et la femme de Zacharie dit : « *D'où me vient cette faveur que la mère de mon Seigneur vienne me trouver ?* »[3]. Au début de l'évangile de Marc, il est dit : « *Voici le début de l'évangile de Jésus Christ, le Fils de Dieu* » ; et Jean dit : « *Le Verbe se fit chair et demeura parmi nous* »[4]. Les citations des apôtres à ce sujet sont nombreuses.

Parmi les témoignages des prophètes au sujet de l'union, il y a cette parole de Job : « *Moi, je sais que mon sauveur est vivant et qu'à la fin des temps il cheminera sur la terre* »[5]. Salomon dit : « *En vérité, Dieu résiderait sur la terre* »[6]. Isaïe a dit : « *La vierge concevra et enfantera un fils et son nom sera Emmanuel* »[7]. David a dit : « *Le Dieu des Dieux apparaît à Sion* »[8] et il a dit encore « *Le Seigneur a dit à mon maître* »[9].

Toutes les récits et descriptions relatifs au Christ et qui contrediraient sa divinité – tels le fait qu'il dorme, mange, souffre etc. – se réfèrent seulement à l'humain en lui, non au divin. C'est pourquoi, nous disons qu'il est totalement homme et totalement divinité.

1. *Jean*, 10, 30 ; 14, 9-11.
2. *Luc*, 2, 11.
3. *Luc*, 1, 43.
4. *Jean*, 1, 14.
5. *Job*, 19, 25.
6. *Rois I*, 8, 27 ; phrase interrogative.
7. *Isaïe*, 7, 14. C'est la traduction chrétienne qui est donnée. Rappelons que pour la tradition juive, '*almah* se traduit par « jeune fille » (le terme désignant la vierge étant *betulah*).
8. *Psaumes*, 84, 8 : « Chacun d'eux à Sion paraît devant Dieu » ; la préposition *devant* (*el* en hébreu) lue avec un léger changement de voyelle signifie Dieu (au singulier), le terme déjà présent pour désigner Dieu étant au pluriel ; d'où la traduction en *Dieu des Dieux*, comme dans la Septante et la Vulgate.
9. *Psaumes*, 110, 1.

Quant à votre assertion que Dieu était incapable d'accomplir sa volonté jusqu'à ce qu'il descende sur terre, nous ne disons pas cela, car il est tout-puissant et agit comme il veut et il ne peut y avoir d'objection à son égard dans son règne. Il ne nous est pas donné de connaître les subtilités de sa sagesse. De plus, ce serait une objection aux miracles des autres prophètes, mais Dieu peut guider les créatures sans miracles. Cependant, personne ne peut dire : si Dieu pouvait cela, il n'aurait pas accompli les miracles. En fait, ce serait une objection à tout acte du Créateur pour le bien des hommes, car il peut leur accorder ce bien sans la médiation de l'acte.

Concernant le fait que le péché n'a pas disparu de la terre à l'avènement du Christ : nous n'avons pas prétendu qu'il disparaîtrait en totalité, au point que nul mal ni péché ne seraient plus accomplis sur terre. Nous avons prétendu seulement qu'une grande part d'incroyance et de débauche disparaîtrait et nul doute que cela s'est produit car, à la suite de son avènement, la foi et la justice se répandirent dans de nombreuses régions du monde.

Pour ce qui est de la revendication de sa divinité : celle-ci ne s'appuie pas sur une, deux ou plus des circonstances de sa vie – dans la mesure où on le comparerait à d'autres prophètes ou personnages – mais elle s'appuie sur la totalité des circonstances de sa vie. Il est bien connu qu'il n'y a pas eu une telle accumulation pour d'autres que lui, ni avant ni après lui.

Si quelqu'un d'autre que lui est appelé fils de Dieu, il s'agit d'une métaphore, comme l'admettent aussi bien le partisan que l'opposant. Mais, en ce qui concerne Jésus, cette appellation est véridique, car transmise par les apôtres ; et c'est de ces derniers qu'est issue la doctrine de la religion chrétienne.

La parole du Christ « *Je ne suis pas venu pour abolir la Torah, mais je suis venu pour l'accomplir* »[1] signifie que la Torah renferme la promesse de l'avènement du Christ et que toutes les lois qui s'y trouvent doivent être pratiquées seulement jusqu'au moment de son avènement – et non *ad vitam aeternam* ni jusqu'au jour de la résurrection. Du fait de son avènement, la Loi a été respectée :

– *primo*, par la réalisation de la promesse de cet avènement,

– *secundo*, par la fin de son caractère obligatoire.

En outre, le Christ n'a transgressé aucun des commandements de la Torah, mais il en a observé tous les préceptes jusqu'à sa dernière heure, comme nous l'avons expliqué, et en ce sens aussi il a pleinement rempli ses engagements à leur égard.

1. *Mathieu*, 5, 17.

Le contradicteur pourrait dire :

Nous nions que la Torah renferme la promesse de l'avènement du Christ.

Si les chrétiens disaient

Jacob, lorsqu'il réunit ses fils pour leur annoncer ce qui leur arriverait à la fin des temps et qu'il parvint à Juda, s'adressa à lui en ces termes : « *Le sceptre ne quittera pas Juda ni le législateur d'entre ses pieds, jusqu'à ce que vienne celui à qui appartient le pouvoir dû et à lui les peuples se joindront* »[1]. Le *sceptre* désigne le sceptre de la royauté et le *législateur* désigne le prophète. Il est bien connu que, lorsque le Christ apparut, la royauté disparut de chez les juifs et que la prophétie les abandonna.

Dans un autre passage de la Torah, il est dit : « *Je leur susciterai un prophète parmi leurs frères comme toi; en lui ils croiront* »[2]. Le pronom *leur* se rapporte aux enfants d'Israël et *comme toi* se rapporte à Moïse. Ceci est une allusion au Christ, selon l'interprétation de Simon Céphas[3].

Je pourrais dire

La royauté quitta Juda plus de 400 ans avant Jésus Christ. Les rois à l'époque du second Temple furent les Hasmonéens, descendants d'Aaron, de la tribu de Lévi. Après eux, la royauté échut à Hérode puis à ses enfants qui eux non plus n'étaient pas de la tribu de Juda. Que les chrétiens ne disent pas qu'en Juda, Jacob visait par métonymie les juifs en général, en désignant l'entité entière par ce qu'elle avait de plus noble ; car on leur dira que ceci n'est pas vraisemblable. En effet, Jacob spécifia à chacun de ses fils ce qui adviendrait de lui et, pour Juda, il le fit par cette parole. Son nom n'est donc pas un terme qui désignerait tous les juifs.

Par ailleurs, votre affirmation que le *sceptre* est le sceptre de la royauté et que le *législateur* c'est le prophète n'est pas sûre. La prophétie prit fin plus de 300 ans avant l'avènement du Christ. De plus, le mot utilisé dans la langue hébraïque pour désigner le « sceptre »[4] est également utilisé dans le sens de « tribu ». On peut donc contester qu'il ait été utilisé dans le sens de

1. *Genèse*, 49, 10; passage classique dans la polémique chrétienne contre le judaïsme. Traduction chrétienne.

2. *Deutéronome*, 18, 15 ; 18, 18 ; passage classique de la polémique islamique qui y voit, elle, l'annonce de l'avènement de Mahomet.

3. *Actes des apôtres*, 3, 22-26 ; cf. 8, 37. Simon, dit Céphas ou Pierre.

4. En hébreu *ševeṭ*.

sceptre ou que, même si c'était le cas, il ait fait allusion au sceptre de la royauté.

En fait, toutes les citations que les chrétiens ont faites à partir des livres prophétiques et dont, selon eux, la teneur se serait réalisée, ne peut leur servir de preuve. Si on se livrait à un examen approfondi de tous leurs arguments, il serait trop long d'en parler. Mais ce qui est mentionné ci-dessus est un échantillon des arguments les plus solides auxquels ils ont recours. Le plus plausible, c'est que l'annonce de Jacob faisait allusion à David, voulant dire que le sceptre et le pouvoir ne quitteraient pas Juda mais iraient se renforçant, jusqu'à ce que David règne et que toutes les factions d'Israël s'accordent pour lui conférer la royauté[1].

L'opinion de Simon[2], suivant laquelle le prophète auquel les Israélites avaient été conviés à se soumettre et à croire en lui était le Christ, est inacceptable. Le texte est plutôt une allusion à tout prophète ultérieur de la religion de Moïse. Le contexte de cette parole révélée n'implique pas la désignation d'un prophète particulier, et même dans ce cas, nous rejetterions une allusion spécifique à Jésus.

Les chrétiens pourraient rétorquer :

L'interprétation de Simon Pierre est pour nous une preuve irréfutable. C'est à elle que nous nous fions et non au sens littéral des mots.

La parole de Marie disant que le Christ était le fils de Joseph – et le fait que d'autres que Marie l'appelaient le fils de Joseph – constitue une affirmation conforme à l'usage de l'époque plutôt que la vérité[3]. On a dit que les apôtres ne perçurent pas la vraie nature du Christ et qu'ils ignorèrent nombre de choses à son sujet, jusqu'à ce que l'Esprit saint se fût emparé d'eux et ce, après la résurrection du Christ hors du tombeau et son ascension au ciel[4].

Concernant les contradictions généalogiques dans les évangiles, les commentateurs les ont expliquées. Ils ont expliqué chaque contradiction d'une manière qui semble éliminer toute incompatibilité avec les autres. Ces interprétations ne sont pas impossibles, même si la raison les juge invraisemblables, selon certains.

1. A. Posnanski, *Schiloh* (Leipzig, 1904) retrace l'histoire de l'interprétation de ce verset.
2. L'opinion visée est celle prétendant que Jésus était le prophète auquel les Israélites avaient été conviés à se soumettre et à croire en lui.
3. *Luc*, 2, 48 ; *Mathieu*, 13, 55-56.
4. *Mathieu*, 28, 17-20 ; *Luc*, 24, 25-51.

Quant aux signes de l'avènement du Messie indiqués dans les livres prophétiques et qui ne se sont pas manifestés à l'époque de Jésus, ils ont aussi fait l'objet d'une interprétation vraisemblable, bien que forcée, par les théologiens chrétiens. Il n'est pas besoin de détailler ces interprétations; elles sont mises en regard avec de nombreuses citations des prophètes que ces théologiens interprètent comme prouvant que Jésus Christ était bien le Messie dont il est fait promesse dans les livres prophétiques.

Mais les interprétations juives de ces passages divergent de celles des chrétiens

Beaucoup de paroles prophétiques ont été déformées par les chrétiens lorsqu'ils les ont traduites de l'hébreu en grec, en syriaque puis en arabe. Ils ont ainsi causé une divergence de sens significative, bien que portant sur quelques mots seulement. Les chrétiens reconnaissent cette divergence, au moins en partie. Cette déformation a pu être intentionnelle ou résulter de négligence ou d'une connaissance insuffisante de la langue d'origine.

Les citations des livres prophétiques que j'ai sollicitées, en me mettant à la place des chrétiens, je les ai rapportées en utilisant *leur* manière de traduire ces livres et non pas la version hébraïque ayant cours chez les juifs.

Quant à la transmission des miracles du Christ et de ses vicissitudes

A ceux qui disent qu'elle ne constitue pas une transmission ininterrompue et n'est pas digne de confiance, car reposant sur des récits individuels, les chrétiens n'ont qu'à répondre que ces individus ont accompli plus de miracles que n'en a accomplis le Christ. Cela a été rapporté par une multitude de gens dont la transmission n'est pas sujette à caution. Ces miracles non seulement montrent l'authenticité des miracles de Jésus, mais en vérité ils sont *substantiellement* les siens et seulement *incidemment* les leurs. Il est donc plus approprié de les attribuer au Christ qu'à eux.

Ainsi il est établi que tout ce qui a été rapporté à son sujet – miracles et autres – est vrai et il devient donc manifeste que la vérité de la religion chrétienne ne sera pas abrogée.

A la vérité, nous nions...

...que les récits des miracles du Christ rapportés par ses compagnons aient fait l'objet d'une transmission ininterrompue – indispensable à la certitude – à l'instar de la transmission ininterrompue concernant l'*existence* du Christ et des apôtres et sa crucifixion. Ils relèvent plutôt de rumeurs qui se répandirent et se firent connaître, devenant ainsi des évènements *quasi-transmis de manière ininterrompue*, sans l'être vraiment.

A propos de l'argument disant qu'il n'est pas exclu, rationnellement, que les miracles du Christ soient le produit de stratagèmes ou d'une collusion, les chrétiens affirment leur certitude que de tels stratagèmes ou une telle collusion n'ont pu exister ou avoir lieu et même qu'il était invraisemblable qu'ils aient lieu. Ils affirment qu'il n'y a pas de différence, quant à l'improbabilité d'une supercherie, entre ces miracles et les miracles de Moïse, tels la séparation des eaux de la mer et autres choses semblables. Ainsi, nul doute possible sur la mort et la maladie de ceux que Jésus ressuscita et guérit. Aux chrétiens de déduire que, si cette vérité avait été mise en doute, cela se serait propagé parmi les ennemis du Christ, juifs ou autres, à son époque. Et si tel avait été le cas, cela aurait été transmis. Comme cela n'a pas été transmis, bien que certains aient attribué ses miracles à la magie, à l'intervention de Satan ou au fait qu'il avait appris le nom sublime de Dieu, il est clair que ses contemporains étaient certains de l'absence de tout stratagème ou collusion[1].

Cet argument qui cherche à convaincre ne peut procurer la certitude. Mais, il pourrait confirmer une opinion courante, une fois admise la transmission ininterrompue de leur tradition.

Par ailleurs, si cet argument est conjugué à l'examen de tous les détails de la vie du Christ comme de ses compagnons – leur ascétisme, leur piété, le fait qu'ils endurèrent de grandes souffrances pour asseoir leur foi et organiser leur religion avec tant de soin – alors, à partir de la totalité de ces indices, il devient clair que leur cause est subordonnée à un soutien d'ordre divin et à une sollicitude venue d'en-haut.

Concernant le reste des arguments des opposants, mentionné plus haut, certains arguments relèvent de la diffamation et du rejet purs et simples. D'autres seront réfutés par le lecteur avisé, avec un peu d'effort.

N'ayant pas trouvé la plupart de ces réponses dans les discussions des chrétiens, je les ai fournies à leur place, afin de parachever ainsi l'examen de leur doctrine.

1. Cf. Samuel al-Maġribī, *Ifḥām*, p. 24-42 et les tracts médiévaux juifs *Toledot Yešu*; également Mathieu, 12, 24.

Chapitre IV

Rappel de la croyance des musulmans : la prophétie de Mahomet, ses miracles ; vue d'ensemble de sa religion ; interrogations des opposants à ce sujet et validation des réponses fournies

Les musulmans s'accordent sur ce qui suit

Muḥammad ibn 'Abd-Allāh b. 'Abd al-Muṭallib[1] est le messager de Dieu et le sceau des prophètes. Envoyé à toute l'humanité, il a abrogé toute religion antérieure et sa religion durera jusqu'au jour de la résurrection. Il a appelé les hommes à croire en Dieu, en ses anges, en ses messagers et en ses Ecritures, à croire que Dieu est un, qu'il n'a pas d'associé, pas d'égal, pas de semblable, pas de compagne et pas d'enfant. Dieu est préexistant, vivant, omniscient, omnipotent, doué de volonté. Il entend, voit, parle. Il a envoyé Moïse avec la Torah et Jésus avec les Evangiles. Il a envoyé des prophètes, avant et après Moïse. Mahomet a annoncé, de sa part, que Dieu a ordonné d'accomplir la prière, d'offrir la *zakat*[2], de jeûner à Ramadan[3] et d'accomplir le pèlerinage à son sanctuaire de la Mecque. Il a aussi ordonné la loyauté dans un contrat, le respect des parents et autres nobles qualités et interdit leurs contraires. Mahomet a promulgué de nombreuses lois concernant les affaires publiques et privées : elles sont contenues dans les ouvrages juridiques des musulmans. Il a annoncé que Dieu ressuscitera ceux qui sont dans la tombe ; au jour de la résurrection, il demandera compte aux

1. Dans tout cet ouvrage, nous le désignons par son nom le plus utilisé en français de Mahomet.

2. Littéralement *purification* : aumône légale prescrite par le Coran. Les biens de ce monde étant impurs, on s'en purifie en en restituant une partie à Dieu, par le biais des pauvres.

3. Neuvième mois du calendrier lunaire islamique, marqué par le jeûne en journée.

hommes de leurs croyances et de leurs actions et les rétribuera suivant leur mérite, car « *celui qui accomplit une parcelle de bien la verra et celui qui accomplit une parcelle de mal la verra* »[1]. En ce jour, les hommes se partageront en deux groupes : l'un destiné au paradis, l'autre au feu de l'enfer.

Ceux qui entreront au paradis jouiront d'un bonheur éternel et ininterrompu et y trouveront ce que les âmes désirent et qui réjouit les yeux, car y règne un bonheur qu'aucun œil n'a vu, aucune oreille n'a entendu et aucun mortel n'a conçu. Ils y mangeront, y boiront et s'y marieront.

Quant à ceux qui entreront en enfer :

– S'ils avaient reconnu la prophétie de Mahomet et son message : bien qu'ils méritent d'entrer en enfer pour avoir commis un pêché majeur, ils n'y séjourneront pas éternellement, selon l'opinion de la majorité des musulmans que nous connaissons, mais en sortiront pour le paradis, soit après la punition qu'ils méritent, soit par suite de l'intercession et du pardon. Des tenants de cette école de pensée admettent même que, du seul fait du pardon et de l'intercession, ils n'iront pas du tout en enfer. Cependant, certains musulmans jugent impératif leur châtiment éternel.

– S'ils n'avaient pas reconnu la prophétie de Mahomet, soit du fait que son appel ne leur était pas parvenu, soit qu'il leur était parvenu mais sans les inciter à se livrer à la spéculation et à la réflexion – comme s'ils avaient appris qu'un charlatan nommé Mahomet se prétendait prophète, que de nombreuses personnes le suivaient, trompées par ses paroles – eux non plus n'y séjourneront pas éternellement. Si ceux qui ne croient pas n'ont pas commis d'actes impliquant un châtiment, ils bénéficieront d'une pleine miséricorde et n'entreront point en enfer.

Si l'appel de Mahomet leur était parvenu, les incitant à réfléchir, et qu'ils contestent sa prophétie, non par obstination, mais qu'ayant réfléchi, fait d'intenses efforts et consacré le summum de leurs facultés à l'étude et à la recherche, ils ne reconnaissent pas la validité de cette prophétie, alors, selon l'avis de certains décisionnaires musulmans, ils ne séjourneront pas éternellement en enfer, sauf s'ils le méritent pour une toute autre raison. Et s'ils n'ont pas commis d'actes qui méritent l'enfer, ils n'y entreront pas du tout. D'autres sont d'avis qu'ils y entreront et y séjourneront éternellement et prétendent qu'il y a consensus à ce sujet. Mais cette prétention au consensus n'est pas certaine ; même en la supposant fondée, les décisionnaires qui ont discuté des sources de la jurisprudence ont décrété que le consensus n'a valeur d'argument que dans des cas hypothétiques, non dans les cas réels.

1. *Coran*, 99, 7-8.

Si ceux qui contestent la prophétie le font par obstination, négligeant délibérément la réflexion, alors, pour la masse des musulmans, ils séjourneront en enfer éternellement et leur châtiment sera plus sévère que celui des autres personnes. Ne s'opposent sur ce point que des contestataires peu considérés auprès des musulmans.

Les musulmans divergent sur l'essence de Dieu. Certains sont anthropomorphistes, d'autres s'en gardent. Ils divergent également sur les attributs de Dieu, ses actions et ses noms, sur les modalités des prophéties, sur le bien-fondé de la récompense et du châtiment, sur la vraie nature de la foi et de l'islam, sur la question de savoir si les anges sont supérieurs aux prophètes ou si c'est l'inverse, sur les questions concernant l'*imamat* et sur la jurisprudence. Ces divergences, du fait de leur grand nombre, ne peuvent être recensées et il n'est pas dans notre propos de les exposer[1].

LES MUSULMANS DÉMONTRENT L'AUTHENTICITÉ DE LA PROPHÉTIE DE MAHOMET ET DE SON MESSAGE À L'AIDE DE SIX PREUVES

PREMIÈRE PREUVE : (L'INIMITABILITÉ DU CORAN OU *I'JĀZ*)[2]

Mahomet prétendait être prophète et messager et le miracle coranique se produisit en accord avec cette prétention. Toute personne de ce type est prophète et messager et Mahomet est donc bien un messager de Dieu.

Si nous disons que Mahomet avait cette prétention, c'est à cause de la tradition fiablement transmise[3]. Et si nous affirmons que le miracle du Coran se produisit par son intermédiaire, c'est parce que c'est à lui que le Coran fut révélé et que ce fait a été fiablement transmis. Le Coran est un miracle parce que c'est par lui que Mahomet défia les Arabes qui, bien que maîtres en éloquence, furent incapables[4] d'en produire l'équivalent. Tout fait de ce type est un miracle. Le *défi* de Mahomet par le Coran est attesté par la transmission fiable de versets tels que :

1. Elles sont le sujet d'ouvrages de théologie islamique, comme les traités *al-Muḥaṣṣal* et *Ma'ālim* de Faḫr al Dīn al-Rāzī, souvent cités dans ce chapitre. *Imamat* : c'est la fonction de dirigeant de la communauté islamique, remplie par le calife. Le problème posé, à la mort du Prophète, était de savoir qui était son successeur légitime. Pour les Shiites, c'était Ali, son gendre, puis les descendants d'Ali.

2. La mention entre parenthèses est du traducteur.

3. *Tawātur* : terme technique signifiant tradition fiable (ou concordante ou ininterrompue), garantie par une chaîne multiple de transmetteurs. Cf. *Intertwined*, p. 41-47.

4. Il faudrait lire '*ajazū 'an (mu'āraḍatihi)* et non '*an* (avec hamza).

Dis : Même, si les hommes et les Djinns s'unissaient pour produire quelque chose de semblable à ce Coran, ils ne produiraient rien qui lui ressemble, même s'ils s'aidaient mutuellement[1].

Ou :

Disent-ils : Il l'a inventé ; dis : apportez donc dix sourates semblables à ceci et inventées[2].

Ou :

Disent-ils : Il l'a inventé ; dis : apportez donc une sourate semblable à ceci et invoquez qui vous pourrez, hormis Dieu[3].

Ou :

Si vous êtes dans le doute au sujet de ce que nous avons révélé à notre serviteur, apportez donc une sourate semblable à ceci et invoquez vos témoins, hormis Dieu, si vous êtes véridiques[4].

Mahomet dit plus loin : *Si vous ne le faites pas et vous ne le ferez pas*[5].

C'est alors que Dieu les réduisit à l'impuissance par un arrêt décisif.

Ces versets montrent que le défi se rapportait parfois au Coran, parfois à dix sourates, parfois à une seule. On peut les comparer à la parole d'un homme qui, rivalisant de gloire avec un autre, lui dirait : *amène donc un peuple comme mon peuple ou comme la moitié de celui-ci ou comme le quart ou même comme un seul d'entre eux!*

L'impuissance des Arabes sur ce point est établie, du fait que leurs motivations à produire un concurrent au Coran étaient nombreuses et que rien ne les en empêchait. Pourtant, ils ne le firent pas, ce qui prouve leur impuissance. La multiplicité de leurs motivations est avérée, étant donné que Mahomet les obligea à abandonner leurs croyances et leurs chefs, en leur imposant, pour des raisons religieuses, des pratiques qui avaient pour effet d'harasser leurs corps, amoindrir leurs biens et les exposer à l'inimitié de leurs amis. Ce fut, pour eux, d'autant plus pénible qu'ils comptaient parmi les peuples les plus violents. Si une personne rabaisse l'autorité d'une autre en lui demandant de lui obéir, nul doute que cette dernière ne cherche alors à ruiner l'entreprise de la première, par tous les moyens possibles. Or, produire un concurrent au Coran aurait certainement ruiné l'entreprise de Mahomet et nous savons que les motivations des Arabes à agir ainsi étaient fort nombreuses.

1. *Coran*, 17, 88.
2. *Coran*, 11, 13.
3. *Coran*, 10, 38.
4. *Coran*, 2, 23.
5. *Coran*, 2, 24.

Au début de son entreprise, les Arabes ne le craignaient pas, mais c'était lui qui les craignait, ce qui prouve que rien ne les empêchait de l'affronter. Qu'ils ne l'aient pas fait se démontre comme suit : si quelqu'un avait produit un concurrent au Coran, la renommée de cette œuvre aurait surpassé celle du Coran, car le doute aurait alors été jeté sur ce dernier et l'œuvre rivale aurait servi de preuve pour abattre le fier prétendant et ruiner son auréole ; comme une telle nouvelle ne s'est pas répandue, nous en concluons qu'il n'y a pas eu compétition. Il est clair que quiconque ayant de multiples motifs d'agir sans entrave, n'est pas en mesure de le faire, est un impotent. C'est notamment le cas pour les Arabes qui ont renoncé à la compétition pour s'exposer à une mort violente, alors que la compétition était la voie la plus facile. Abandonner la voie la plus facile pour la plus difficile ne peut résulter que de l'impossibilité de la première.

LES THÉOLOGIENS MENTIONNENT QUINZE QUESTIONS PORTANT SUR CE POINT ET Y RÉPONDENT [1]

Première question

Ne peut-on concevoir que le Coran ait été révélé à un autre prophète, que celui-ci ait rallié à sa foi et à ce livre Mahomet en premier et que Mahomet le lui ait ravi et l'ait tué ? Bien sûr, le nom de ce prophète n'a pas vu le jour et ce livre est resté entre les mains de Mahomet.

RÉPONSE : Toute personne sensée qui scrute sa conscience et fait preuve d'équité sait que ceci n'a pas eu lieu. De plus, de nombreux passages du Coran montrent que c'est de Mahomet dont il est question et non d'un autre. Quiconque examine avec attention ce qui y est raconté sur les comportements du Prophète, tant à la guerre qu'avec ses épouses ou avec les hypocrites [2] et les incroyants, le sait bien.

1. Pour la théologie islamique, le Coran est considéré comme un miracle (*mu'jiza*) et la théorie de l'inimitabilité du Coran (*i'jāz*) est exposée dans tout manuel de théologie islamique. Mais le sens de ce miracle est discuté : est-ce le langage, le style, la forme du livre qui sont inimitables ou bien l'élévation du contenu ? ou encore, est-ce que le miracle ne résiderait pas dans l'*incapacité* des opposants au Prophète de rivaliser pour composer l'équivalent lorsqu'ils furent mis au défi. Dans ce cas, le miracle consisterait dans la *déflexion* (*ṣarf*) *divine* de la capacité humaine à répondre au défi.

2. C'est un terme utilisé souvent dans le Coran pour désigner un groupe d'opposants à Médine.

Deuxième question

Il est possible que Mahomet ait lu ou écouté les livres de ses prédécesseurs, qu'il en ait sélectionnés les meilleurs passages et les ait assemblés. Ou bien, qu'il ait été à l'affût des paroles des gens et les ait étudiées : les paroles pures et les anecdotes remarquables qu'il y trouva, il les préleva, les assembla et les organisa en un Coran. L'anecdote suivante est relatée à propos de 'Abdallāh b. Sa'ad b. Abī Sarḥ, scribe du Prophète :

> Lorsque le Prophète lui dicta cette parole de Dieu :
> *Puis du caillot de sang nous avons créé un embryon etc.,*
> Sa'ad dit :
> *Béni soit Dieu, le meilleur des créateurs !*
> Alors, le Prophète dit « *Ecris le!* » et c'est ainsi que ceci fut révélé [1]. Pour cette raison, 'Abdallāh abjura l'islam.

Cette anecdote est largement répandue dans les livres d'histoire et ceux sur les traditions. Des cas de ce type ne sont pas improbables, d'autant que la révélation du Coran au Prophète s'est étendue sur une longue période, au cours de laquelle une intervention humaine a pu s'exercer de manière similaire.

RÉPONSE : Si cela était vrai, cela aurait du se propager, comme l'histoire du scribe ci-dessus mentionné. Encore une fois : ou bien cette œuvre était surnaturelle et donc constituait un miracle, ou bien une œuvre concurrente aurait du entrer en compétition avec elle.

Troisième question

Même en admettant que la base du Coran a été transmise fiablement, nous ne l'admettons pas pour le détail de ses versets. En effet :

– la transmission fiable des versets du *défi* n'est pas établie, car on raconte qu'à l'époque de l'envoyé de Dieu, six ou sept personnes seulement

1. Le passage concerné est *Coran*, 23, 14. L'exclamation de 'Abdallāh fut incluse dans le Coran. Pour les gens pieux, elle coïncidait avec une phrase identique de la révélation. 'Abdallāh était fier d'avoir suggéré une amélioration des versets révélés, ce qui suscita plus tard des accusations de falsification.

A noter qu''Abdallāh était le frère de lait de 'Uṯmān (futur calife), qu'il fut gouverneur d'Egypte, qu'il soumit le territoire de Carthage à l'islam (647-48) et détruisit la flotte byzantine à la bataille navale de Ḏāt al-Sawārī (655-656). Après avoir renié l'islam, il réintégra la communauté et mourût en chef musulman, vingt cinq ans environ après la mort du Prophète (657-58). Son texte différait quelque peu de la version autorisée. Cf. *EI*[2], tome I, p. 53 (C. H. Becker).

mémorisaient le Coran dans sa totalité. Une collusion entre eux pour le falsifier n'était donc pas impossible et d'autres que ces mémorisateurs n'auraient pu déceler un passage modifié ou remplacé.

– On rapporte qu'Ibn Mas'ūd[1] niait l'appartenance au Coran de la *Fātiḥa*[2] et des deux sourates de demande de protection[3]. Aucun des Compagnons ne lui en faisait reproche et ils lui témoignaient du respect. Si, de nos jours, quelqu'un niait l'appartenance au Coran de la sourate *al-Kawṯar*[4], il serait inéluctablement accusé d'incroyance et mis à mort. Or, l'appartenance au Coran des versets cités est plus évidente que celle des versets du *défi*. Ibn Mas'ūd a incorporé l'expression « *au nom de Dieu, le Clément et le Miséricordieux* » au début de la sourate *Barāa'*[5] mais ni Ubayy b. Ka'b[6] ni Zayd b. Ṯābit[7] ne l'ont fait. Ubayy, dans sa copie, a introduit cinq sourates qu'Ibn Mas'ūd rejetait; Zayd b. Ṯābit en rejetait deux. Ils étaient en désaccord sur l'expression : « *au nom de Dieu, le Clément et le Miséricordieux* » : était-ce un verset en début de sourate ou non ? Et chacun d'eux traitait la copie de l'autre de faux.

Lorsqu'à son époque, la controverse sur le Coran s'intensifia, 'Uṯmān[8] jugea nécessaire de brûler toutes les copies, sauf une. Ibn Mas'ūd dit : « *Si je régnais comme ils ont régné, je ferais à leurs copies ce qu'ils ont fait à ma copie* ». Ibn Mas'ūd attaqua Zayd en disant : « *Je récitais le Coran quand lui était (encore) dans les reins d'un païen* ». On raconte que 'Umar[9] établit une copie du Coran que détint Ḥafsa[10]. Le jour de la mort de Ḥafsa, il envoya Marwān, alors gouverneur de Médine, chez 'Abdallah b. 'Umar[11] pour demander cette copie. Lorsque Marwān la lui envoya, il ordonna de la

1. 'Ibn Mas'ūd, célèbre compagnon du Prophète, fut un des premiers convertis à l'islam. Il devint une autorité dans les enseignements du Prophète et le texte coranique, ayant recueilli, selon la tradition, directement le Coran de la bouche de ce dernier. On lui a prêté des tendances discrètement shiites, avant la lettre. Cf. *EI²*, tome III, p. 897 (J. C. Vadet).

2. Sourate 1, dite d'ouverture.

3. Il s'agit des deux dernières sourates (113 et 114).

4. Sourate 108 (l'Abondance); avec trois versets, elle est la plus courte du Coran mais aussi l'une des plus difficiles à comprendre. Pour l'histoire de son texte, cf. R. Blachère, *Introduction au Coran*, Paris, 1959.

5. Premier mot de la sourate 9 (le Désaveu ou le Repentir).

6. Un des premiers croyants, il servit de secrétaire au Prophète.

7. Jeune juif de Médine qui devint scribe du Prophète et eût plus tard une fonction élevée sous les premiers califes. Il mourût en 665-666. Cf. M. Lecker, « Zayd b. Thabit "A Jew with two Sidelocks" » in *JNES* 56 (1967), p. 259-273.

8. Troisième calife qui régna de 645 à 656.

9. Second calife (régna de 634 à 644).

10. Epouse du Prophète et fille de 'Umar qui devint le second calife.

11. Fils du second calife et frère de Ḥafsa.

brûler, par crainte de la controverse. Comme on l'a rapporté, on remettait à 'Umar un ou deux versets et s'il les reconnaissait, il les confirmait. Sinon, dans le cas où le rapporteur était un homme de confiance, il les acceptait; dans le cas contraire, il lui demandait d'obtenir auprès d'honnêtes personnes une preuve claire et si le rapporteur la fournissait, il acceptait les versets. Ceci met en question la fiabilité de transmission de ces versets.

– La controverse porte aussi sur les mots du Coran, leur ordre, les ajouts et omissions et leurs significations. Ceux qui le récitent selon différentes *lections*[1] savent tout cela. Qui plus est, cela est dit dans le Coran : « *Et s'il provenait d'un autre qu'Allah, ils y trouveraient certes de nombreuses contradictions* »[2] et quelle plus grande contradiction que celle-ci ?

– En outre, les versets prônant la prédestination sont en contradiction avec les versets du libre arbitre et les versets opposés à l'anthropomorphisme contredisent les versets anthropomorphiques. On raconte à propos de 'Uṯmān que lorsque la nouvelle copie, une fois achevée, lui fut remise, il la lut, l'étudia et dit : « *Vous avez bien œuvré; elle contient quelques incorrections et nous les corrigerons avec nos langues* ».

– On prête au Coran clarté d'expression et rejet de la confusion. Mais, il n'en est pas ainsi car les lettres placées en tête des sourates ne sont pas intelligibles.

1. Hormis les controverses provenant des Shiites, un certains nombre de lectures sont admises comme valables. Elles résultent de l'imperfection des notations d'origine et du texte lui-même (similitude de nombreuses lettres, absence de voyelles courtes).

Aujourd'hui, en terre d'islam, deux « versions » du Coran sont d'un usage quasi-général. Celle, dite coufienne, remontant à la « lecture » de 'Asim, mort à Coufa en 744 (d'où son nom). Une autre, prépondérante en Espagne et au Maghreb durant tout le Moyen Age, est encore en partie en usage en Afrique du Nord et dans certaines régions d'Afrique Noire. En 1923, est parue au Caire, sous le patronage du roi Fouad Ier, une édition du Coran selon la version coufienne, et c'est elle qui connaît la plus grande diffusion. Les variantes entre les deux sont minimes.

Quant aux éditions imprimées du Coran préparées en Occident chrétien, aucune n'eut de retentissement en terre d'islam, hormis quelque peu l'édition de Gustav Flügel : *Corani textus arabicus* (Leipzig, 1834, 1841), réimprimée jusqu'à nos jours.

Il faut prendre garde de ce que la numérotation des versets dans l'édition due à Flügel est très souvent différente de celle de l'édition du Caire, car elle est basée sur une numérotation musulmane ancienne. Il en résulte parfois des confusions, les anciens orientalistes (fin XIXe et parfois jusque 1940, voire plus) utilisant l'édition de Flügel. Dans la traduction française de Régis Blachère (*Le Coran*, Paris, P.U.F., 1992.), les deux systèmes de références sont consignés, les premiers étant ceux de l'édition de Flügel, les seconds ceux de l'édition du Caire (« Le Coran a une histoire », Interview de Claude Gilliot, parue in *Notre Histoire*, 195, janvier 2002, p. 22-28).

2. *Coran*, 4, 82.

– Très souvent, on ne saurait trouver un verset affirmant une chose sans qu'un contestataire n'y apporte la contradiction à l'aide d'un autre verset ou n'en donne une interprétation qui en récuse le sens. Les exégètes du Coran ont été fréquemment déconcertés en le commentant et ils ont, chacun, donné des sens différents à chaque verset.

– Nous constatons que la plupart des questions, fondamentales aussi bien qu'annexes, sont absentes du Coran, bien qu'on le décrive comme renfermant toutes les sciences, conformément aux versets : « *Nous n'avons rien négligé dans le Livre* » et : « *Et rien d'humide ou de sec qui ne soit dans un livre explicite* »[1].

– Dans le Coran, se trouvent de nombreuses répétitions ou des évidences, comme dans le verset : « *Trois jours pendant le pèlerinage et sept jours lorsque vous serez rentrés chez vous, soit dix jours entiers* »[2] ou un ordre fautif comme dans : « *C'est Toi seul que nous adorons et c'est Toi seul dont nous implorons le secours* »[3] alors que la demande de secours devrait précéder l'acte d'adoration. Il est mentionné dans le Coran : « *Et nous n'avons envoyé de messager qu'avec la langue de son peuple* »[4]. Or, les Quraychites qui sont la tribu du Prophète n'utilisaient pas le *hamza*[5], alors que tous les autres locuteurs l'utilisaient. Par ailleurs, on ne connait pas d'explication irréfutable à son découpage en versets et sourates.

Tous ces indices conduisent à penser que le Coran a fait l'objet de distorsion et d'une transmission non fiable.

RÉPONSE : – Si, aujourd'hui, quelqu'un essayait d'ajouter ou de supprimer une lettre dans le Coran, l'endroit de cet ajout ou suppression serait connu. Nous savons, qu'à l'époque des Compagnons, la détermination des gens à empêcher l'altération du Coran n'était ni plus forte ni plus faible que de nos jours, et cela plaide de manière catégorique en faveur de la non-modification du Coran, en tous temps.

Admettons que ceux qui avaient mémorisé le Coran dans sa totalité étaient peu nombreux : la preuve, qui autorisait à inclure un verset dans le Coran, n'était établie que lorsque tous avaient mémorisé ce verset.

– L'exclusion du Coran par Ibn Mas'ūd de la *Fātiḥa* et des deux autres sourates citées relève d'une tradition individuelle et ne saurait être

1. *Coran*, 6, 38 et 6, 59.
2. *Coran*, 2, 196.
3. *Coran*, 1, 5 ; une construction fautive de cette phrase est mentionnée dans les discussions. Cf. Noeldeke, II, p. 365.
4. *Coran*, 14, 4.
5. Signe de l'arrêt vocalique.

comparée à une transmission fiable. Quand bien même ce serait vrai, ce n'est pas la révélation de ces sourates à Mahomet qu'Ibn Mas'ūd a rejetée mais leur appartenance au Coran. Peut-être que d'autres critères sont à prendre en considération pour qu'une révélation divine soit incorporée au Coran. Si donc les versets du *défi* étaient révélés mais n'appartenaient pas au Coran, cela n'invaliderait pas notre propos.

Il en est de même pour ce qu'Ibn Mas'ūd a incorporé dans sa copie, et pas les autres.

Les divergences entre copies et le choix de l'une d'elles sont dus au fait que Zayd b. Ṯābit avait présenté sa copie au Prophète après 'Abdallāh b. Mas'ūd et Ubayy b. Ka'b et c'est avec cette copie que le Prophète récita et pria jusqu'à sa mort. Il est notoire qu'il ne priait ni ne récitait avec des lections variées. Le choix par les musulmans de cette copie vient de ce qu'elle fut la dernière présentée au Prophète et c'était là le choix de Dieu pour le Prophète et pour tous les musulmans. Comme Ibn Mas'ūd était le plus âgé des trois, ceux qui avaient écouté sa version étaient moins nombreux que ceux qui avaient écouté celle des autres. Zayd étant le plus jeune des trois, sa version a été la plus diffusée et la plus apte à être choisie. Les autres versions ont donc été mises de côté, même si elles étaient correctes et authentiques, de crainte de provoquer des dissensions qui feraient perdre au Coran son statut de texte fiablement transmis.

– L'histoire des versets apportés à 'Umar (séparément ou par deux) n'est pas recevable, car elle provient de quelques individus. Le Prophète en personne s'est chargé de la composition du Coran. Preuve en est qu'il y a consensus sur le verset du Coran révélé en premier à la Mecque, à savoir : « *Récite au nom de ton Seigneur* »[1] ; comme il y a consensus sur les sourates révélées à Médine, à savoir : en premier, la sourate *la Vache*[2] et en dernier, la sourate *le Désaveu* (ou *le Repentir*)[3]. Si quelqu'un d'autre avait procédé à cette composition, il aurait placé les premières révélations au début et les dernières à la fin[4]. Ceci prouve que les autres l'ont suivi sans innover. Il en est de même du consensus sur les versets courts et sur les versets à double longueur.

– La controverse à propos du Coran n'invalide pas son origine divine. Et l'expression coranique « *S'il (le Coran) ne venait pas de Dieu, vous y*

1. *Coran*, 96, 1.
2. Sourate n° 2.
3. Sourate n° 9. Les premières sourates se trouvent à la fin du Coran.
4. Sur cet aspect chronologique des sourates, cf. Régis Blachère, *Introduction au Coran*, Maisonneuve et Larose, Paris, 1947 (constamment réimprimé), p. 11.

trouveriez de nombreuses discordances » n'implique pas que s'il venait de Dieu, on n'en trouverait pas. De même, l'affirmation « *si ceci était noir, il serait pourvu de couleur* » n'implique pas que la proposition « *s'il n'était pas noir, il ne serait pas pourvu de couleur* » soit vraie. Cela mis à part, nous n'excluons pas que le Coran puisse donner lieu à toutes sortes de dissensions. Il peut y avoir dissension sur certains aspects du contenu d'un verset, mais il n'y a aucune dissension sur l'éloquence. En effet, une parole humaine, quand elle perdure, ne peut généralement se maintenir à un niveau d'éloquence constant. Quant aux différentes lections, elles sont toutes correctes et vraies car, comme l'a dit le Prophète, le Coran a été révélé en sept versions, toutes claires et suffisantes (par versions, on entend des significations de mots différentes).

– Les docteurs ont dissipé, par les interprétations contenues dans leurs livres, les contradictions relevées entre versets. Ils ont indiqué que la révélation des versets ambigus présentait des avantages ; entre autres : un surcroît de récompense ou le fait qu'un contradicteur dans son zèle à scruter ce qui (dans le texte) confirmerait son interprétation erronée, l'étudiera avec attention et parviendra à la vérité[1].

– Qu'un livre soit décrit comme clair n'implique pas que tout son contenu soit clair. De plus, nous n'acceptons pas que le Coran soit présenté comme renfermant toutes les sciences alors que ce qui est décrit comme tel, c'est *le Livre* qui lui est l'expression de la tablette conservée (au ciel).

– Par ailleurs, les grammairiens ont mentionné de nombreuses manières de réfuter ce que l'on croit être fautif dans le Coran, par exemple « *Inna haḏāni lasāḥirāni* »[2]. Et le propos prêté à 'Uṯmān « *Il contient quelques erreurs* », en le supposant véridique, évoque une erreur d'écriture (donc de prononciation).

– Concernant ce qui a été mentionné sur son contenu : entre autres, ordre fautif et trivialités, il en est question dans les livres de commentaires.

1. Idée d'origine mu'tazilite. Le mu'tazilisme, se référant à la nature des choses, mettra en œuvre sa raison pour atteindre ce qu'il considère comme la fin ultime de l'islam : le bien de l'homme. Ceci implique qu'en dehors des sourates très claires, les Mu'tazilites font de la raison le critère des connaissances religieuses. Ainsi, concernant les versets coraniques ambigus, la contradiction entre le sens apparent et le raisonnement démonstratif requiert, pour eux, la prévalence de la raison et le dépassement de l'interprétation littérale du texte. Cf. El Shakankiri, *Loi Divine, Loi humaine et Droit dans l'histoire juridique de l'Islam*, Revue internationale de Droit comparé, 1981, p. 778.

2. Au verset 63 de la sourate 20 (désinence du nominatif au lieu de l'accusatif).

– Enfin, tous les Arabes sont la tribu du Prophète, tout autant que les Quraychites ; et le *hamza* apparaît dans le Coran parce qu'il se trouve dans la langue des Arabes autres que Quraychites.

Ainsi, toutes les objections sont rejetées et il est fermement établi que les détails du Coran ont bien fait l'objet d'une transmission fiable, à l'instar du texte de base.

QUANT A MOI, JE DIS

Cette position est la plus radicale que j'ai trouvée chez les scolastiques sur ce sujet. Pour moi, le point soulevé ne peut être réglé en soi[1], car le contradicteur peut rétorquer : votre allégation que le zèle des Compagnons à empêcher la modification du Coran n'était pas plus faible que celui de nos contemporains constitue justement l'objet de la controverse ; de même lorsque vous affirmez que l'existence de mémorisateurs pour chaque verset tiendrait lieu de preuve qu'ils l'ont correctement incorporé au Coran.

Dans les deux *Ṣaḥīḥs*[2], de nombreuses traditions suggèrent le contraire. Entre autres, une tradition fait dire à Zayd b. Ṯābit :

> Abū Bakr vint me chercher le jour du massacre des gens de Yamāma[3] et auprès de lui se tenait ʿUmar. Abū Bakr raconta que ʿUmar était venu le trouver, en disant :
> *La tuerie s'est acharnée le jour de Yamāma sur ceux qui récitent le Coran ; je crains qu'elle ne s'acharne partout sur eux et qu'une grande partie du Coran ne disparaisse. Je voudrais que tu donnes l'ordre de compiler le Coran.*
> Abū Bakr répondit :
> *Comment ferais-je une chose que le Prophète n'a pas faite ?*

1. Les manuscrits d'Istanbul et de Téhéran ajoutent : « S'il a été fiablement transmis, cette transmission doit être prouvée. Clairement, il ne s'agit pas de transmission proprement dite. Il serait plus correct d'arguer que la transmission des versets particuliers du Coran est évidente en soi et que toute discussion est superflue. Cependant, une fois l'argument exprimé, l'opposant le rejettera à l'aide d'un autre argument. »

2. Ce sont les deux recueils canoniques de traditions (*ḥadīṯ*), établis respectivement par Buḫārī (mort en 870) et Muslim (mort en 875). Chacun de ces recueils est intitulé *Ṣaḥīḥ* mais ici cette mention désignera désormais l'ouvrage de Buḫārī.

3. Campagne dirigée en 633, contre la tentative de faire sécession (*ridda*) de l'état et de la communauté islamiques, à la suite de la mort du Prophète. Elle fut menée en Arabie centrale et dirigée contre la tribu des Banū Ḥanīfa et son leader Musalayma qui se prétendait prophète. Le chef des musulmans à l'époque était Abū Bakr, le 1er calife (632-634).

'Umar dit :
Par Dieu, c'est une bonne chose !
Abū Bakr :
Et il n'eut de cesse de me le répéter jusqu'à ce que Dieu ait ouvert mon cœur comme il l'avait fait pour 'Umar et j'acquis à ce sujet la même conviction que lui.
Zayd ajoute qu'Abū Bakr lui dit :
Tu es un homme jeune et sensé et nous n'avons pas de suspicion à ton égard. Déjà, tu consignais par écrit l'inspiration adressée au Prophète. Retrouve la trace des fragments du Coran et procède à sa composition !
Zayd dit :
Par Dieu, m'aurait-il chargé de déplacer une montagne, cela n'aurait pas été plus pesant pour moi que de me charger de la composition du Coran ! Je dis : Comment faites-vous, tous deux, une chose que le messager de Dieu n'a pas faite ?
Abū Bakr dit :
Par Dieu, c'est une bonne chose !
Zayd :
*Et il n'eut de cesse de me le répéter jusqu'à ce que Dieu ait ouvert mon cœur comme il l'avait fait pour 'Abū Bakr et 'Umar et j'acquis à ce sujet la même conviction qu'eux. Alors, je reconstituai les traces du Coran et procédai à sa composition à partir de branches de palmier, de morceaux de papier, de pierres plates et de ce qui réside dans le cœur des hommes. Je trouvai la fin de la sourate at-Tawba (*le Repentir*) : « Certes, un messager est venu à vous etc... »*[1] *avec Ḫarīma b. Ṯābit*[2] *ou Abū Ḫuzayma*[3] *et je la joignis à cette sourate. Les feuilles restèrent chez Abū Bakr de son vivant, jusqu'à ce que Dieu l'ait rappelé à lui, puis chez 'Umar de son vivant, jusqu'à ce que Dieu l'ait rappelé à lui, puis chez Ḥafsa, la fille de 'Umar.*

Ainsi s'achève cette tradition[4].

Les pierres plates étaient jadis des débris de poterie et nombreuses sont les traditions à ce sujet. A la mention d'Abū Ḫuzayma, certaines traditions ajoutent : « *Je ne l'ai pas trouvé chez quelqu'un d'autre que lui* ».

1. Sourate 9, verset 128.
2. Fille de Zayd b. Ṯābit.
3. Selon certaines sourçes (cf. le site www.maison-islam.com), Abū Khuzayma serait un compagnon du Prophète prénommé al-Hārith, fils d'un homme se prénommant lui aussi Khuzayma. Ayant donné à son fils le prénom de son père (phénomène assez fréquent chez les Arabes), il se nommait donc Abū Khuzayma al-Hārith ibn Khuzayma. C'est lui qui serait concerné par les deux versets de la sourate 9, *at-Tawba*, (ne pas le confondre avec un autre personnage nommé Khuzayma ibn Thābit).
4. Buḫārī III, p. 392. Cf. Noeldeke, II, p. 11-15 ; R. Blachère, *Coran*, Paris, 1947, p. 30-34.

Cette tradition contredit ceux qui soutiennent que le messager de Dieu a assemblé lui-même le Coran.

– Les diverses lections du Coran, consistant en des prononciations différentes, par exemple *tabayyanū* et *taṯabbatū*[1], sont nombreuses et elles confirment avec force que les détails du Coran n'ont pas fait l'objet d'une transmission fiable dans leur totalité, ni tous été rapportés de la bouche des narrateurs, mais que certains ont été tirés d'écrits, sans vérification, d'où des erreurs de prononciation.

– Une faction de musulmans, jugée d'ailleurs méprisable par les autres musulmans, a été jusqu'à penser qu'il y a bien eu falsification du Coran, que celui-ci était le double de ce qu'il est maintenant et qu'une grande partie en a été expurgée à cause de l'enjeu de *l'imamat* et d'autres raisons. Ces musulmans sont animés de fureur à l'égard des Compagnons[2]. On rapporte que la sourate *les Coalisés*[3] était aussi longue que la sourate *la*

1. *Coran*, 49, 6; de telles différences étaient rapportées dans le texte du Coran. Cf. A. Jeffery, *Materials for the history of the text of the Qur'ān*, Leiden, 1937, p. 92.

2. Un des savants shiites les plus respectés de Nadjaf, al-Nawarī al-Tabarsī, a écrit en 1292 (H) le livre *Faṣlu-l- ḫitāb fi iṯbāti taḥrīfi kitābi rabbi-l-arbāb* (La parole décisive sur la preuve de l'altération du Livre du Seigneur des Seigneurs). Dans ce livre, il a rassemblé une centaine d'écrits de savants shiites de différentes périodes, affirmant que le Coran a été altéré, aussi bien par des changements que des omissions.

Parmi les sourates que les Shiites accusent les Sunnites d'avoir omis et qui montrent que le Coran a été altéré, al-Tabarsī cite la sourate, appelée par eux « *sūratu-l wilāya* » (la sourate de l'allégeance), qui mentionne la souveraineté de 'Ali :

« *O Croyants, croyez au Prophète et au Wālī, que nous vous avons envoyés pour vous guider sur le droit chemin.*
Un prophète et un wālī, l'un de l'autre, et je suis le Tout Sachant, le Sage.
Vraiment ceux qui remplissent leurs pactes envers Allah auront des jardins de plaisir.
Quand à ceux qui rejettent nos preuves lorsqu'elles leurs sont lues,
Vraiment, ils auront une place terrible en enfer et ils seront interpellés le Jour du Jugement : "Où sont les méchants qui ont nié les messagers ?"
Il les a seulement créés en toute vérité et Allah les rendra victorieux dans un futur proche.
Glorifie les louanges de ton Seigneur et 'Ali est parmi les témoins. »

Ya'qūb al-Kulaynī (m 328 H) certifie dans son livre *al-Kāfī* (collection de *Ḥadīṯs* attribués au Prophète et aux imams « infaillibles », selon la doctrine shiite) que l'ensemble des versets révélés au Prophète était au nombre de 17.000, alors que les versets du Coran en notre possession approchent les 6.000 versets seulement.

Muḥsin Fayḍ al-Kaŝanī, l'auteur du *Tafsīr al-Ṣāfī*, affirme dans son introduction que le Coran ne nous a pas été rapporté dans son entièreté, comme il fut révélé au Prophète. Au contraire, il comporte des éléments contraires à ce qu'a révélé Allah, des changements et falsifications et plusieurs « hypocrites » en ont supprimé des parties, comme le nom d'Ali. Il a dit : « *Ils ont également supprimé les termes "famille du Prophète" et les noms de certains hypocrites...* ».

3. Sourate 33.

Vache[1]. Beaucoup d'érudits l'admettent et l'expliquent par l'abrogation de passages lors de la récitation du Coran[2]. Ils admettent aussi que le diable a ajouté au Coran des passages qui n'en faisaient pas partie, sans parler des hypocrites et de leurs semblables.

> On relate ainsi que lorsque Dieu révéla la sourate *l'Etoile*[3], l'envoyé de Dieu la récita jusqu'à ce qu'il parvint à l'endroit où il est dit :
> *Avez-vous considéré al-Lāt et al-'Uzzā et Manāt, cette troisième autre ?*[4]
> Alors, le diable jeta sur sa langue :
> *Voici les majestueux échassiers dont on espère l'intercession.*
> Lorsque les Quraychites l'entendirent, ils se réjouirent et dirent :
> *Il a mentionné nos divinités de la meilleure façon.*
> Quand l'envoyé de Dieu fut parvenu au soir, Gabriel vint alors le trouver et lui dit :
> *Tu as récité aux gens ce que je ne t'ai pas apporté.*
> Le prophète fut saisi de peur et de tristesse ; alors Dieu révéla :
> *Nous n'avons envoyé avant toi ni messager ni prophète sans que, lorsqu'il formule son désir, le diable n'intervienne*[5].
> Le Prophète désirait que Dieu lui apporte une révélation par laquelle il pourrait trouver faveur auprès de sa tribu[6].

Le contradicteur pourrait ajouter :

Si les détails du Coran avaient fait l'objet d'une transmission fiable, comme son texte de base, comme l'existence de Mahomet ou comme la prétention de ce dernier à la prophétie, nous aurions, de nous-mêmes, trouvés authentiques ces détails, comme nous trouvons authentiques ces choses que nous venons de mentionner. Ayant sondé nos esprits, nous n'avons pu trancher sur les premiers comme nous l'avons fait pour les seconds. Si nous avions acquis la conviction qu'ils étaient authentiques, nous n'aurions pas été contraints de réfuter ces citations à l'aide d'autres citations.

1. La sourate 2 avec ses 286 versets est près de quatre fois plus longue que la sourate 33 qui en compte 73. Cf. Noeldeke, I, p. 255.

2. Un homme dit : « Quelqu'un récitait le Coran en compagnie de l'imam Ja'far. J'entendis certains versets dans la récitation non conformes à la récitation des gens. L'imam Ja'far dit à la personne qui récitait : "Ne récite pas comme cela. Récite-le comme les gens le font, jusqu'à l'arrivée du Mahdi. Quand il arrivera, il récitera le Coran selon sa révélation originale et le Coran compilé par 'Ali sera ainsi mis en avant". » ('Uṣūl al-Kāfī : 2/622).

3. Sourate 53.

4. *Coran*, 53, 19-20.

5. *Coran*, 22, 52.

6. Noeldeke, I, p. 10-103.

De plus, pour valider une transmission prétendue fiable, comment recourir à ce type d'arguments qui déjà, pour des doutes sans importance, ne sont d'aucun profit? Comment alors le seraient-ils pour fonder une certitude? Si nous postulons qu'une transmission fiable demande à être validée, il est clair que valider la supposée transmission fiable des détails du Coran exige autre chose que ce qui est dispensé dans les livres de scolastique.

Quatrième question

En supposant que nous soyons d'accord sur la transmission fiable des versets du *défi*, nous n'admettons pas que ces versets prouvent la réalité du *défi*. Ils visent plutôt à mentionner le défi, parmi nombre de revendications, comme le font couramment orateurs et poètes dans leurs sermons et poèmes. Si ces versets visaient à prouver que Mahomet était bien un prophète, ce point aurait été bien connu par delà le Coran, à l'instar de sa revendication de prophète proprement dite. Mais aucun chroniqueur ne rapporte que le Prophète, face à ses contradicteurs, ait prouvé sa vraie qualité de prophète à l'aide du Coran. En outre, il n'a été dit d'aucun croyant qu'il a cru en Mahomet à cause du Coran, ce qui montre que Mahomet ne s'appuyait pas sur le Coran pour asseoir sa propre qualité de prophète.

RÉPONSE : Il est possible que le Coran ait tellement fait connaître ce *défi* qu'il a fallu reconsidérer[1] les raisons de le relater ailleurs, car il ne sert pas beaucoup de multiplier les canaux d'information.

QUANT A MOI, JE DIS

Cet argument est faible et sa faiblesse n'échappera pas à celui qui connaît les annales historiques et les chroniques du Prophète, qui sait comment il prêcha aux personnes venues le voir et qui n'entendaient rien au Coran (sans même parler des versets du *défi*), comment aussi des croyants, parmi ses compagnons, prêchèrent à des incroyants, à son époque et plus tard. Lorsque le Prophète écrivit des lettres au roi de Perse, à l'empereur byzantin et aux autres rois, il ne fit pas état de l'argument du *défi*. Ses compagnons prêchèrent l'islam à des personnes qui n'avaient jamais rien

1. Remarque de G. Vajda sur la ligne 6 de la page 77 du texte arabe : « on serait tenté de proposer *yuġnī* à la place de *yuġayyar*, n'était *tataġayyara* à la ligne 4 page suivante ; là aussi, du reste, la construction fait difficulté », *op. cit.*

entendu sur Mahomet (sans parler du Coran, de son texte de base comme de ses détails). Or, aucun compagnon, selon ce qui est rapporté, n'a parlé du *défi* à ces personnes ni souligné que les Arabes furent incapables de fournir quelque chose de comparable (bien que leurs raisons d'agir ainsi étaient nombreuses, que rien ne les empêchait de produire un concurrent etc.), afin de brandir la preuve à la face de ces peuples, avant que de leur faire la guerre et de les tuer. Ceci est d'autant plus remarquable que la plupart étaient des peuples étrangers qui ne pouvaient reconnaître le miracle du Coran, simplement en l'écoutant. Nous autres aussi, bien que connaissant l'arabe, nous ne faisons état de cet argument que lorsque nous cherchons à forcer la preuve du miracle coranique.

On rapporte que, lorsque les musulmans émigrèrent de la Mecque en Ethiopie, par crainte des Mecquois, et que le Négus, roi d'Ethiopie, les questionna sur leur religion, ils répondirent simplement ceci :

> Ô roi, nous étions un peuple de gens ignorants, adorant les idoles, mangeant les carcasses animales, commettant des atrocités, transgressant les interdits sexuels, causant du tort à notre voisinage, les forts d'entre nous dévorant les faibles. Nous en étions là jusqu'à ce que Dieu qui est grand et puissant nous envoie un messager issu de nous, dont nous connaissions l'origine, la sincérité, la fiabilité et la chasteté. Il nous a conviés à nous tourner vers Dieu, pour le proclamer Un, pour l'adorer et pour nous débarrasser des coutumes que nos pères, avant d'adorer Dieu, suivaient envers la pierre et les idoles. Il nous donna tel et tel commandement etc. [1].

L'argument d'un miracle, coranique ou autre, n'est pas mis en avant. Qui plus est, la pratique courante aurait impliqué qu'on en parle (d'autant que les motifs de rapporter ce miracle et de raconter les détails du *défi* ne variaient pas, quel que soit le peuple ou l'individu auquel on s'adressait), comme on l'a fait pour la prophétie, le monothéisme et le reste, bien que le Coran en fasse état. Toute personne sensée affirmera donc catégoriquement que si tel était le cas (à savoir que le *défi* prouve la prophétie), on l'aurait fait savoir.

D'ailleurs, Hišām al-Fūṭī et 'Abbad al-Ṣaymarī[2], deux docteurs musulmans mu'tazilites, niaient l'existence d'un *défi* portant sur l'inimitabilité du Coran. J'ai trouvé cela dans le livre *Revue des fondements de la religion* d'al-Juwaynī[3], imam des deux lieux saints, bien qu'il ait désavoué ces deux docteurs. Effectivement, le point qui ne souffre aucun doute, c'est

1. Ibn Isḥāq, p. 219 *sq.*
2. Théologiens du IXe siècle (maître et disciple).
3. Juriste-théologien (1028-1085), professeur d'al-Ghazālī.

que beaucoup de gens ont embrassé l'islam en écoutant le Coran, parce qu'ils ont été impressionnés par les récits des prophètes, les avertissements, paraboles, encouragements et imprécations, promesses et menaces qu'il renferme, mais non par son éloquence ou la singularité de son style. Comme l'a dit l'un d'eux, le Coran possède douceur et grâce; c'est vraiment une parole excellente et inégalable. Mais point n'est besoin de recourir au *défi* de l'imiter, à l'instar des prophètes lançant un défi avec leurs miracles.

Cinquième question

Nul doute que la nouvelle du *défi* n'est pas parvenue au monde entier. Un Arabe doué d'éloquence pouvait alors se trouver en voyage dans un pays lointain où la nouvelle relative à Mahomet ne lui est pas parvenue. Si cet Arabe avait entendu parler du *défi*, il aurait pu alors rivaliser avec le Coran.

RÉPONSE : Si la différence entre le Coran et le discours des gens d'éloquence à qui parvint la nouvelle du *défi* relevait en dernière extrémité de l'inimitabilité, alors l'argument ci-dessus ne serait pas valide. Dans le cas contraire, les gens d'éloquence présents auraient du déclarer : « la différence entre le Coran et notre parole ne relève pas de l'inimitabilité » ; auquel cas, le Coran n'aurait pu constituer une preuve de prophétie.

Sixième question

N'est-il pas possible que des gens d'éloquence parmi les Arabes, briguant le pouvoir et la royauté et sachant qu'ils n'y arriveraient que par la ruse, aient secrètement désigné Mahomet comme chef ? Après quoi, ils auraient simulé leur hostilité à son égard et leur incapacité à rivaliser avec le miracle du Coran, afin de prouver aux autres la qualité de prophète de Mahomet. Ce faisant, ils auraient pu atteindre leur but.

RÉPONSE : Nous savons catégoriquement que les gens d'éloquence les plus éminents furent les ennemis de Mahomet, même si leur sort fut varié. Certains moururent en mécréants comme al-A'šā; certains embrassèrent l'islam, après avoir manifesté une extrême hostilité envers Mahomet, au point que celui-ci permit que leur sang fut versé, tel Ka'b b. Zuhayr ; d'autres, après conversion à l'islam, n'eurent pas la chance d'être acceptés comme il convient, tels Labīd b. Rabī'a et al-Nābiġa al-Ja'dī.

S'il en avait été comme suggéré dans la question, alors deux cas auraient été envisageables :

1) si Mahomet, accédant au pouvoir, avait rétribué ces gens éloquents en proportion de leur effort, cela aurait nécessairement sauté aux yeux de ses ennemis qui l'auraient fait savoir, afin de ruiner sa revendication de prophète.

2) si Mahomet n'avait pas agi ainsi, ces gens lui auraient reproché de vive voix sa traîtrise à leur égard et auraient mué leur soutien en opposition, après avoir émigré dans un autre pays (s'ils le craignaient), ou sur le lieu même de son pouvoir (s'ils ne le craignaient pas).

De plus, s'il y avait eu connivence de tous les gens d'éloquence, il aurait été impossible de la cacher aux ennemis. Par contre, si cette connivence n'avait pas été totale, ceux qui n'auraient pas pactisé avec Mahomet l'auraient contesté, ayant de multiples raisons d'agir ainsi.

Septième question

Admettons que les raisons de contrecarrer son projet aient été nombreuses : pourquoi dites-vous que ces raisons s'exprimèrent d'une manière particulière, à savoir rivaliser avec le Coran ?

RÉPONSE : Si de nombreux chemins existent pour parvenir à un but et que l'un d'eux est le plus facile et le plus accessible, il est certain qu'il sera choisi. Or, le plus facile consistait à produire un texte semblable au Coran, si la chose était possible. Ceci s'impose à tous les gens sensés et est à rapprocher de ce qui se passe lorsqu'un gamin, face à d'autres gamins, clame sa supériorité pour sauter une rivière ou viser une cible : ceux-ci, alors, s'empresseront de l'affronter sur le terrain même où il se prétend supérieur.

Huitième question

Nous n'admettons pas que rivaliser avec le Coran ait eu priorité sur d'autres moyens, car une telle opinion ne s'impose pas.

Peut-être, les opposants pensaient-ils que la guerre était concrètement plus efficace ou ont-ils évité la compétition littéraire par crainte de dissensions quant à savoir si elle constituait un moyen de contestation ou pas ?

Peut-être que fournir quelque chose de comparable au Coran, comme Mahomet l'exigeait d'eux, leur posait-il problème : la comparaison devait-elle porter sur l'éloquence ou sur la forme poétique ou sur les deux à la fois ? ou encore sur des informations concernant l'invisible ou sur les questions subtiles ? Dans le doute, ils se tournèrent vers une autre méthode.

Autre hypothèse : comme au début de sa mission, Mahomet était faible et les craignait, ils n'eurent pas beaucoup de raisons de le contester. Plus tard, devenu fort, il adopta la voie de la force et non celle de l'argumentation. Quand il put leur faire la guerre, il le fit sans leur laisser le temps de rivaliser avec le Coran. Et, comme le savent tous ceux qui consultent les livres d'histoire et les chroniques, on n'y trouve nulle mention d'un *défi* qu'il leur aurait lancé avec le Coran.

Ou encore ceci : comme leurs discours et poèmes étaient plus éloquents que son Coran et que pour les gens d'éloquence cela était une évidence, ils n'avaient pas beaucoup de raisons de le contester.

RÉPONSE : A la guerre, le but ultime recherché est de tuer l'adversaire, mais cela ne vaut pas nécessairement réfutation d'un argument. De plus, à la guerre les gens ne sont pas sûrs de la victoire et sont en danger, contrairement à ce qui se passerait dans une compétition littéraire avec le Coran. Alors, comment la guerre aurait-elle eu la priorité ?

Si Mahomet avait commencé par la compétition avant la guerre, sa troupe se serait disloquée, en totalité ou en grande partie, car il est impossible de maintenir une troupe importante dans l'insubordination. La compétition, à ce moment là, aurait été plus aisée (pour ses opposants). Du fait qu'ils ont multiplié les hostilités à son égard, mais sans parvenir à leur objectif, il fallait bien qu'ils se tournent ensuite vers la compétition.

Au début de sa mission, avant l'hégire, nul d'entre eux ne le sous-estimait. Au contraire, ils redoublaient de zèle pour le ridiculiser, le diffamer, l'insulter et concevoir des stratagèmes pour ruiner son entreprise. On sait bien que l'on n'use pas de telles mesures à l'égard de quelqu'un que l'on ne prend pas en considération.

Leur dissension quant à savoir si ce qu'ils devaient produire constituait bien un moyen de contestation ou pas n'est qu'un point marginal. S'ils avaient fourni quelque chose de proche de la parole du Prophète, alors sa parole, une fois déclamée, n'aurait plus été inimitable. En outre, pour les Arabes, la croyance de quelques uns qu'il y eut bien compétition est plus gratifiante qu'une unanime croyance dans leur incapacité.

Auraient-ils eu des doutes sur la nature de l'imitation demandée, ils auraient pu questionner à ce sujet, surtout au fil du temps. Mais le fait que le *défi* était libre et exempt d'une quelconque spécification, outre leur silence quant à se faire préciser ce qui leur paraissait vague, prouve qu'ils connaissaient bien la nature du *défi* et s'en étaient mutuellement informés.

La puissance accrue de Mahomet n'implique pas moins de raisons de l'affronter. En effet, en supposant que Mahomet, se fiant à sa puissance, rejetait tout argument, une telle attitude aurait certainement mené son entreprise au désordre et certains de ses partisans lui auraient tourné le dos.

Quant à affirmer que leurs discours et poèmes étaient plus éloquents que le Coran, personne ne s'y est risqué. La controverse consiste plutôt à savoir si, en dernière extrémité, la différence entre sa parole et la leur relevait de l'inimitabilité ou non ? Si oui, l'homme doué de raison se doit alors de dissiper le doute qui s'empare des cœurs, en posant la question : pourquoi donc ces personnes n'ont-elles pas montré devant tout le monde la supériorité de leur parole sur la sienne ?

Neuvième question

Peut-être que, par la guerre, Mahomet les a détournés de la compétition et qu'ils s'en sont abstenus par crainte de ses compagnons et partisans. On peut comparer cette situation à celle d'un roi d'une contrée donnée qui aurait composé un livre immoral : aucun de ses sujets ne se serait hasardé à le contester.

RÉPONSE : Cet argument est d'une faiblesse extrême, car la guerre ne les empêchait pas de composer des poèmes satiriques. Par ailleurs, la guerre n'a pas été permanente, tous les Arabes ne la faisaient pas et, avant l'hégire, Mahomet ne les a pas combattus. Si la guerre avait tenu lieu de diversion à leur égard, ils auraient pu lui dire : abandonne la guerre et accorde nous un répit pour que nous puissions entrer en compétition avec toi.

Dixième question

Qu'est-ce qui vous dit que le Coran n'a pas été l'objet d'une compétition ? Peut-être l'a-t-il été sans que cela soit divulgué et sans que l'information correspondante nous parvienne. En effet, nombre de sujets importants n'ont pas été divulgués, tels que : l'appartenance ou non au Coran de la *Fātiḥa* et des deux dernières sourates[1] ; la répétition ou non du second appel à la prière (*'iqāma*) ou encore la *stipulation claire* (du califat) revendiquée par les Shiites[2]. Si cette dernière est vraie, alors elle n'a pas été divulguée et si elle est fausse, ce sont les modalités de sa fabrication qui n'ont pas été divulguées. Dans les deux cas, il s'agit d'évènements importants.

1. Il s'agit respectivement des sourates 1, 113 et 114.

2. Les Shiites (ou Imamites) estimant que la succession du Prophète devait échoir à Ali (gendre du Prophète et mari de la fille du Prophète, Fātima) et à ses descendants, prétendirent que le Prophète avait désigné Ali comme chef de la communauté (*imām*). Ils diffusèrent des textes pour appuyer cette thèse.

RÉPONSE : Il n'y a pas de comparaison entre le zèle des contestataires sur les points cités et le zèle des ennemis de l'islam à nier la qualité de prophète de Mahomet. De plus, les dissensions sur ces points *ont été rapportées* d'une manière générale, même s'il n'y a pas eu accord. Mais la compétition, elle, *n'a pas du tout été rapportée*, ce qui prouve qu'elle n'a pas eu lieu[1].

Onzième question

Nous pouvons admettre que les sujets importants soient obligatoirement divulgués mais ce, pour autant qu'il n'y soit pas fait obstacle. Ainsi, il est possible qu'il se soit trouvé un seul contestataire ou bien deux, que l'on ait offert à Mahomet ou à un de ses compagnons de concourir en premier et qu'alors le contestataire ait été tué pour cacher l'affaire ou que les contestataires aient camouflé intentionnellement leur participation à cette compétition, par peur ou pour d'autres raisons.

RÉPONSE : Voir plus haut.

Douzième question

On a dit que les Arabes relevèrent le *défi* de Mahomet avec les sept odes[2], Musaylima[3] avec ses paroles, al-Naḍr b. al-Ḥāriṯ[4] avec les chroniques des rois perses et que plus tard Ibn al-Muqaffa'[5], Qābūs b. Wašmikīr[6] et al-Ma'arrī[7] firent de même.

RÉPONSE : Il est clair que la poésie et les chroniques n'entraient pas dans le champ de la compétition, car le *défi* portait à la fois sur l'éloquence et le style et non pas sur la seule éloquence. Quant aux paroles de Musaylima et d'autres, elles ne sauraient approcher la parole du Coran. Enfin, pour assoir

1. L'argument semble être le suivant : il y a bien eu défi de la part de Mahomet mais il y a eu refus de compétition de la part de ses opposants.

2. Recueil de poèmes pré-islamiques (*mu'allaqāt*).

3. Musaylima revendiqua la prophétie en Arabie Centrale, pendant les dernières années de la vie de Mahomet.

4. Selon Ibn Isḥāq : « Je peux conter une meilleure histoire que lui (Mahomet) », aurait dit al-Naḍr b. al-Ḥāriṯ en introduction de son récit.

5. Ibn al-Muqaffa' : secrétaire, traducteur, écrivain d'origine persane ; un des fondateurs de la prose littéraire arabe. Il fut exécuté en 760.

6. Qābūs b. Wašmikīr : prince persan (976-1012).

7. al-Ma'arrī : poète aveugle, libre penseur (973-1057), originaire de Ma'arra (Syrie), près d'Alep.

le miracle du Coran, l'inexistence d'un équivalent dans les temps futurs n'est pas exigée.

Treizième question

Peut-être que Mahomet était plus éloquent que les autres et c'est pourquoi les Arabes ne furent pas capables de rivaliser avec lui ? Dans un art donné, il peut se trouver un expert que nul ne peut égaler, ni à son époque ni même des centaines d'années après. Il en est ainsi de maîtres du savoir, tels Aristote pour la logique, Euclide pour la géométrie et Ptolémée pour l'astronomie et aussi d'experts en talismans qui n'ont trouvé à leur époque personne pour les affronter. Ibn Zakaryā[1] raconte avoir vu un homme parler par l'aisselle, suivant son bon plaisir[2] et dans un langage compréhensible ; nul ne put rivaliser avec lui, mais cela ne prouvait pas sa qualité de prophète.

RÉPONSE : Dans tous ces exemples, la différence entre les parties concernées ne relève pas de l'inimitabilité, contrairement à celle entre le Coran et les autres discours.

QUANT A MOI, JE DIS

Affirmer que la différence entre l'éloquence du Coran et celle des autres discours relève de l'inimitabilité n'est pas une évidence qui s'impose et nous n'avons pas de preuve qui le démontre. Si tel était le cas, personne ne l'aurait contesté. Au contraire, un groupe important de docteurs de l'islam, tels la plupart des Mu'tazilites[3], certains Sunnites et d'autres l'ont contesté et ont dit que l'éloquence du Coran était semblable à celle d'autres discours mais que son caractère miraculeux résidait dans la *déflexion (ṣarf)*[4], c'est-à-dire le fait que les opposants aient été privés de la capacité de produire un équivalent, alors que cela était dans leurs possibilités. C'est comme si quelqu'un disait : « mon miracle consiste à faire en sorte que tels individus

1. Allusion à al-Rāzī (Rhazes en latin), médecin et philosophe (mort en 925).

2. Forme de divination.

3. Théologiens islamiques de l'école rationaliste. S'appuyant sur des sources grecques, ils tentèrent une représentation rationnelle de l'islam, en le purgeant des contradictions et difficultés apparentes présentes dans la version canonique du Coran et des traditions. Ce courant s'épanouit entre les VIIIe et Xe siècles. Les Mu'tazilites combattirent les influences manichéennes, alors fortes parmi l'élite de l'époque.

4. Cf. *Intertwined*, p. 14.

valides ne puissent remuer leurs mains » : s'ils ne peuvent le faire, son miracle se trouve alors confirmé.

Cette opinion a été infirmée pour trois raisons :

Première raison : si les Arabes avaient été au courant de la *déflexion*, ils en auraient nécessairement discuté avec étonnement. Cela aurait été divulgué et aurait donné lieu à une transmission fiable, car c'est un besoin naturel que de parler de choses sortant de l'ordinaire. Or, rien n'empêchait qu'ils discutent de *déflexion*, en l'attribuant à de la magie. Reconnaître cette incapacité n'aurait pas signifié reconnaître le bien fondé de l'argument de Mahomet. Ils auraient donc dû en discuter.

Seconde raison : si le miracle du Coran résidait dans la *déflexion*, alors plus le Coran aurait été médiocre, plus fort aurait été le miracle. C'est comme si quelqu'un disait : « le signe que je dis vrai est que je peux soulever un mana[1] et que personne d'autre que moi ne le peut ». Si les autres ne peuvent le faire, c'est bien un miracle, contrairement au cas où il aurait dit : « Je peux soulever mille manas », ce qui impliquerait qu'il les surpasse en force, sans constituer une preuve de prophétie. La référence à la *déflexion* ne serait donc pertinente que si le Coran n'était pas très éloquent. Comme il appartient à la classe d'éloquence la plus élevée, il ne s'agissait pas d'un miracle, sauf s'il confinait à l'extraordinaire, comme dans le cas où la personne de l'exemple ci-dessus soulèverait 10.000 ou 100.000 manas !

Troisième raison : si la *déflexion* était vraie, les Arabes auraient pu affronter Mahomet avec leurs discours *avant* qu'il ne les défie avec le Coran. Si l'on objecte qu'auparavant leurs discours n'étaient pas de style prophétique, nous disons alors que le miracle réside, à la fois, dans l'éloquence et dans ce style, non dans la *déflexion*.

Si la *déflexion* est rejetée et que l'inimitabilité du Coran (par l'éloquence ou par une autre qualité) est réfutée, alors le contestataire est fondé à douter du miracle du Coran. Le discours des scolastiques sur ce point n'est donc pas satisfaisant.

Par ailleurs, la réponse citée ci-dessus, même supposée correcte, n'est pas une réponse pertinente au doute concernant l'homme parlant par l'aisselle, car ce dernier aussi pourrait prétendre à l'inimitabilité.

Quatorzième question

Mahomet s'est consacré à la composition du Coran pendant une longue période, faisant fi des injures. Nul autre que lui n'a enduré une telle chose

1. Unité de poids (légère).

et assurément il n'est rien arrivé de comparable à quelqu'un d'autre. Ibn Zakarya[1] raconte l'histoire d'un homme qui s'abstint de manger, autant qu'on le sache, durant vingt sept jours, du fait de l'habitude qu'il avait acquise et pourtant son corps restait fort.

RÉPONSE : C'est la même réponse que précédemment. Ajoutons que pour un homme doué d'une éloquence parfaite, il n'y a pas de différence importante entre sa parole courante[2] et celle de ses discours. Or, nous savons que la parole courante du Prophète, tout autant que celle de quiconque, était différente de la parole du Coran. Par ailleurs, à la Mecque, treize années durant, il défia les Arabes par le Coran sans leur faire la guerre. Pendant toute cette période, ils auraient du chercher à rivaliser avec lui.

QUANT A MOI, JE DIS

Tu sais ce que j'ai dit à propos des réponses citées plus haut[3]. Ce qui est ajouté ici est très pauvre et cela n'échappera pas au lecteur.

Quinzième question

Les Arabes n'avaient pas connaissance de Dieu, de ses attributs et de ses œuvres, ni des anges, ni des récits des prophètes, ni des conditions régnant au paradis et en enfer. Mahomet connaissait ces sujets et il demanda aux Arabes de rivaliser avec lui, à la fois en éloquence et en rythme poétique, en traitant ces sujets ou des sujets analogues. Mais ignorant ces sujets, les Arabes concédèrent la grandeur du Coran et furent incapables de produire une œuvre équivalente.

RÉPONSE : Des juifs et des chrétiens étaient présents. Les Arabes auraient donc dû apprendre d'eux ces sujets puis les exprimer avec éloquence. Parmi les Arabes, on comptait même des juifs et des chrétiens doués d'éloquence qui auraient dû se charger de cette compétition.

1. Voir *supra*, p. 155.
2. C'est-à-dire celle de tous les jours, Coran excepté.
3. Voir *supra*, p. 144, 148, 155.

On peut soulever de nombreuses questions sur l'argument coranique. Je me propose, quant à moi, de citer celles que les scolastiques ne mentionnent pas.

A L'ENSEMBLE DE CES QUESTIONS ET À DE SEMBLABLES, L'IMAM FAH̲R AL-DÎN AL-RÂZÎ[1] A DONNÉ UNE RÉPONSE GÉNÉRALE DANS LE KITÂB AL-MA'ÂLIM[2]

Le Coran, en supposant même qu'il n'atteint pas l'inimitabilité de la perfection, est incontestablement noble, sublime, édifiant, plein d'enseignements et éloquent dans ses expressions. De plus, Mahomet a grandi à la Mecque, ville dépourvue de livres savants et de recherche du vrai savoir. Mahomet n'a voyagé que deux fois et peu de temps. Il ne s'est pas mis à lire ni à s'instruire. Quarante années de sa vie se sont écoulées ainsi; puis, passées ces quarante années, un livre comme celui-ci lui fut révélé. Ceci constitue un miracle éclatant, car l'apparition d'un tel livre à une telle personne, dépourvue de recherche du savoir, d'étude, de lecture et d'instruction, n'est possible que par la guidance de Dieu, par sa révélation et son inspiration. Savoir cela est impératif et c'est ce que Dieu veut signifier dans le verset: «*Si vous aviez un doute sur ce que nous avons révélé à notre serviteur, apportez donc une sourate de quelqu'un comme lui*[3]», c'est à dire de quelqu'un de semblable à Mahomet, dépourvu de lecture, d'étude et d'instruction. Voici donc un point de vue fort et une preuve limpide.

Tel est en substance ce que j'ai trouvé dans le *Kitāb al-Ma'ālim.* Cette réponse vaut bien mieux que toutes les réponses détaillées et nécessite, lorsque d'autres évidences peuvent lui être jointes, le recours à l'intuition. L'interprétation citée pour le verset ci-dessus n'est pas celle admise mais, même sans cette interprétation, l'argumentation est suffisante et il n'est pas indispensable d'y recourir.

1. Théologien célèbre (1149-1209).
2. *Ma'ālim*, (p. 90 *sq.*).
3. *Coran*, 2, 23; le texte usuel se termine par : *comme elle* (comme cette sourate).

DEUXIÈME PREUVE

Mahomet a révélé des choses cachées. C'est un miracle qui prouve qu'il avait raison de se prétendre prophète et messager, comme cela a été confirmé. Il est donc vraiment le messager de Dieu. Rappelons que les choses cachées qu'il a révélées sont de deux types, celles antérieures à son époque et celles postérieures. Celles antérieures sont celles qu'il a faites sur des évènements concernant les générations précédentes, sans avoir lu un livre et sans tirer leçon de personne. Celles postérieures sont en partie mentionnées dans le Coran, en partie dans les chroniques. Parmi les prédictions mentionnées dans le Coran, les plus connues sont au nombre de dix[1] :

La première, c'est quand le Coran dit :

> *Leur rassemblement sera bientôt mis en déroute et ils tourneront le dos*[2]. Cela se produisit le jour de (la bataille de) Badr.

La deuxième :

> *Quand Dieu vous promettait qu'une des deux bandes sera à vous*[3] et elle fut à eux.

La troisième :

> *Dis à ceux des Bédouins laissés en arrière : vous serez bientôt appelés contre un peuple doué d'une force redoutable*[4]. Ils y furent appelés en combattant contre les Banū Ḥanīfa[5] et contre les Perses.

La quatrième :

> *Alif, Lām, Mīm, les Romains ont été vaincus dans le pays le plus proche et après leur défaite, ils seront eux vainqueurs dans quelques années*[6]. C'est ce qui arriva.

1. La liste figure dans *Arba'īn* (p. 313 *sq.* et 315 *sq.*).

2. *Coran*, 54, 45. Au printemps 624, à l'approche d'une caravane particulièrement riche en provenance de Syrie, Mahomet décide de l'attaquer. Les Mecquois du clan des riches Koraïchites dépêchent une armée au secours de leur caravane. C'est la bataille du puits de Badr qui voit la victoire des musulmans, malgré leur infériorité numérique.

3. *Coran*, 8, 7. Il s'agit de bandes ennemies. Selon l'exégèse traditionnelle, il y avait une caravane et une troupe armée. C'est la caravane que convoitaient certains membres de l'armée musulmane, alors que Dieu leur destinait la troupe, pour mieux faire éclater le triomphe de la nouvelle religion.

4. *Coran*, 48, 16.

5. Une des dernières tribus du Hedjaz à se rallier à Mahomet. Son chef était Musalayma (cf. *supra*, note 3, p. 154).

6. *Coran*, 30, 1-3. Les lettres inexpliquées sont inclues dans le texte (vingt-six sourates commencent de la même façon par des lettres et d'innombrables interprétations ont été suggérées par les commentateurs anciens et modernes). Les *Rūms* désignent sans doute les Byzantins de l'empereur Héraclius aux prises avec les Persans du roi Khosroès. Après une série de défaites subies depuis l'année 603, les Byzantins reprirent Jérusalem aux Persans en 630. *Le pays le plus proche* : à cette époque, l'Arabie avait des frontières communes avec

La cinquième :

Nous leur montrerons nos signes dans l'univers et en eux-mêmes[1] désigne les gens de La Mecque et cela se passa comme il l'avait dit.

La sixième :

Celui qui t'a prescrit le Coran te ramènera à un lieu de retour[2], c'est à dire à La Mecque et effectivement il y retourna.

La septième :

*Pour la (*la religion islamique*) faire prévaloir sur toute religion*[3] et il la fit prévaloir.

La huitième :

Dieu a promis à ceux d'entre vous qui ont cru et pratiqué les bonnes œuvres qu'il les désignerait à la succession sur terre[4]. Dieu désigna à la succession beaucoup de ses compagnons.

La neuvième :

Souhaitez donc la mort si vous êtes véridiques; or, ils ne la souhaiteront jamais[5], allusion aux juifs et à ce qu'ils désiraient.

La dixième :

L'avilissement et la misère s'abattirent sur eux[6]. Ce fut éclatant, car à la suite de cette parole, il n'y eût plus de pouvoir fort chez les juifs.

l'empire byzantin. *Dans quelques années* : le mot *biḍ'* s'applique à un nombre compris entre trois et neuf ; on pourrait traduire : « dans moins de dix ans ».

1. *Coran*, 41, 53. Ayant dû fuir La Mecque en 622 pour Médine (Hégire), Mahomet y revient triomphalement en 628 et les Mecquois se convertissent alors massivement.

2. *Coran*, 28, 85. *Lieu de retour* (*Ma'ād*) : présage du retour de Mahomet à La Mecque (ou, autre interprétation : te ramènera au paradis). Voir *supra*, note 1, p. 65.

3. *Coran*, 9, 33 ; 48, 28 ; 61, 9. Allusion aux conquêtes musulmanes et à l'islamisation des pays situés de l'Espagne à l'Indus, aux VIIe et VIIIe siècles.

4. *Coran*, 24, 55. *Il les désignerait à la succession* : le mot arabe *yastaḫlifannahum* est de la même racine que *ḫalīfa* (successeur, vicaire, calife). Ses compagnons qui lui succédèrent de 632 à 661 furent les quatre califes « bien guidés » – *al-ḫulafa' al- rāšidūn* – (Abū Bakr ; 'Umār, 'Utmān et 'Alī).

5. *Coran*, 62, 6-7. A la suite de l'Hégire, un code de bonne conduite est établi avec les juifs de Médine. Mais la présence de plus en plus envahissante des musulmans irrite les tribus juives de Médine. D'autre part, Mahomet espérait que les juifs de Médine seraient parmi les premiers à le rallier. Mais les trois communautés juives de cette ville persistent dans leur refus de se convertir à la nouvelle foi. Les juifs reprochent en particulier à Mahomet de détourner le sens des textes bibliques et osent même se moquer de lui.

6. *Coran*, 2, 61. Pour ce qui est de la péninsule arabique, Mahomet et les musulmans y ont contribué activement. Après la bataille de Badr, le fossé se creuse entre les juifs de Médine et la communauté des *croyants*. Un incident au marché met le feu aux poudres. La tribu des *Banū-Qaynuqa* mise en cause est assiégée par le Prophète et ses disciples et bientôt contrainte de leur livrer ses immenses biens et d'émigrer. La deuxième tribu juive, celle des *Banū-Naḍīr*, est un peu plus tard accusée de pactiser avec les habitants de La Mecque et chassée de Médine après une violente bataille. Tandis que les musulmans poursuivent la guerre contre les Koraïchites de La Mecque, Mahomet s'irrite de plus en plus du manque de soutien des juifs

Parmi les prédictions mentionnées en dehors du Coran, dix également sont connues qui se sont toutes réalisées[1] :

La première d'entre elles est :

La terre se contracta pour moi et l'on me montra son levant et son couchant et le royaume de ma communauté atteindra ce qui en a été contracté pour moi[2].

La deuxième est la parole qu'il adressa à 'Adī b. Ḥātim[3] :

Que penserais-tu si une femme en litière partait de l'extrémité du Yémen vers l'extrémité d'al-Ḥīra, ne craignant que Dieu le Très Haut ?[4].

La troisième est son annonce de la mort du Négus. La nouvelle s'en répandit par la suite[5].

La quatrième est la parole qu'il adressa à 'Ammār b. Yāsir[6] :

La faction rebelle te tuera[7].

Le cinquième est la parole qu'il adressa à Ali :

Le plus misérable des hommes est celui qui coupe les jarrets d'une chamelle et celui qui teint ceci avec ceci, c'est-à-dire qui teint ta barbe avec le sang de ta tête[8].

La sixième (s'adressant toujours à Ali) :

Tu combattras les parjures, les tyrans et les déserteurs[9].

La septième est sa parole :

Suivez les deux qui viendront après moi, Abū Bakr et 'Umar[10], annonçant ainsi qu'ils lui survivraient.

de Médine à son égard. La crise arrive à son terme en 627, après la « *bataille du fossé* » qui met une dernière fois aux prises Mecquois et musulmans de Médine. Sorti vainqueur du siège, Mahomet décide d'en finir avec les juifs de la troisième et dernière tribu de Médine, les *Banū-Qurayza*, qu'il accuse non sans motif d'avoir soutenu les assaillants. Sur son ordre, les musulmans décapitent 600 à 700 hommes et les ensevelissent dans une grande fosse de la place du marché de Médine. Ils se partagent les biens de la tribu, ainsi que les femmes et les enfants.

1. La liste figure dans *Arba'īn* (p. 313 *sq.* et 315 *sq.*).
2. Ibn Ḥanbal (V, p. 278).
3. 'Adī b. Ḥātim, l'un des compagnons du Prophète, était le chef de la tribu sud-arabique de Ṭayy. Il combattit l'islam jusqu'à sa conversion en 630.
4. Ibn Ḥanbal (IV, p. 257).
5. Buḫārī, « Janā'iz » (4, I, p. 315).
6. 'Ammār b. Yāsir, l'un des plus fameux compagnons de Mahomet, fut l'un des huit esclaves rachetés par Abū Bakr à la Mecque. Il est aussi vénéré des Shiites pour sa loyauté envers Ali. Il fut l'un des héros de la bataille de Badr et mourût à la bataille de Siffin (657) contre les Omeyyades.
7. Ibn Ḥanbal (II, p. 161).
8. Ibn Ḥanbal (IV, p. 263) ; Cf. *Coran* 91, 12-14.
9. Cité dans Qāḍī Nu'mān, *Da'ā'im al-Islām*, ed. A. Fayzi (Le Caire, 1963), I, p. 388.
10. Ibn Ḥanbal (V, p. 382).

La huitième est sa parole :

> *Le califat après moi est pour trente ans*[1]. Ce fut la durée du califat des califes bien guidés.

La neuvième est l'annonce qu'il fit aux Koraïchites, la nuit de son voyage[2], d'évènements sur lesquels ils enquêtèrent et ce qu'il avait annoncé se produisit.

La dixième est ce qu'il dit à Al-'Abbās[3] lorsqu'il le fit prisonnier :

> *Paie ta rançon et celle des fils de ton frère car tu es riche.* Al-'Abbās dit : *Je n'ai pas d'argent.* Le Prophète dit alors : *Où est l'argent que tu as déposé à la Mecque auprès de 'Umm al- Faḍl*[4]*, alors que personne n'était avec vous, en disant : si je suis frappé d'un malheur au cours de mon voyage, alors tant à al-Faḍl et tant à 'Abdallah.* Al-'Abbās dit alors : *Par celui qui t'a envoyé, à la vérité, personne d'autre que moi n'était au courant de cela.* Il se convertit alors à l'islam, lui ainsi que 'Aqīl[5].

Objections

Il a déjà été exposé, à propos du mode de révélation des choses cachées, que nous ne reconnaissons pas la transmission fiable des versets les renfermant. Cela a déjà été exposé plus haut à propos des versets du *défi*.

Nous ne reconnaissons pas la véracité des traditions à ce sujet, car il s'agit de narrations individuelles.

Quant bien même nous le ferions, nous ne reconnaîtrions pas que la révélation de choses cachées constitue un miracle, car astrologues, magiciens et chiromanciens annoncent aussi de telles choses. Ainsi, il a été fermement établi par transmission fiable qu'il y avait à Bagdad une femme aveugle qui annonçait des choses cachées dans le détail. Abū al-Barakāt[6], auteur du *Kitāb al-Mu'tabar*, raconte qu'il la mit à l'épreuve et acquit la conviction que les choses cachées qu'elle annonçait n'étaient pas dues à

1. Ibn Ḥanbal (V, p. 221).

2. Allusion au voyage nocturne du Prophète vers un lointain sanctuaire, identifié comme étant celui de Jérusalem (Buḫārī, III, p. 30).

3. Al-'Abbās b. 'Abd al-Muṭṭalib (ca 566 – ca 652/53) était l'oncle de Mahomet (l'un de ses descendants, 'Abū al-'Abbās, fondera la dynastie des Abbassides). D'abord opposé à son neveu, il devint un de ses plus zélés partisans et mourut en 652 très vénéré des musulmans.

4. Elle était la mère de 'Abdullāh Ibn 'Abbās, le cousin du Prophète et un des ses plus sages compagnons. On dit qu'elle fut la première femme à embrasser l'islam après Khadija.

5. Ibn Ḥanbal (I, p. 353). 'Aqīl b. Abī Ṭālib était le troisième frère d'Ali.

6. Philosophe réputé du XIIe siècle à Bagdad. D'origine juive, il se convertit à l'islam à un âge avancé. Le passage cité est *Kitāb al- Mu'tabar*, éd. S. Yaltkaya (Hyderabad, 1939), (II, p. 433 *sq.*).

une supercherie ou à un truquage. Dans le *Ta'rīḫ* d'Ibn Jawzī[1], on dit que les esprits les plus vifs de Bagdad, malgré la peine qu'ils se donnèrent, ne décelèrent point de ruse apparente chez cette femme qui se manifesta en l'an 501 de l'hégire (1107-1108).

Ascètes et mystiques peuvent arriver à dévoiler ce qui est caché. Sur ce point, les récits relatifs aux Brahmanes[2] sont nombreux.

Il n'y a pas de dissensions parmi les musulmans sur le fait que Saṭīḥ, Suwayd b. Qārib, Qusā et d'autres devins arabes dévoilaient ce qui est caché et qu'ils annoncèrent l'avènement de Mahomet.

Par ailleurs, l'annonce de prédictions constitue un miracle si elle traite de choses extraordinaires, mais ne l'est pas pour des choses ordinaires. Or, ce que Mahomet a annoncé ne sort pas de l'ordinaire. En effet :

a) Certaines annonces sont vagues, comme : « *Vous entrerez dans la mosquée sacrée* »[3] sans que soient précisés le moment, les gens qui entreront, tous ou quelques-uns, et s'ils le feront pacifiquement ou par la force. Des annonces de ce type sont rarement mensongères car, dans l'exemple cité, si n'importe qui était entré, l'annonce aurait été validée. En outre, comme le moment n'est pas indiqué :

– si sa promesse se réalise en partie, l'annonceur considèrera cela comme preuve de l'authenticité de cette promesse,

– si elle ne se réalise pas, il dira : « Je n'ai pas indiqué le moment de son arrivée, mais ça arrivera par la suite ».

Nombre d'escrocs, notamment parmi les astrologues, fonctionnent comme cela et le menu peuple s'imagine qu'ils sont dans le vrai.

b) D'autres annonces sont triviales, par exemple : « *Et ils ne la souhaiteront jamais* »[4]. Il est évident que la masse des gens ne souhaite pas la mort !

c) D'autres adoptent le mode de l'optimisme, pour fortifier le cœur et le rallier. C'est la pratique courante des chefs lorsqu'ils tentent de pousser la population à combattre pour leurs querelles. Ils leur promettent qu'ils auront la haute main et que le pouvoir leur reviendra. La parole de Mahomet : « *Dieu a promis à ceux d'entre vous qui ont cru et ont fait les bonnes œuvres qu'il leur donnerait certainement la succession sur la terre* »[5] est de ce type, de même que : « *Alif, Lām, Mīm, les Byzantins ont été vaincus dans le pays le plus proche* »[6].

1. Cet auteur mourut en 1107-1108.
2. Cf. *supra*, note 2, p. 101.
3. *Coran*, 48, 27.
4. *Coran*, 62, 7.
5. *Coran*, 24, 55.
6. *Coran*, 30, 1-3.

Ces trois catégories de prédictions ne sortent pas de l'ordinaire et ne constituent donc pas un miracle.

En outre, il n'est pas exclu que Mahomet ait entendu d'une tierce personne les évènements du passé et qu'il les ait rappelés. Certes, il en fut suspecté, comme l'illustre le Coran dans le récit des mécréants disant que ces évènements ne sont que: « *des contes d'anciens qu'il écrit sous la dictée et on les lui dicte matin et soir* »[1] ou encore: « *lorsque nos versets leur sont récités, ils disent ... ce ne sont que des contes d'anciens* »[2]. Comment donc écarter le fait qu'il ait pu entendre cela d'un tiers ? En effet, avant d'être appelé à la prophétie, il avait voyagé deux fois en Syrie, royaume des gens du Livre. En outre, parmi les Arabes, vivait une communauté de gens du Livre et il n'est pas exclu qu'il ait entendu cela de ces gens. Sinon, pourquoi n'a-t-il pas raconté par le détail les récits postérieurs à son temps, comme il l'a fait pour ceux antérieurs à son temps ?

L'authenticité de ses prédictions futures ne pouvait être validée qu'après leur avènement. Mais la foi de ceux qui reconnaissaient sa qualité de prophète ne dépendait pas de l'avènement des choses annoncées, telles *l'entrée dans la mosquée sacrée* ou *les Byzantins ont été défaits*, car la preuve de la prophétie de Mahomet n'est pas dans ces annonces et nul besoin d'y recourir pour établir sa qualité de prophète.

RÉPONSE : « Pour établir fermement la prophétie de Mahomet, nous ne nous appuyons pas sur ce seul point. Pour établir le bien-fondé de sa mission, nous nous appuyons sur le fait que le Coran lui a été révélé. Et nous mentionnons le point indiqué ci-dessus et d'autres à titre de complément et non comme preuve indépendante ».

C'est en ces termes que l'imām Faẖr al-Dīn al-Rāzī répond dans son livre *al-Muḥaṣṣal*[3]. Dans son livre *Nihāyāt al-'Uqūl*, figure une réponse détaillée qu'il laissa néanmoins de côté et que je n'ai pas mentionnée, du fait de sa faiblesse. Nul doute qu'il en était conscient.

ET MOI JE DIS

Dans les livres des théologiens musulmans, on affirme que les gens du Livre n'ont fait aucun reproche au Prophète sur son évocation des récits

1. *Coran*, 25, 5 ; Cf. 23, 83 ; 27, 68.
2. *Coran*, 68, 15.
3. *Muḥaṣṣal* (p. 155).

des Anciens. Mais nous, nous trouvons qu'ils ont récusé beaucoup de ces récits[1].

Ainsi, dans l'histoire de Salomon[2], fils de David, ils contestent le fait que celui-ci subjugue le vent et les Djinns, qu'il connaît le langage des oiseaux, converse avec la huppe, l'envoie de sa part à la reine de Saba et que cet oiseau lui rapporte le trône de la reine. Ils contestent aussi la version de sa mort : la « bête de terre » rongeant la canne du roi, les Djinns ne surent qu'il était mort que lorsqu'il s'écroula vraiment à terre ; alors les gens se rendirent compte que les Djinns ne connaissaient pas l'inconnu, sinon ils n'auraient pas persévéré dans cet humiliant supplice.

Il en est de même pour l'histoire de Jésus que les juifs n'auraient pas crucifié, ceci leur étant seulement apparu ainsi[3], et dont la mère aurait été la fille de 'Imrān et la sœur d'Aaron[4].

Même remarque pour l'histoire de 'Uzayr dont les juifs auraient dit qu'il était *le fils de Dieu*[5]. De même lorsque les juifs disent « *la main de Dieu est entravée* »[6] et qu'ils l'interpréteraient, soit au sens propre, soit comme voulant dire que Dieu serait *avare*.

Tout ceci diffère de ce que rapporte la tradition des juifs et des chrétiens.

Ce qu'il y a de plus ignoble, aux yeux des juifs, c'est l'histoire de Salomon, car eux ont rapporté par le détail les mets dont il se nourrissait, ses richesses, le nombre de ses femmes, les étables de ses montures, les années de son règne, la durée de sa vie et nombre de paraboles et proverbes qu'il prononça, ce qu'il édifia dans le pays et ailleurs et de nombreuses choses le concernant. Au demeurant, ils ne fait aucun doute pour eux que cette version n'a aucune réalité. Si elle en avait eu, les juifs l'auraient transmise de préférence à une autre version, d'autant qu'ils avaient à cœur de magnifier le prestige de Salomon qui est l'un de leurs rois et un adepte de leur religion.

Juifs et chrétiens ne doutent pas de la crucifixion de Jésus, fils de Myriam, que leur tradition rapporte comme elle rapporte l'existence de

1. Ibn Kammūna se joint clairement à eux.

2. Dans le Coran, Salomon (Sulaymān) meurt alors qu'il est assis sur son trône. Les Djinns, ne se rendant pas compte de sa mort, continuent une année durant à construire le Temple. La bête (selon la tradition, la fourmi blanche) ronge le sceptre royal qui s'effondre projetant à terre le corps du roi. Ceci prouva que la connaissance des Djinns était défaillante (*Coran*, 27, 16-44 ; 34, 14 ; 38, 34).

3. *Coran*, 4, 156-157 : il a simplement semblé aux juifs qu'ils avaient crucifié Jésus.

4. *Coran*, 3, 35-36 ; 19, 28.

5. *Coran*, 9, 30.

6. *Coran*, 5, 64.

Jésus. Pour les chrétiens, le nom du père de Myriam, mère de Jésus, est Joachim[1] et, selon eux, elle n'avait pas de frère[2].

Aucune tradition d'origine juive ne dit que 'Uzayr était *le fils de Dieu*[3] ou que *la main de Dieu était entravée*, ni au sens propre ni dans le sens d'avarice. Si un juif avait dit cela, les autres l'auraient considéré comme un incroyant s'excluant de leur communauté.

Les récits – mentionnés dans le Coran et les traditions – que contestent les gens du Livre sont nombreux et leur examen serait trop long.

Selon les scolastiques, ceux qui ne contestèrent pas les récits du Coran étaient les gens du Livre vivant parmi les Arabes et contemporains de l'envoyé de Dieu. Peut-être que les récits du Coran ne leur étaient pas tous parvenus; ou qu'ils étaient ignorants, comme beaucoup d'Arabes de notre temps; ou que, craignant de les récuser et de les réfuter, ils gardèrent le silence sur ces récits.

Notre rejet de tout cela est basé sur notre refus d'admettre comme fiable la transmission correspondante et il en a déjà été question précédemment.

Troisième preuve

La tradition rapporte de nombreux prodiges accomplis de la main de Mahomet: ainsi, il fait jaillir de l'eau entre ses doigts[4] et rassasie de nombreuses personnes avec peu de nourriture[5]; il y a aussi la scission de la lune[6], le bois qui gémit[7], la chamelle qui lui adresse ses complaintes[8]

1. Nom traditionnel, non mentionné dans le texte canonique de l'Écriture.

2. Cf. *Coran*, 19, 27-28 : « *Ô Marie … Ô sœur d'Aaron* … ».

3. Cf. *Intertwined*, chap. III, p. 50-74.

4. D'après les témoignages rapportés par Anas Ibn Mālik (Buḫārī, vol. 4, livre 56, n° 772-774), Jābir Ibn 'Abdallāh (Buḫārī, vol. 4, livre 56, n° 779), 'Imrān Ibn Ḥusayn (Buḫārī, vol. 4, livre 56, n° 771).

5. Cf., entre autres, Buḫāri et Muslim, citant Jābir Ibn 'Abdallāh (Buḫārī, vol. 4, livre 56, n° 780) et Anas Ibn Mālik (Buḫārī, vol. 4, livre 56, n° 778).

6. *Coran*, 54, 1 (la sourate 54 est intitulée « La lune » pour cette raison même). En outre, il est fait état de ce miracle dans toutes les compilations du *Ḥadiṯ*, que ce soit Buḫāri ou Muslim ou autres. Parmi les compagnons du Prophète qui ont narré le récit de ce miracle, on trouve Ibn Mas'ud (Buḫārī, vol. 4, livre 56, n° 387), Anas Ibn Mālik (Buḫārī, vol. 4, livre 56, n° 831), 'Abdullāh Ibn 'Abbās (Buḫārī, vol. 4, livre 56, n° 832) et bien d'autres.

7. Il s'agit du tronc d'un palmier près duquel Mahomet délivrait ses sermons et qui s'est mis à gémir et même pleurer jusqu'à ce que le Prophète le console en le caressant. Témoignages, entre autres, d'Anas Ibn Mālik (Buḫārī, vol. 4, livre 56, n° 785), Abdullah Ibn 'Umār (Buḫārī, vol. 4, livre 56, n° 783).

8. Mahomet réconforte une chamelle exténuée et sous-alimentée (Ibn Šahin).

et d'autres faits consignés dans les livres de *Ḥadīṯ*[1]. Même si tous ces prodiges ne relèvent pas d'une transmission fiable, il suffit que la véracité de l'un d'eux soit attestée par transmission fiable pour que l'objectif soit atteint. Bien sûr, de telles choses, si elles ne sont pas contestées, ne peuvent être dues qu'à la main d'un prophète. Or, on sait que ces prodiges ne furent pas contestés. C'est donc la preuve que Mahomet est bien un prophète.

A cela, on peut objecter :

Si ces choses avaient existé, elles auraient fait l'objet d'une transmission fiable car ce sont des choses extraordinaires et les motifs de rapporter de telles choses sont multiples. Or, il n'y a pas eu transmission de ce type ; nous en déduisons que ces choses ne sont pas vraies. De plus, nous n'admettons pas que toutes ces choses étranges relèvent d'un miracle ; ce pourrait être le cas pour certaines mais leurs narrateurs sont peu nombreux et leur narration ne permet pas de l'affirmer. On pourrait les comparer aux récits relatifs à Zoroastre et à ses semblables qui, néanmoins, sont accusés de mensonge par tous les musulmans.

Réponse des théologiens :

Nous savons par habitude qu'il est impossible pour la plupart des gens de s'accorder à attribuer des faits étranges ou extraordinaires à une personne à qui rien de tel n'est jamais arrivé. Ceux qui ont élaboré de tels *Ḥadīṯs* n'étant ni des ennemis – cela est clair – ni des amis, mais seulement des musulmans, ils devaient savoir que le mensonge est interdit par la religion de Mahomet. Comment s'exposeraient-ils alors au châtiment suprême en élaborant ces *Ḥadīṯs* ? Nous ne savons pas combien étaient les transmetteurs des faits de Zoroastre et de ses semblables au début de leur entreprise, mais nous savons que les musulmans étaient nombreux au début de l'islam. Cependant, si ces récits n'ont pas donné lieu à une transmission fiable, c'est qu'il est probable que les témoins de chacun d'eux étaient peu nombreux. Mais, même si chaque récit est sujet à caution, c'est le tout, en tant que tout, qui est décisif. En effet, les hypothèses spéculatives, lorsqu'elles sont continues, conduisent à un jugement rationnel catégorique sur tout ce que, par leur constance, elles confirment. Ceci s'applique aux choses empiriques.

1. *Muḥaṣṣal*, p. 151 *sq.*

ET MOI JE DIS

Sur ce sujet, on peut spéculer. Beaucoup de gens, pour des objectifs et motivations terrestres, font des choses pour lesquelles – ils le savent bien – le législateur de leur religion les a menacés d'un châtiment sévère dans l'autre monde. Pourtant, leur foi ne les empêche pas de commettre ces interdits : c'est ce que fait l'adultère, le buveur de vin ou le diffamateur imputant aux gens des choses qu'ils n'ont pas faites. Recherchant la victoire sur ses opposants et poussé par sa nature humaine, un homme peut fabriquer des fragments de récit favorisant sa religion à lui. Il peut le faire en croyant mériter récompense pour cela, ignorant l'interdit d'un tel mensonge. Il peut aussi s'agir de quelqu'un qui, cherchant à réussir, adhère à la religion extérieurement et non dans son for intérieur. On en trouve beaucoup de ce type, à notre époque : ils embrassent la religion islamique pour l'emporter sur leurs pairs, puis en viennent de par leur naturel à souhaiter le triomphe de cette religion alors que, dans leur for intérieur, ils n'y croient pas. Si ce que vous dites était vrai, alors aucun musulman n'aurait jamais composé de faux *Ḥadīṯs*. Or, c'est le contraire qui s'est produit.

En admettant véridique le récit de ces évènements extraordinaires, il n'est pas exclu qu'il soit du à la ruse des compagnons de Mahomet ou à leur collusion, à l'instar de ce qui a été dit sur les récits relatifs à Zoroastre et à ses semblables.

L'assertion : « Nous ne savons pas combien étaient les transmetteurs des faits de Zoroastre au début de leur entreprise », est infondée, car on sait bien le moment où Zoroastre est apparu ; à ce moment là, les Mages vivaient dans un royaume puissant et étaient bien plus nombreux que n'étaient les musulmans à l'époque du Prophète. Seul peut en douter celui qui n'est pas familier des ouvrages historiques et biographiques.

Dire que « la multiplicité d'hypothèses spéculatives conduit à un jugement rationnel » ne constitue pas une règle générale. Elle peut y conduire (c'est le cas pour les choses empiriques) ou ne pas y conduire (c'est le cas pour les déductions). Chaque fois que les particularités d'un jugement ne font pas l'objet d'une transmission fiable, la somme totale de ces particularités qui est le jugement d'ensemble ne fait pas toujours l'objet d'une transmission fiable. Elle peut le faire ou ne pas le faire et l'on a recours, dans ce cas, à la décision de la raison. Un contestataire, ayant entendu les récits particuliers des miracles, ne conclut jamais à l'accomplissement de miracles par Mahomet. En effet, dans son cas, la somme totale qui est l'accomplissement de miracles n'a pas fait l'objet d'une transmission fiable. Si vraiment elle l'avait fait, il aurait été impossible de la nier, comme il est impossible de nier l'existence du Prophète ou sa prétention à la prophétie.

De fait, nombreux sont les passages de l'insigne Coran qui montrent que Mahomet n'a pas accompli de miracle.

Par exemple, le verset :

> *Rien ne nous empêche d'envoyer des signes si ce n'est que les Anciens les ont traités de mensonges*[1].

Ou le verset :

> *Si seulement on avait fait descendre sur lui des signes de la part de son Seigneur; dis : les signes ne sont qu'auprès de Dieu, moi je ne suis qu'un avertisseur explicite; ne leur a-t-il donc pas suffi que nous fassions descendre sur toi le Livre ?*[2].

Ou le verset :

> *Et ceux qui ont mécru ont dit : si seulement on avait fait descendre sur lui un signe de la part de son Seigneur; tu n'es qu'un avertisseur et pour chaque peuple il y a un guide*[3].

Ou ces versets :

> *Nous ne croirons pas en toi jusqu'à ce que tu aies fait jaillir de terre pour nous une source; ou que tu aies un jardin de palmiers et de raisins entre lesquels tu feras jaillir des ruisseaux en abondance; ou que tu fasses tomber sur nous le ciel en morceaux; ou que tu fasses venir Dieu et les anges comme garants; ou que tu aies une maison garnie d'ornements; ou que tu montes au ciel et nous ne croirons pas à ton ascension jusqu'à ce que tu fasses descendre sur nous un Livre que nous puissions lire. Dis : gloire à mon Seigneur! Ne suis-je pas qu'un être humain et un messager ?*[4].

Et cet autre passage :

> *Et ils dirent : ô Dieu, si cela est la vérité de ta part, fais pleuvoir du ciel des pierres sur nous; ou fais venir sur nous un châtiment douloureux. Dieu n'est point tel qu'il les châtie alors que tu es au milieu d'eux*[5].

Et aussi :

> *Ce n'est qu'un poète ou bien qu'il apporte un signe comme l'ont apporté les Anciens*[6].

1. *Coran*, 17, 59.
2. *Coran*, 29, 50-51.
3. *Coran*, 13, 7.
4. *Coran*, 17, 90-93.
5. *Coran*, 8, 32-33.
6. *Coran*, 21, 5.

Pour tout homme sensé, il est sûr que si Mahomet avait apporté un signe prouvant sa sincérité, il leur aurait dit : Pourquoi me demandez-vous des signes alors que je vous les ai apportés ? et n'aurait pas dit : « *Rien ne nous empêche d'envoyer des signes si ce n'est que les Anciens les ont traités de mensonges* »[1] ou encore : *Dieu n'est point tel qu'il les châtie alors que tu es au milieu d'eux*[2].

Il y a encore dans le Coran de nombreux passages qui le montrent mais il n'est pas nécessaire de les examiner. L'imām Faẖr al-Dīn al-Rāzī a répondu à tous les problèmes de ce type comme il l'avait fait pour ceux portant sur la révélation de choses cachées[3].

QUATRIÈME PREUVE

Il s'agit de l'avènement de Mahomet qui aurait été annoncé dans les livres des prophètes antérieurs. Mahomet prétendait être mentionné dans la Torah et dans l'Evangile[4]. Exemples :

Dieu proclame dans le Coran :

> *Pour ceux qui suivent le messager, le prophète des Gentils et qu'ils trouvent mentionné chez eux dans la Torah et l'Evangile*[5].

Il fait dire au Christ :

> *Et annonciateur d'un messager à venir après moi, dont le nom sera Aḥmed*[6].

Ailleurs il dit :

> *Ô gens du Livre, pourquoi êtes-vous incrédules envers les signes de Dieu alors que vous êtes témoins ?*[7].

Et plus loin :

> *Ceux à qui nous avons donné le Livre le (=* Mahomet*) reconnaissent comme ils reconnaissent leurs propres fils*[8].

1. *Coran*, 17, 59.
2. *Coran*, 8, 32-33.
3. *Muḥaṣṣal* (p. 155).
4. Cf. *Intertwined*, p. 47-49, ainsi que chap. IV, p. 75-110 (« The Prediction of Muḥammad and Islam »).
5. *Coran*, 7, 157. Un Gentil (*'ummī*) désigne quelqu'un appartenant à une communauté n'ayant pas reçu d'Ecriture auparavant.
6. *Coran*, 61, 6. Aḥmad signifie « loué » (sens également de Muhammad). Ceci semble dû à la confusion entre deux termes grecs : *parakletos*, consolateur (Jean 14, 16) et *periklutos* (célèbre). La confusion pourrait avoir pour origine des informateurs de l'entourage du Prophète.
7. *Coran*, 3, 70.
8. *Coran*, 6, 20.

Bien sûr, si tout cela était mensonge, juifs et chrétiens auraient été très réticents à l'accepter. De plus, un homme sensé ne saurait se lancer dans une action qui le détournerait de ce qu'il recherche et contrecarrerait inutilement l'objectif qu'il se donne. Ceci est une considération générale[1].

Pour ce qui est des considérations particulières, dans un passage de la Torah, un ange annonce à Agar qu'Ismaël sera : « *un homme éminent, que sa main sera contre tous et la main de tous contre lui et qu'il résidera aux frontières du territoire de l'ensemble de ses frères* »[2].

L'expression *contre tous* peut signifier, soit que sa main l'emportera sur tous, soit qu'il se mêlera à tous. Or, il est bien connu qu'Ismaël et sa descendance n'eurent pas la haute main sur la plupart des peuples et ne se mêlèrent à eux qu'à l'avènement de l'islam. Qui plus est, un ange ne saurait annoncer, de la part de Dieu, l'injustice, l'oppression et le mensonge.

Dans la Torah, le Seigneur dit aussi à Moïse :

> *Je leur susciterai un prophète comme toi, d'entre leurs frères et je mettrai mes paroles dans sa bouche et tout homme qui n'écoutera pas les paroles qu'il prononcera en mon nom, alors moi, j'exercerai ma vengeance sur lui*[3].

Si ce prophète était issu des enfants d'Israël, le Seigneur aurait dit *d'entre eux* et non pas *d'entre leurs frères*. Dans la Torah, il est dit qu'*il ne se lèvera pas d'entre les enfants d'Israël de prophète tel que Moïse*[4]. L'annonce se rapporte donc à un prophète issu d'ailleurs et c'est Mahomet.

Il est encore dit dans la Torah que :

> *La puissance de Dieu est venue du Sinaï, s'est levée du Séïr pour eux et a resplendi du Mont Paran*[5].

Or, le Mont Paran se trouve au Hedjaz, comme l'a noté quelqu'un après l'avoir trouvé, avec la calligraphie d'al-Kūfī[6], dans le livre *Manāzil Makka*.

1. Cf. *Arba'īn*, p. 313. Le sens est le suivant : comment Mahomet aurait-il pu avancer de telles revendications s'il savait qu'elles étaient fausses et devaient lui aliéner juifs et chrétiens ?

2. *Genèse*, 16, 12.

3. *Deutéronome*, 18, 18-19. *Je l'exigerai de lui* est ici rendu par *j'exercerai ma vengeance sur lui*.

4. *Deutéronome*, 34, 10.

5. *Deutéronome*, 33, 2.

6. Le texte porte : *en calligraphie coufique*. Mais ceci doit se rapporter au collectionneur et calligraphe Ibn al-Kūfī (868-960).

L'auteur du livre *Ifḥām*, un juif qui s'opposa aux juifs et se convertit à l'islam, soutient que Dieu, s'adressant à Abraham, dit dans la Torah :

> *Quant à Ismaël, j'ai exaucé ta prière ; voici, je l'ai béni, je le ferai fructifier et multiplier beaucoup, beaucoup* [1].

L'expression *beaucoup, beaucoup* dans la langue de la révélation est *bime'od me'od* et la valeur numérique totale de ses lettres est égale à celle effectuée avec les lettres de Mahomet, soit 92. Ce terme signifie l'excès et comme il apparait dans le verset précédemment cité qui souligne la noblesse d'Ismaël et de ses enfants, il n'est pas étonnant qu'il renferme une allusion au plus puissant d'entre eux, c'est-à-dire Mahomet.

Tels sont les arguments qu'ils ont tirés de la Torah.

Quant aux arguments issus des livres prophétiques autres que la Torah, les voici :

– Dans le livre du prophète Habacuc, il est dit que le Saint est venu du Mont Paran et que cela fut suivi de guerres et de la conquête de la terre[2].

– Dans le livre du prophète Isaïe, sont mentionnées la floraison de la terre de Kédar, la floraison du désert et l'abondance d'eau dans ces lieux, pour que s'en désaltère le peuple choisi[3].

– Chez le prophète Ezéchiel, il est dit : une plante sera plantée dans le désert qui détruira le reste de la puissance des juifs[4].

– Dans le livre du prophète Sophonie, il est dit que Dieu renouvellera *la langue choisie*[5].

Et dans l'Evangile, il est dit : *je vous enverrai le Paraclète*[6].

Ils en ont conclu : l'homme droit déduira de tout ceci que l'objet de ces propos n'est autre que le prophète Mahomet et son peuple[7].

1. *Genèse*, 17, 20. Cf. *Ifḥām*, p. 32 *sq*.
2. *Habacuc*, 3, 3 *sq*.
3. *Isaïe*, 42, 11 ; 35, 1-2 ; 35, 6 *sq*.
4. *Ezéchiel*, 19, 13-14 ; la traduction littérale du verset 14 est : « un feu a jailli de son tronc…et consommé son fruit et elle n'eût plus de rameau vigoureux, de sceptre pour régner ».
5. *Sophonie*, 3, 9.
6. Cf. *supra*, note 6, p. 170.
7. Cf. al-Māwardī, *A'lām al-nubūwwa* (Le Caire, 1935), chap. 15.

L'IMÂM FAHR AL-DÎN AL-RÂZÎ DIT, À CE SUJET, DANS SON LIVRE *AL-MUḤAṢṢAL*[1]

Soit vous dites que, dans la Torah et l'Evangile, la description de Mahomet est donnée de manière détaillée, au sens où Dieu a déclaré que telle année viendra de telle contrée un homme ayant tel et tel signalement et sachez que c'est mon messager; soit vous ne dites pas cela, mais vous dites que Dieu l'a proclamé de manière vague, sans spécifier le moment, le lieu et le signalement

– Si vous défendez la première alternative, elle est fausse. En effet, nous constatons que la Torah et l'Evangile sont dénués de telles affirmations. Et l'on ne peut dire que les juifs et les chrétiens ont falsifié ces deux livres, car nous affirmons que ces deux livres étaient bien connus en Orient et en Occident et, dans leur cas comme dans celui du Coran, la falsification n'a pu s'y introduire.

– Si vous défendez la seconde alternative, même en la supposant soutenable, elle ne prouve pas la prophétie de Mahomet, mais seulement l'apparition d'un homme supérieur et noble. Et même si une telle annonce prouvait une quelconque prophétie, elle ne prouverait pas celle de Mahomet, car elle pourrait se rapporter à quelqu'un d'autre.

ET MOI JE DIS

Ceci constitue une objection générale à l'utilisation de passages particuliers (de l'Ecriture) mais ne peut servir d'objection à l'affirmation générale[2].

S'agissant de l'affirmation générale, on peut objecter que son utilisation aurait plutôt nui au but visé, si Mahomet, s'adressant aux juifs et aux chrétiens, avait annoncé qu'il était mentionné dans la Torah et l'Evangile. Il se peut qu'aucun juif ou chrétien n'était présent au moment où il lut à l'assistance ces versets dont, pensa-t-il, la nouvelle ne se répandrait pas et donc ne leur parviendrait pas. Ou, peut-être, a-t-il dit cela après avoir établi son pouvoir, faisant ainsi fi de la contestation de ses contradicteurs. Il est possible aussi qu'il ait appris que la Torah et l'Évangile faisaient mention de lui auprès d'un adepte de l'Ecriture qui, recherchant ses faveurs, ait affiché son ralliement à l'islam et que Mahomet ait cru en la

1. *Muḥaṣṣal*, p. 153 *sq*.
2. Selon laquelle l'avènement de Mahomet aurait été annoncé dans les Ecritures.

sincérité de cette personne. C'est ainsi que les livres d'histoire rapportent qu'un juif vint trouver le chef des Zanj[1] qui vécut à l'époque d'al-Muhtadī[2] et d'al-Mu'tamad[3] et lui dit en s'inclinant : « Nous te trouvons cité dans la Torah ». Maint érudit musulman a réfuté les anecdotes rapportées dans ce genre de récits et nouvelles[4]. Il est possible encore que certains hypocrites aient rajouté cela dans le Coran, après la mort de Mahomet, cherchant ainsi à discréditer sa foi[5]. En fait, ceci donne raison à ceux qui affirment que les détails des versets du Coran ne résultent pas d'une transmission fiable. Il est enfin possible que ceci ait été dit dans un autre objectif que nous ne pouvons établir avec certitude.

S'agissant des passages particuliers, on a dit aussi que le passage *sa main sera contre tous et la main de tous contre lui*[6] ne visait pas la multitude des peuples mais tous les frères (d'Ismaël) et toute sa tribu : le passage *et il résidera aux frontières du territoire de l'ensemble de ses frères* le montre clairement.

Le passage *le prophète que Dieu leur suscitera, d'entre les frères des enfants d'Israël* signifie que ce prophète sera issu d'eux, car l'expression *vos frères*[7] utilisée dans les paroles adressées aux enfants d'Israël désigne, la plupart du temps, quelqu'un issu d'entre eux, les enfants d'Israël, sauf dans de rares cas tels *vos frères, les enfants d'Esaü*[8]. Le passage *il ne se lèvera pas d'entre les enfants d'Israël de prophète tel que Moïse*[9] signifie que Dieu s'est adressé à lui oralement, sans intermédiaire, sur tous les sujets[10].

Quant au passage *(Dieu) a resplendi du Mont Paran*[11], la Torah dit que Moïse et les enfants d'Israël se rendirent au Mont Paran et y campèrent et que là Dieu s'adressa à Moïse plusieurs fois. En supposant que Paran désigne un lieu du Hedjaz – malgré la faiblesse de la tradition à ce sujet – il désigne aussi un lieu situé hors du Hedjaz, lieu auquel se rattachent par leur

1. Esclaves noirs importés d'Afrique en Irak pour travailler dans les mines de salpêtre. Ils se révoltèrent à l'appel d'un chef dans les années 869-883.

2. Calife (869-870).

3. Calife (870-892).

4. Il s'agit des *Isrāīlīyāt*, traditions supposées d'origine juive.

5. Dans la mesure où il s'agirait d'une contre-vérité.

6. *Genèse*, 16, 12.

7. *Deutéronome*, 18, 15.

8. *Deutéronome*, 2, 4.

9. *Deutéronome*, 34, 10. Cf. *Guide* (Livre II, chap. 35).

10. Cette description correspond au degré ultime de la prophétie, réservé selon Maïmonide à un seul prophète, Moïse.

11. *Deutéronome*, 33, 2.

nisba un groupe de gens, dont l'auteur du livre *Diwān al-'adab*[1], le plus connu de ceux ayant affirmé que ce lieu se trouvait au Hedjaz. De plus, celui qui lit ce passage dans son contexte sait bien qu'il se rapporte en totalité aux enfants d'Israël et non à ce que d'autres peuvent avoir en commun avec eux sur ce point. De plus, les expressions *est venue*, *s'est levée*, *a resplendi* parlent toutes de faits passés et non pas de faits attendus dans le futur. Si on les interprète dans le sens d'une telle attente, ce sont alors des métaphores qui outrepassent leur sens littéral. Il serait incongru que l'expression *la puissance de Dieu est venue du Sinaï* se rapporte à un fait passé et que les termes connexes *s'est levée*, *a resplendi* annoncent des faits à venir. Si l'on affirme que l'expression *est venue du Sinaï* est une allusion à la prophétie de Moïse, le terme *s'est levée* une allusion à celle de Jésus et le terme *a resplendi* une allusion à celle de Mahomet, alors la suite du verset *il est venu avec ses myriades saintes* devrait être une allusion à une quatrième religion ! Et cela, aucun musulman ne le proclame[2].

L'argument, utilisé par l'auteur du livre *Ifḥām*[3] et qui consiste à calculer la valeur numérique des mots, est trop faible pour être discuté. Par ailleurs, l'expression dont la valeur numérique totale des lettres est égale à 92 se trouve mentionnée dans de nombreux passages qui ne concernent pas Ismaël. Si les livres prophétiques étaient expliqués à l'aide de la valeur numérique cumulée des lettres, les textes sortiraient de leur sens littéral et celui qui citerait de telles valeurs aurait bien plus d'objections à affronter que d'appui à en tirer.

Concernant les citations tirées des livres des prophètes d'Israël, leur distorsion sera évidente à celui qui, étudiant ces livres, connait le contexte des paroles qu'ils renferment. Il lui apparaîtra clairement qu'on ne peut en tirer aucune preuve.

Quant au *Paraclète* mentionné dans l'Evangile, selon les traditions bien connues des chrétiens, il fut envoyé aux apôtres après l'ascension de Jésus ; sur ce point, toutes les obédiences chrétiennes sont d'accord. En outre, l'Evangile mentionne l'interdiction de se laisser égarer par un prétendant à la prophétie postérieur au Christ[4].

1. Peut-être Abū Ibrahīm Isḥāq al-Fārābī (mort en 961). Selon la remarque de G. Vajda : « pour l'intelligence du passage, il convient d'expliquer au lecteur non-arabisant qu'il y a dans le texte confusion, volontaire ou non, entre *Fārān* et *Fārāb*, toponymes qui ne diffèrent en écriture arabe que par un seul point diacritique. », *op. cit.*

2. Cf. Maïmonide, *Epître au Yémen*.

3. Samuel al-Maġribī.

4. Cf. *supra*, note 6, p. 170 et *Mathieu*, 7, 15-20.

Dans leurs citations de la Torah et des autres livres, les scholastiques musulmans n'ont pas traduit en arabe le sens littéral des mots, mais les ont considérablement déformés. Ceci est patent pour quiconque connaît ces livres. Eu égard à la force des objections précédentes et d'autres semblables, l'imām Fahr al-Dīn al-Rāzī ne s'est pas appuyé sur cet argument (à savoir l'avènement de Mahomet annoncé dans les livres antérieurs) mais l'a placé dans la catégorie des arguments complémentaires visant à soutenir l'argument coranique. Et c'est sur ce dernier argument qu'il s'est appuyé dans son livre *al-Muḥaṣṣal*[1], sans recourir à d'autres.

CINQUIÈME PREUVE

Un homme peut être :

– soit imparfait : il s'agit des gens du vulgaire, correspondant au niveau le plus bas,

– soit parfait, mais incapable de perfectionner autrui : il s'agit des saints, correspondant au niveau intermédiaire,

– soit parfait lui-même et capable de perfectionner autrui : il s'agit des prophètes, correspondant au niveau supérieur.

Cette perfection et cette disposition à perfectionner s'apprécient à l'étendue du savoir et à la capacité d'action. La perfection première qu'apprécient les disciplines spéculatives est la connaissance de Dieu et la perfection première qu'apprécient les disciplines pratiques est l'obéissance à Dieu. Plus l'aptitude d'un homme à perfectionner autrui sur ces deux points est élevée, plus élevé est son niveau prophétique[2].

A l'avènement de Mahomet, le monde était empli d'incroyance. En effet, les juifs comparaient Dieu à sa création[3], calomniaient les prophètes et avaient falsifié la Torah. Les chrétiens disaient que Dieu était partie d'une Trinité, que le Christ était fils de Dieu, que Dieu s'était incarné en lui en s'unissant à lui et ils avaient falsifié l'Evangile. Les Mages professaient deux divinités en lutte l'une contre l'autre et autorisaient le mariage avec des sœurs ou des filles. Les Arabes adoraient les idoles et trouvaient légitime, entre autres, le pillage, les razzias et la mise à mort des filles. Quant aux Hindous, aux Chinois, aux Turcs, aux Noirs, aux Berbères, leur paganisme était patent.

1. *Ma'ālim*, p. 153 *sq.*
2. *Ma'ālim*, p. 94 *sq.*
3. Accusation d'anthropomorphisme. Cf. *Intertwined*, p. 17-28, 29-31, 136-137.

Lorsque Dieu envoya Mahomet prêcher la vraie religion, le monde bascula du faux au vrai, de l'incroyance à la foi, du mensonge à la vérité et de l'obscurité à la lumière. Alors, ces manifestations d'incroyance et de paganisme cessèrent dans la plupart des contrées situées dans la partie centrale du monde habité. Les langues colportèrent l'unicité de Dieu, les esprits furent illuminés de sa connaissance et les hommes, autant qu'il était possible, abandonnèrent l'amour de ce bas monde pour l'amour du Seigneur. La prophétie n'a d'autre raison d'être que de renforcer la capacité de spéculation et la capacité d'action chez les gens qui en manquent. Or, après l'avènement de Mahomet, nous constatons que cet objectif a été réalisé de manière plus complète et plus évidente qu'après l'avènement de Moïse et de Jésus. Nous reconnaissons alors que Mahomet est bien le seigneur des prophètes et le modèle des hommes purs.

Nous affirmons que cet objectif a été mieux atteint après l'avènement de Mahomet, parce que d'une part, l'appel de Moïse se limitait aux enfants d'Israël, très peu nombreux au regard de la communauté de Mahomet, et que, d'autre part, le véritable appel de Jésus n'a nullement été conservé[1] car, ce que prêchent les chrétiens n'est qu'ignorance totale et incroyance absolue.

Il apparaît alors que les habitants de la terre ont tiré un plus grand profit de l'appel de Mahomet que n'ont pu le faire les divers peuples de l'appel des autres prophètes. Mahomet est donc supérieur aux autres prophètes.

C'est l'approche que privilégie l'imām Faẖr al-Dīn al-Rāzī dans son livre *al-Ma'ālim*[2].

Et moi je dis

La division de l'espèce humaine, faite par Al-Rāzī, en gens du vulgaire, saints et prophètes n'embrasse pas la totalité de cette espèce, car il a omis les savants et, dans le commentaire qu'il a donné pour chaque catégorie, il y a matière à discussion.

L'homme parfait, capable de perfectionner les autres n'est pas le prophète, du fait qu'il s'adresserait à eux de la part de Dieu, mais le savant[3]

1. Accusation de falsification.

2. *Ma'ālim*, p. 110.

3. L'opinion consistant à privilégier le « savant », qui est aussi celle de Maïmonide, constitue une critique indirecte de Mahomet. En effet, comme le rapporte la tradition musulmane, Mahomet était illettré. Le Coran (7, 157-158 ; 62, 2) le qualifie de *an-nabi al-ummi* (prophète des Gentils), terme souvent traduit de nos jours par « le prophète illettré », suivant la

qui mène des recherches et il est vrai d'affirmer que le savant est parfait et capable de perfectionner les autres, bien qu'il ne soit pas prophète au sens que nous avons cherché à établir. Si Al-Rāzī pensait à toutes les facettes de la perfection (ou à la majorité d'entre elles), nous excluons que cela soit à la portée de quiconque. Ceci mis à part, nous n'admettons pas que Mahomet ait ajouté quoi que ce soit à la connaissance de Dieu et à l'obéissance à son égard, par rapport à ce qui existait dans les lois des religions antérieures.

Au sujet des juifs

Alléguer que les juifs sont anthropomorphistes est inadmissible. Bien au contraire, leur religion et leur dogme rejettent l'anthropomorphisme et le fait qu'un contestataire[1] parmi eux s'en écarte n'est d'aucune d'importance. Si l'on rétorque que, dans leur Torah, dans les livres de leurs prophètes et dans leurs chroniques, est utilisé un langage clairement anthropomorphiste, on peut aussi dire qu'il y a, chez les musulmans, des citations anthropomorphistes encore plus nombreuses et plus évidentes que chez les juifs, notamment dans les livres de la tradition tels, parmi d'autres, les *Saḥiḥīn*[2]. Si l'on répondait que les musulmans ont interprété cela dans un sens non littéral, nous dirions que les juifs ont interprété leurs textes mieux que ne l'ont fait les musulmans et de manière plus plausible.

Chez les musulmans, il y a des récits d'anthropomorphisme et de corporéité auxquels il est accordé foi, du fait de la fiabilité de leurs transmetteurs. Leur interprétation est impossible ou ne peut être qu'arbitraire et les gens sains d'esprit ne les acceptent pas[3]. Cependant, tous les

suggestion de Kenneth Cregg, évêque anglican de Jérusalem (*Readings in the Qur'an*, 1988). Le terme « 'ummi », utilisé six fois dans le Coran, désigne les idolâtres mecquois, par opposition aux juifs et aux chrétiens qui ont reçu les Ecritures. Né orphelin et pauvre puis travaillant comme berger caravanier auprès de son oncle, Mahomet a longtemps été très éloigné des préoccupations intellectuelles ou spirituelles. Or, rappelons que, pour Maïmonide, ne peut devenir prophète, pour autant que Dieu le veuille, qu'une personne supérieure par ses qualités intellectuelles et morales et qui s'y prépare intensément (Cf. *supra*, p. 51) ; toutes conditions non réalisées dans le cas de Mahomet. Notons que pour le Talmud aussi (*Baba Batra* 12 a), le sage instruit est plus important que le prophète (*ḥaḫam 'adif minavi*).

1. Allusion probable à un auteur « caraïte ».

2. Cf. *supra*, note 2, p. 144.

3. De très « pieux » transmetteurs de *ḥadīṯ* ont été accusés d'être corporéistes (*mujassima*) ou anthropomorphistes (*mušabbiha*) – essentiellement pour ce qui est des déclarations du Coran et des traditions prophétiques qui contiennent des anthropomorphismes : la session de Dieu sur le Trône, la main de Dieu, Sa descente du ciel, Sa main, Son œil, Son pied, le fait qu'Il se moque, etc. Pourtant ces « gens du *ḥadīṯ* » s'étaient acquis par ailleurs une bonne réputation dans les milieux sunnites face aux défis politiques lancés par les shiites. Ainsi, le juriste hanbalite irrédentiste Ibn Taymiyya (m. 1328) fut accusé à de nombreuses

musulmans ne sont pas de cet avis, notamment les anciens maîtres de la tradition :

Ainsi, beaucoup d'entre eux ont déclaré que l'objet de leur adoration était une forme munie de membres et d'organes, pouvant se déplacer, descendre, monter, se reposer, s'installer, toucher, serrer des mains; ajoutant que les hommes droits l'enlaceront dans ce monde-ci et dans l'autre, qu'ils lui rendront visite et qu'il leur rendra visite.

> L'un d'eux disait : *excusez-moi au sujet des parties honteuses et de la barbe et interrogez-moi sur ce qui est au-delà de ces choses.*
> D'autres disaient : *c'est un corps non comme les corps, une chair non comme les chairs, du sang non comme les sangs.*
> Un autre disait : *il est creux depuis sa partie supérieure jusqu'à sa poitrine, le reste étant plein ; il a des cheveux noirs, courts et crépus, une main, un pied, une tête, une langue, des yeux, des oreilles et d'autres membres.*

Vaste est la discussion de ce sujet par les musulmans. Si certains d'entre eux ne s'étaient pas initiés aux livres de philosophie, leurs écrits n'auraient pas exclu la croyance en la corporéité du Créateur, une corporéité certes différente des autres, eu égard à sa parole : *il n'y a rien qui lui ressemble*[1]. Que celui qui désire étudier les récits anthropomorphiques se tourne vers les livres dédiés à ce sujet : il découvrira des choses étranges. Ces récits se sont tellement multipliés que leur valeur commune, à savoir l'affirmation de la corporéité, s'apparente à une transmission continue et non à une suite de transmissions individuelles, même si chaque récit résulte d'une transmission individuelle.

Certains exégètes ont dit que des hérétiques, feignant de se rallier à l'islam, ont rapporté ces récits afin de diffamer cette religion. Bien que possible dans certains cas, ceci ne peut concerner les récits de narrateurs bien connus pour leur foi et leur piété et dont nul ne met en doute la sincérité

reprises d'être anthropomorphiste. N'était-il pas descendu un jour de la chaire pour montrer comment « Dieu descend du ciel » ? Il interprétait les expressions anthropomorphiques du Coran, telles quelles, sans poser la question du comment (*bilā kayfa*). Les Hanbalites soutenaient que Dieu est « chair et sang » avec des membres si longs qu'ils ne ressemblent pas du tout à ceux des hommes, conformément au verset (42,11) : « *Rien ne lui ressemble ; Il est celui qui entend et voit* » (Claude Gilliot, « Islam, « sectes » et groupes d'opposition politico-religieux (VIIe-XIIe siècles) » in *Rives*, 10-2002, Religion, secte et pouvoir). Voir aussi : Merlin Swartz, *A Medieval Critique of Anthropomorphism : Ibn al-Jawzī's Kitāb Akhbār as-Sifāt*, Leiden : E.J. Brill, 2002 et Binyamin Abrahamov, *Anthropomorphism and Interpretation of the Qur'an in the Theology of al-Qasim ibn Ibrahim's Kitab al-Mustarshid*, Leiden : E.J. Brill, 1996.

1. *Coran*, 42, 11.

de la croyance. A plus forte raison en est-il ainsi étant donné que, dans l'essentiel de leur jurisprudence, les musulmans se sont appuyés sur leurs narrations et celles de leurs semblables.

Enfin, accuser les juifs d'avoir discrédité les prophètes et falsifié la Tora est inadmissible et ceci a déjà été discuté précédemment[1].

Au sujet des chrétiens

La doctrine des chrétiens portant sur la Trinité, c'est à dire leur croyance que Dieu constitue le tiers d'un ensemble de trois éléments, est bien connue. Même si cette croyance est courante sur leurs lèvres, ce sont de vrais monothéistes proclamant que Dieu est un et n'a pas d'associé. Leur croyance en la Trinité et en même temps à l'unité de la substance s'apparente à la croyance de certains musulmans qui postulent des attributs éternels supplémentaires à Dieu, en même temps que l'unité de sa substance (Dieu est bien au-dessus de ces notions !). Les chrétiens interprètent leur dogme de l'incarnation et de l'union d'une manière qui en exclut tout caractère d'erreur et d'ignorance, comme les musulmans le font pour les expressions d'anthropomorphisme. Sur ce point, ces derniers n'ont pas l'avantage sur les premiers. Dire des chrétiens qu'ils ont falsifié l'Evangile est une chose qu'ils n'admettent pas et cette accusation est dénuée de preuve.

Au sujet des Mages

Affirmer que les Mages professent deux divinités combattant l'une contre l'autre n'est pas vrai. Au contraire, ils disent que la divinité est une, que l'agent du bien est Yazdān et l'agent du mal Ahriman, désignant par là un ange et un démon. Parmi eux, les Manichéens et les Daysanites[2] disent que ces agents sont la lumière et l'obscurité. D'autre part, la tolérance qu'ils accordent au mariage avec des sœurs et des filles n'est pas rejetée par la raison, mais son rejet fait partie des préceptes révélés. Si cette pratique est devenue une abomination pour nous, c'est que la plupart des religions que nous connaissons l'ont interdite.

1. Cf. *supra*, p. 83, la deuxième objection adressée au judaïsme.

2. La littérature islamique médiévale sur les religions et leurs hérésies mentionne ce groupe disparu à l'époque d'Ibn Kammūna. C'était un groupe syncrétique conjuguant des éléments chrétiens et dualistes. Son fondateur, Bardaisan (154-222 ?), qui vécut en Syrie et écrivit des poèmes en syriaque, fut excommunié pour ses idées hétérodoxes.

Au sujet des idolâtres

L'idolâtrie existe jusqu'à aujourd'hui chez les Chinois, les Turcs, les Hindous et d'autres peuples. Il est vrai qu'elle a cessé chez les Arabes, à l'avènement de Mahomet. Cependant, l'on dit que la Pierre Noire est l'une des idoles qui se trouvaient à la Ka'ba et qui ne fut pas retirée de ce lieu en même temps que les autres idoles. Jusqu'à aujourd'hui, c'est en embrassant cette pierre et en la touchant que les musulmans se rapprochent de Dieu. Ceci est une forme d'idolâtrie, car les idolâtres ne croient pas que ce sont les idoles qui ont créé les cieux et la terre – aucune personne sensée ne peut le croire ! – mais ils croient que le fait de les adorer rapproche de Dieu, comme le Coran le rapporte, en leur faisant dire : « *Elles (les idoles) nous rapprochent intimement de Dieu* » [1].

Ceci dit, l'obéissance à Dieu est prescrite par les autres religions. On peut nous rétorquer que ce que les non-musulmans font dans leurs prières, leurs jeûnes et autres rites particuliers n'est pas obéissance, car l'obéissance touche à ce qui est accompli conformément aux commandements de Dieu et n'est pas abrogé par une autre religion. Ce que les non-musulmans font ne relève donc pas de cette règle. Nous répondons alors qu'il n'est pas démontré que cela ne relève pas de cette règle, sauf si la prophétie de Mahomet est fermement établie. Mais, si vous l'établissez de cette façon, vous devenez prisonniers d'un raisonnement circulaire, ce qui est absurde !

En outre, comment peut-on affirmer que Mahomet est le plus parfait des hommes dans la pratique de la sagesse, quand le fait est que les monarques musulmans se trouvent contraints, dans leur pratique politique et pour maintenir l'ordre dans les affaires de la cité, de violer la loi islamique, notamment en ce qui concerne les châtiments et les représailles ? S'ils agissaient selon la loi islamique, sans rien y ajouter ni rien en retrancher, leur régime serait mis à bas et les gens voués à la perte, corps et biens, sans raison. Cela ne peut échapper à celui qui, connaissant la jurisprudence islamique, observe le menu peuple s'adonner à la transgression et à la corruption. Il est alors évident qu'il n'y a aucune preuve attestant que Mahomet a atteint la perfection en lui-même, comme dans son aptitude à perfectionner les autres. Tout ce qui a été mentionné à ce sujet, tel le fait que

1. *Coran*, 39, 3. Deux manuscrits du *Tanqīḥ* poursuivent comme suit : « On rapporte qu'un Qarmate dit, en frappant la Pierre Noire avec sa massue et en voyant des fragments s'en détacher : combien de temps encore adorerons-nous ceci ? Plus tard, les musulmans prirent ces fragments, les enduisirent de glaise et les remirent à leur place. Ceci est mentionné par les historiens. Ils affirment que les idolâtres ne croient pas, etc. ».

le monde bascula du faux au vrai, du mensonge à la vérité et de l'obscurité à la lumière et autres allégations, rien de cela n'a été prouvé. Et c'est précisément là-dessus que porte la contestation des opposants[1].

C'est pourquoi, jusqu'à aujourd'hui, nous ne voyons personne adhérer à l'islam, excepté quelqu'un en proie à la peur, ou aspirant au pouvoir, ou soumis à de lourdes taxes, ou cherchant à fuir l'humiliation, ou captif, ou épris d'une musulmane, ou pour d'autres raisons similaires. Et nous n'avons point trouvé d'homme, qui soit versé tant dans sa propre religion que dans la religion musulmane, qui soit aimé, riche et pieux, se convertir à l'islam, sans une des raisons mentionnées précédemment ou des raisons similaires.

La multitude d'adeptes d'une cause et la diffusion de cette cause dans de nombreux pays ne constituent pas une preuve de sa véracité. On a pu voir, parmi des hommes esclaves ou non, un individu se révolter tout seul et cependant réussir à mener à bien son entreprise, au point que des troupes par milliers le rejoignent. Quiconque se penche sur les ouvrages historiques rencontrera de nombreux cas de ce genre.

Lorsque Musaylima, Aswad al-'Absī, Ṭulayḥa et Sajāḥ[2] revendiquèrent la prophétie, de nombreux Arabes se rallièrent à chacun d'entre eux et crurent en eux. Si Abū Bakr ne s'était pas acharné à combattre les dissidents, ceux-ci seraient parvenus à leurs fins. Du temps de l'envoyé de Dieu, nombreux furent les hypocrites. D'autres furent apostats, parmi lesquels 'Abdallah b. Sa'ad, secrétaire du prophète, et 'Ubaydallah b. Jaḥš[3] qui, après avoir émigré en Ethiopie, se convertit au christianisme et mourût en chrétien. Comment la multitude pourrait-elle constituer une preuve de véracité, alors que durant des millénaires la domination

1. Ceci est dirigé contre la 5e preuve telle que formulée par Rāzī dans *Ma'ālim*, p. 94, 110.

2. Musaylima : contemporain de Mahomet. Il se prétendait prophète et fut battu, après la mort de Mahomet (Cf. *supra*, note 3, p. 154).

Aswad al-'Absī : chef yéménite qui mena une révolte la dernière année de la vie du Prophète. Il prétendait prédire l'avenir de la part de Dieu. Il fut assassiné avant la mort du Prophète.

Ṭulayḥa : chef de tribu qui combattit le Prophète puis se convertit à l'islam. Il se rallia à la révolte en Arabie centrale et se prétendit prophète. Battu, il revint à l'islam et prit part plus tard à la conquête de la Perse.

Sajāḥ : femme d'origine chrétienne, mena une révolte contre l'islam et notamment son centre de Médine et s'allia à Musaylima qu'elle épousa. Il semble qu'elle survécut à la défaite de ce dernier et finit sa vie en paix.

3. Sa veuve fut ramenée d'Ethiopie pour devenir l'épouse du Prophète. Elle était la fille d'Abū Sufyān, chef de la Mecque.

d'idolâtres et d'adorateurs du feu s'est poursuivie au sein du monde habité et dans de très nombreux pays ?

Je n'ai pas trouvé chez eux de réfutation à ces arguments, si ce n'est qu'ils proclament la nécessaire supériorité de la religion islamique sur ces religions, du fait qu'elle cumulerait la plus grande perfection en termes quantitatifs et qualitatifs, perfection à laquelle ne saurait parvenir aucune autre des religions que nous connaissons. Quiconque prétend cela par parti-pris se doit de le démontrer, mais il ne pourra jamais le démontrer[1].

SIXIÈME PREUVE

Chez Mahomet de nombreux facteurs se cumulent, comme il ne peut s'en cumuler que chez un prophète. Ces facteurs entrent dans deux catégories : l'une relative aux sens, l'autre à l'intellect.

Première catégorie

La première catégorie, relative aux sens, se décline en trois groupes couvrant : les facteurs extérieurs à sa personne, ceux intrinsèques à sa personne et ceux liés à ses traits de caractère[2].

1. Un texte anonyme de défense de la thèse islamique figure dans deux manuscrits du *Tanqīḥ*. Nous le rapportons ci-après :

« Embrasser la Pierre Noire n'est pas une marque d'adoration. Car par adoration d'une chose, il faut comprendre la croyance que cette chose peut être secourable ou nuisible. D'autres conditions sont liées à cette croyance et ne sont pas non plus remplies par un simple baiser en vue "d'approcher Dieu". C'est pourquoi, l'on rapporte que 'Umar dit : "Je t'embrasse mais je sais que tu n'es ni secourable ni nuisible".

– Pour ce qui est de l'organisation politique sans loi islamique, considérer la loi islamique comme juste ne veut pas dire insister pour punir un éventuel innocent ou punir en cas de doute, comme le font le plus souvent les gouvernants.

– Le fait que certains aient embrassé l'islam par intérêt ne contredit pas le fait que d'autres aient cru en l'islam en dehors de telles considérations, comme les premiers croyants qui furent attirés à cette religion en écoutant le Coran et d'autres avertissements.

Nous observons récemment que certaines personnes, ayant embrassé l'islam, se sont mises à transgresser les règles de leur religion d'origine.

– La multitude des adeptes d'une cause et sa divulgation deviennent un argument, s'ils se conjuguent avec des miracles ».

Ce texte s'achève par le passage suivant, apparemment attribué à Ibn Kammūna :

« Si je me suis tellement étendu sur les doutes des opposants sur ce point et sur d'autres, c'est par crainte de ne pas me conformer à la condition que je m'étais assignée en début d'ouvrage, à savoir faire preuve de minutie en exposant les arguments des deux parties ».

2. *Arba'īn*, p. 309 *sq*.

– *Facteurs extérieurs à sa personne* : il s'agit des miracles manifestes qu'il a accomplis.

– *Facteurs intrinsèques à sa personne*[1] : ce sont, par exemple, la lumière qui fut transmise de génération en génération jusqu'à ce qu'elle surgît dans ce monde; le sceau placé entre ses épaules; et puis ce que dégageaient sa complexion et son apparence, révélateurs, en vertu des règles de la physiognomonie, de sa qualité de prophète.

– *Facteurs liés à ses traits de caractère* : tels, le fait que le mensonge n'a pu l'éprouver ni la bassesse lui nuire; qu'il n'a fui devant aucun ennemi, même soumis à une grande terreur; qu'il débordait de sollicitude, de compassion et de générosité envers sa communauté; que son esprit ne se préoccupait pas du monde d'ici-bas; qu'il était doué d'une grande éloquence; et qu'il conserva ce comportement affable jusqu'à la fin de sa vie.

Il était d'un extrême dédain envers les puissants et les riches et d'une extrême humilité envers les pauvres, les humbles et les gens pieux.

Il combinait la totalité de ces qualités, chacune à son degré maximum. Cela ne s'est produit pour aucun être humain.

Seconde catégorie

La seconde catégorie, relative à l'intellect, se décline en six groupes :

Groupe 1

Mahomet est issu d'une tribu qui n'appartenait pas au monde des érudits. Il ne quitta sa région que deux fois pour se rendre en Syrie. Ses voyages furent de faible durée et l'on ne sache pas qu'il se soit instruit auprès de quiconque. Malgré cela, il parvint à un haut niveau de la connaissance de Dieu, de ses attributs, de ses œuvres, de ses noms et de ses commandements. Il faisait mention des récits des anciens et des histoires de ses prédécesseurs. Tout ceci n'est possible qu'avec la guidance divine.

1. Concernant la prophétie de Mahomet, la tradition islamique rapporte que certains signes divins précédèrent sa naissance et que d'autres eurent lieu pendant son enfance et sa jeunesse. Dans son proche entourage, on constatait certaines manifestations miraculeuses qui le distinguaient du commun des enfants, voire du commun des mortels. Techniquement, la terminologie islamique distingue les miracles qui ont lieu pendant la mission d'un prophète et ceux apparaissant sous forme de signes précurseurs et qui annoncent sa mission bien avant qu'il n'en soit chargé. Seuls, les premiers sont désignés par le terme *mu'jiza*.

Sur les « signes de la prophétie », voir *Intertwined*, p. 79 ; S. Stroumsa, « The Signs of Prophecy : The Emergence of an Early Development in Arabic Theological Literature" in *HTR*, 78, 1985, p. 101-114.

Groupe 2

Une quarantaine d'années de sa vie s'écoulèrent, sans qu'il ne s'adonne à aucun de ces thèmes érudits; sinon, il est certain que ses ennemis en auraient fait état. Après cette période, il s'y adonna d'un seul coup et dans un langage avec lequel anciens et modernes furent incapables de rivaliser. Cela n'a été possible qu'au travers de l'inspiration et de la révélation.

Groupe 3

Il supporta dans l'accomplissement de sa mission toutes sortes de tracas et de tourments; mais il n'en résulta ni relâchement à l'égard de son objectif, ni fléchissement de sa ténacité. Après avoir, par la suite, triomphé de ses ennemis et acquis de l'autorité, il ne dévia pas de son choix d'une vie ascétique, tendue vers la vie future. Un imposteur, au contraire, aspire à des avantages dans ce monde. S'il les obtient mais n'en tire pas profit, c'est comme s'il s'ingéniait à perdre à la fois ce monde-ci et le monde futur. Un homme sensé ne fait point de telles choses.

Groupe 4

Ses invocations furent exaucées.

Lorsqu'il proclama: *Ô Dieu, foule aux pieds durement Mudar et accorde-leur des années comme les années de Joseph*, Dieu écarta d'eux la pluie. Alors, ils le prièrent d'intercéder auprès de lui et il demanda donc que la pluie tombe sur eux. Celle-ci alors survint en telle quantité qu'ils eurent peur d'être engloutis. Ils revinrent lui demander d'implorer pour qu'il pleuve juste le nécessaire. Il dit alors : *Ô Dieu, autour de nous, pas sur nous, ô Dieu, sur les montagnes et les profondes vallées*. Alors, ce déluge fut repoussé au loin [1].

Lorsque Mahomet écrivit un message à Kisra (roi des Perses), celui-ci déchira sa lettre et lui renvoya une poignée de poussière. Alors, le Prophète dit: *Ô Dieu, réduis son royaume en poussière!* Il dit aussi à ses compagnons: *Il nous a envoyé la poussière de son pays; c'est un signe d'assujettissement de son pays*. Et ce qu'il avait prédit arriva [2].

A propos de 'Utba b. Abī Lahab [3], il dit : *Ô Dieu, suscite contre lui un de tes chiens*; aussitôt après un lion le mit en pièces.

1. Buḫārī (II, p. 231). Un récit analogue est mentionné dans le Talmud (*Ta'anit*, p. 23a). Muḍar désigne les Arabes du nord.

2. Ibn Ḥanbal, III, p. 447.

3. Oncle de Mahomet (demi-frère de son père); ennemi du Prophète, il est cité dans le Coran (111, 1) dans une malédiction.

Au sujet de ‘Abdallah b. ‘Abbās[1], il dit : *Ô Dieu, fais de lui un homme versé dans la religion et enseigne lui l'exégèse.* ‘Abdallah devint alors le maître des exégètes.

Lorsque les infidèles arrivèrent devant la grotte (où il se trouvait), Mahomet déclama à leur intention : *Nous mettrons une barrière devant eux et une barrière derrière eux. Nous les recouvrirons d'un voile et ils ne verront pas*[2]. Ceux-ci, regardant vers la grotte, ne voyaient pas le Prophète. L'un des infidèles s'étant approché de lui, après sa sortie de la grotte, il dit : *Ô terre, prend-le!* Les pieds du cheval de cet infidèle s'enfoncèrent alors dans le sol.

Groupe 5

L'annonce de son avènement si important est mentionnée dans la Torah et dans l'Evangile.

(Ce point a été discuté précédemment[3])

Groupe 6

Il a révélé des choses cachées.

(Ce point aussi a déjà été abordé[4])

Objection à cette argumentation

L'argumentation ci-dessus, issue en grande partie de récits individuels, n'apporte pas de certitude.

Ce qui est mentionné sur les dispositions sublimes de Mahomet – et donc la preuve de sa qualité de prophète – est faible, même en supposant véridiques les récits correspondants. Au mieux, cela indiquerait que cet homme se serait distingué des autres par une plus grande vertu[5] mais en quoi ceci prouverait-il sa qualité de prophète? Et comment se fait-il que l'on raconte sur les sages, pourvus des dispositions morales les plus remarquables, des histoires étonnantes, prises en exemple par les gens pour eux-mêmes, dans ce monde ci et dans le monde futur? Or, pour ce qui est de ces sages, leur connaissance des sciences exactes a été rapportée, alors qu'absolument rien de tel n'a été rapporté à propos de Mahomet.

1. ‘Abdallah b. ‘Abbās (619-687) devint une autorité réputée en ce qui concerne les traditions et lui-même en a transmis de nombreuses.

2. *Coran*, 36, 9 ; cf. aussi *Coran*, 9, 40.

3. Voir *supra*, p. 170 : Quatrième preuve.

4. Voir *supra*, p. 159 : Deuxième preuve.

5. Cf. *Muḥaṣṣal*, p. 154.

Son voyage en Syrie ne fut pas de si courte durée qu'il n'ait pu apprendre les quelques récits et autres choses citées dans le Coran. Au contraire, une moindre durée y aurait largement suffi et le fait qu'il n'ait été l'élève de personne n'est pas certain.

Sa connaissance, notamment, de l'essence du Créateur et de ses attributs n'était pas quelque chose d'inconnu avant sa mission. Les Arabes païens en avaient connaissance, comme leurs poésies et leurs histoires le prouvent.

Qu'il se soit plongé dans ces sujets d'un seul coup est à rejeter. Peut-être s'y était-il plongé secrètement sans le montrer. Au début de sa mission, il prêcha la religion d'Abraham aux Arabes. Ensuite, partant de cette religion, il se mit progressivement à prêcher une religion de son crû, procédant sans cesse à des rajouts et des retraits, en fonction de ce qu'exigeait de lui l'intérêt du moment. Comment peut-on alors affirmer qu'il a accompli sa prédication d'un seul coup et non progressivement ?

L'incapacité de rivaliser avec lui sur le Coran a déjà été discutée[1].

Dire qu'il ne changea pas la vie ascétique qu'il menait, lorsqu'il acquit du pouvoir, est faire montre d'entêtement[2]. Dès qu'il le put, il se permit de prendre des épouses sans limitation, mais n'autorisa pas les hommes de sa communauté à en prendre plus de quatre. Il se mariait suivant la formule de la dotation, sans douaire, sans protecteur légal et sans témoins. S'il désirait épouser une femme mariée, son mari devait la répudier. Ce fut le cas de Zaynab : son mari Zayd dût la répudier à cause du désir qu'elle suscita chez l'envoyé de Dieu qui l'épousa. En outre, il pouvait épouser une femme sans attendre la fin du délai de viduité requis et il ne s'imposait pas le partage entre ses femmes, conformément aux dispositions très réglementées établies par les juristes musulmans. Il décréta qu'il était plus méritant que les autres croyants : ainsi, dans sa part de butin il s'octroya Ṣafīya et prescrivit arbitrairement que le cinquième du butin lui reviendrait[3].

Il lança ses hordes de cavaliers uniquement pour piller les richesses et les marchandises des infidèles.

Il eut au total neuf femmes ainsi que de nombreuses concubines, dont l'une lui donna même un enfant. Il aimait le parfum et en abusait. Il ne dédaignait pas de déguster les mets qu'il affectionnait. On rapporte de lui

1. Voir *supra*, p. 135 : Première preuve.

2. Nous avons tenu compte de la remarque de G. Vajda : « *mukābarat* est traduit par « supercilious » mais le terme arabe exprime la négation de l'évidence plutôt qu'une attitude arrogante », *op. cit.*

3. *Coran*, 33, 49-52. Zaynab : *ibid.*, verset 37. Ṣafīya : prisonnière juive, elle acquit la liberté comme douaire et devint l'épouse du Prophète à qui elle survécut près de 30 ans.

cette parole : *Si vous cuisinez dans une marmite, mettez-y beaucoup de criquets!* Il accompagnait le concombre de dattes fraîches et de sel et aimait le melon et le raisin. Il mangeait tellement de raisin que sa salive giclait fréquemment sur sa vénérable barbe ! Sa nourriture préférée était la viande : il la mangeait dans la soupe avec de la courge et mangeait la chair des volailles qu'il chassait. Il consommait du pain avec du beurre et des dattes sèches avec de l'eau ou du lait. Il aimait le pied et l'épaule de mouton. Il affectionnait les criquets comme ragoût, le vinaigre comme condiment, l'endive, la citronnelle et le pourpier comme légumes et comme dattes celles séchées et pressées[1].

S'il fut ainsi, comment pourrait-il être qualifié d'ascète dans ce bas monde ? Par ailleurs, conquête du pouvoir et autocratie comptent parmi les plus grands plaisirs de ce monde et il n'y a donc rien d'étonnant à ce qu'il ait délaissé les autres plaisirs pour préserver ceux-ci.

Quant à dire que ses invocations furent exaucées, les récits qui les rapportent entrent dans la catégorie des récits individuels.

Concernant l'annonce de son avènement et les choses cachées qu'il aurait révélées, il en a été question plus haut.

Les musulmans pourraient répondre

Nous n'avons pas mentionné ces points pour tirer argument individuellement de chacun d'eux, mais pour leur effet cumulatif[2]. Si vous

1. Buḫārī (III, p. 493 *sq.*).

2. Le manuscrit de Téhéran ajoute ce qui suit :

« Même si le récit de chaque tradition séparée provient d'un seul individu, il est encore valide.

Si le Prophète avait étudié en Syrie ou avait été le disciple d'un maître, ceci aurait été mentionné par ses ennemis à son époque.

L'ignorance des Arabes païens, mis à part quelques-uns, est bien connue.

Mahomet s'est plongé soudainement dans les principes de la foi, mais pas dans ses ramifications.

Quand on parle de son ascétisme, on veut dire que dans son cœur il avait abandonné l'amour de ce monde ; les règles particulières relatives aux mariages interdits et autres ne jettent pas la suspicion sur lui, du fait notamment de sa capacité à conjuguer les deux aspects (ascétisme et mariage).

S'emparer de la richesse d'infidèles, de la manière condamnable décrite, constituait une sorte de guerre sainte obligatoire, menée non pour acquérir des richesses mais pour renforcer la foi et briser la puissance des infidèles.

Ce qui a été dit à propos de sa nourriture est destiné à mettre en évidence le manque d'étiquette et la simplicité du Prophète et non sa gloutonnerie.

Encore une fois, en utilisant cette méthode, on ne visait pas chaque point séparé mais leur effet cumulé ».

refusez la preuve constituée par cet ensemble en tant qu'ensemble, nous la considérons, nous, comme irréfutable et ne nous soucions pas de votre refus.

En effet, prenons quelqu'un qui étudie le Coran[1] et les *hadiths* de manière intensive et qui renforce son étude par la mise en pratique des directives du Prophète concernant les actes de dévotion et leur effet purificateur sur les cœurs :

– Cet homme verra combien le Prophète avait raison de dire : *Celui qui agit conformément à ce qu'il a appris, Dieu lui accordera en héritage la connaissance de ce qu'il ne savait pas.* Il verra encore combien il avait raison de dire : *Celui qui vient en aide à un tyran en fait son maître* et encore : *Celui qui au réveil voit ses soucis comme un seul et unique souci, Dieu lui épargne les soucis de ce monde et ceux du monde futur*[2] et de même pour les autres paroles de sagesse et de savoir-vivre qu'il a prononcées.

– Il observera aussi le support divin accordé au Prophète ; par exemple, comment un sot parmi les Arabes voyant son noble visage s'écria : *Par Dieu, ce n'est pas là le visage d'un menteur!* tandis qu'un autre lui demanda : *Je t'adjure par Dieu, est-ce Dieu qui t'a envoyé comme prophète ?*[3] Lorsque Mahomet lui répondit en prêtant serment : *Oui par Dieu, c'est Dieu qui m'a envoyé comme prophète*, alors cet homme crût en son serment.

– Il considèrera enfin le nombre de peuples qui l'ont suivi, la large propagation de sa cause, la justice de sa loi et comment, à son avènement, la miséricorde divine s'attacha à l'humanité.

Pour un tel homme, tout cela suffira à démontrer l'authenticité de Mahomet et sa qualité de prophète.

MAIS, JE DIS : CECI EST UNE APPROCHE INTUITIVE

Elle n'est pas vérifiable par celui qui la rejette, du fait qu'il ne ressent pas en lui-même cette intuition.

1. Cf. *Munqiḍ*, p. 43 bas.

2. *Miškāt al-Masabih*, trad. James Robson (Lahore, 1963), I, p. 60 *sq.* : si quelqu'un se soucie de son bien-être éternel autant que de tous ses autres soucis, Dieu le protégera de ses soucis d'ici-bas. Mais si ses multiples soucis sont tous en rapport avec ce monde, Dieu ne se préoccupera pas de savoir dans lequel de ses *wādis* il périra.

3. Buḫārī (I, p. 26 *sq.*).

On peut poser cette question : comment la loi de Mahomet pourrait-elle être vraie alors que juifs et chrétiens ont transmis de manière continue et largement diffusée l'idée que leur loi est appelée à durer jusqu'au jour de la résurrection ?

– Si Moïse ou Jésus avaient annoncé que leur loi devait s'interrompre, cela aurait donné lieu à une transmission fiable, comme il en a été pour la base de leur loi respective ; et juifs et chrétiens n'auraient pu le nier.

– Si les commandements de leur loi avaient été absolus, sans mention de temporalité ou d'éternité, il n'aurait pas été nécessaire, selon cette loi, de pratiquer ces commandements plus d'une seule fois, puisqu'un commandement absolu ne prescrit pas plus que cela. Mais il est bien connu qu'il n'en est pas ainsi de leur loi.

– Si l'un des deux avait annoncé que sa loi était éternelle et que tel ne fut pas le cas, on pourrait alors concevoir aussi que la loi de Mahomet ne dure pas, même s'il avait annoncé qu'elle était éternelle. Or ceci, un musulman ne saurait l'affirmer.

Nous conclurons qu'il n'y a pas d'issue à cela, sauf à nier l'authenticité de la transmission des juifs et des chrétiens. Et, tu connais déjà la teneur de la discussion à ce sujet[1].

De nombreuses flèches ont été décochées et j'y répondrai. Ce sujet admet d'autres investigations, mais je ne vois pas la nécessité d'apporter un complément à ce que j'ai exposé.

A Dieu – qu'il soit exalté – je demande guidance, protection, bonne fin et bienveillance. Qu'il m'accorde une place auprès de ceux qui ont gagné le bonheur éternel et qui se sentent sereins face à son châtiment. Gloire à Dieu, maître des mondes et que ses bénédictions soient sur ses élus et prophètes, honorés de sa proximité.

1. Pour les juifs : voir *supra*, p. 83 (deuxième objection) et 106. Pour les chrétiens, voir p. 130-131. Voir également le point de vue de Faḫr al-Dīn al-Rāzī, p. 173, concernant à la fois juifs et chrétiens.

ANNEXE

SIGNIFICATION DU NOM DE L'AUTEUR

Ibn Kammūna signifie « Fils de la graine de cumin ». Nous reproduisons ci-après ce qu'en dit S. D. Goiten dans son ouvrage *A Mediterranean Society*, vol. III, The Family, University of California Press, 1978, p. 12-13 :

> The surname Ibn Kammūna « Son of the Grain of Cumin » [fem.] which sounds even stranger than « Son of the Cow » (Ibn Baqara) is quite another story. It appears first in the Geniza in the year 1121, in a report about messianic troubles in Bagdad, when an Abū Sahl Ibn Kammūna was received by the caliph and intervened with him for the Jewish community.
> Another Ibn Kammūna, clearly a prominent personality, died in an underground prison in Wāsit, Iraq in 1204/1205, reported by a Muslim historian as a noteworthy happening.
> A third one bearing the title « Pride of the Efficient (servants of the Government) » is referred to as a benefactor in a letter by the Gaon of Bagdad, Samuel b. Eli, dated 1206.
> All these, as well as the famous oculist and philosopher 'Izz al-Dawla Ibn Kammūna, one of the most interesting authors of the Jewish Middle Ages (d. 1284), might have belonged to the same family. For all of them lived in Iraq and were connected with the government with one way or another. The philosopher's son Najm al-Dawla (« Star of the Government ») also was in the service of the state. But when in a list of indigent persons, drawn-up in Fustat around 1230, an Ibn Kammūna receives two loafes of bread, he could hardly have been of this family, for he is mentioned as a native, not as a foreigner. This shows that the strangeness of a name is by no means a guarantee for its uniqueness.

S. D. Goiten ajoute peu après, au paragraphe intitulé « Nicknames of ancestors as surnames of their descendants » :

> Specific physical or moral traits of a forebear often were expressed by nicknames, which became family names, mostly under the form of « Son of the woman of this or that character », for instance : « Son of the Hot-tempered [woman] », « of Sweetmeat », « of the Cow », « of the Grain of Cumin ».
>
> These matronymics (names derived from the mother's name) should not be taken for remnants of ancient matriarchy. A nickname is a mild form of a curse or a blessing. The mother, the giver of life, has a magical impact on the destiny of her son. In a magical invocation, the names of the mothers of both the supplicant and of his enemy (or of his beloved, as the case may be) are mentioned (alongside with their fathers or not). When Muslims wish to anger a Jewish convert to Islam, they would say to him not « You, son of a Jew », but « You, son of the Jewess ».

A noter, selon la remarque de M. Perlmann, qu'il existe une famille musulmane Ibn Kammūna en Irak (Cf. Ḥushāwī, *Mu'jam rijāl al-fikr wa-l-'adab fī Najaf*, Najaf, 1964, p. 380 *sq*.).

BIBLIOGRAPHIE

POLÉMIQUE RELIGIEUSE ENTRE JUIFS ET MUSULMANS AU MOYEN ÂGE

ADANG Camilla, *Muslim Writers on Judaism and the Hebrew Bible – from Ibn Rabban to Ibn Ḥazm*, Leiden, New York, Brill, 1996

– *Islam Frente a Judaismo – La Polémica de Ibn Hazm de Córdoba*, Madrid, Aben Ezra, 1994.

AHMAD B., *Muhammad and the Jews : a Re-examination*, New Delhi, Vikas, 1981.

ARNALDEZ R., *Grammaire et théologie chez Ibn Ḥazm de Cordoue*, Paris, Vrin, 1956, p. 238-245.

– « Ibn Hazm », *Encyclopédie de l'Islam (EI²)*, vol. 3, p. 790-799.

ASHTOR Eliyahu, *The Jews of Moslem Spain*, Philadelphia, The Jewish Publication Society of America, 1973-1979, 2 vol.

ASIN PALACIOS M., *Abenhazam de Córdoba y su Historia Critica de las Ideas Religiosas*, Madrid, Revista de Archivos, Bibliotecas y Museos, 1927-1932, 5 vol.

BAR-ASHER Méïr, « Le statut des Juifs chez les Malikites », *in* M. Abitbol, *Relations judéo-musulmanes au Maroc – Perceptions et réalités*, Paris, Stavit, 1997 ; Rabat, Centre de Recherche sur les Juifs du Maroc, 1998, p. 259-273.

BAT YE'OR, *Le Dhimmi : Profil de l'opprimé en Orient et en Afrique du Nord depuis la conquête de l'Islam*, Paris, Anthropos, 1980.

BROCKELMANN C., « Muhammedanische Weissagungen im Alten Testament », *ZAW*, 15, 1895, p. 135-142.

BRUNSCHVIG R., « L'argumentation d'un théologien musulman du Xᵉ siècle contre le Judaïsme », in *Homenaje a Millas y Vallicrosa*, Barcelona, 1954.

BURTON, J., « Naskh », *Encyclopédie de l'Islam (EI²)*, vol. 7, p. 1009-1014.

CAHEN C., « Dhimma », *Encyclopédie de l'Islam (EI²)*, vol. 2, p. 227-238.

COHEN Mark R., *Under Crescent and Cross – The Jews in the Middle Ages*, Princeton, Princeton University Press, 1994 (chap. V : Polemics, p. 139-161).

– with UDOVITCH Abraham L. (eds) *Jews among Arabs – Contacts and Boundaries*, Princeton, The Darwin Press, 1989.

DI MATTEO I., « Il "*tahrif*" od alterazione della Bibbia secondo i musulmani », *Bessarione* 38 (1922), p. 64-111 et 223-260.

– « Le pretese contraddizioni della S. Scrittura secondo Ibn-Hazm », *Bessarione* 39, 1923, p. 77-127.

DOZY R., *Die Israeliten zu Mekka von Davids Zeit*, Leipzig, Engelmann, 1864.

FRANK Daniel, (ed.), *The Jews of Medieval Islam – Community, Society and Identity*, Leiden, E. J. Brill, 1992.

FRIEDLANDER I., « Zur Komposition von Ibn Ḥazm's Milal wa'n-Nihal » in *Orientalische Studien Th. Noeldeke gewidmet*, I, Giessen, 1906, p. 267 *sq*.

GEIGER A., *Was hat Mohammed aus dem Judenthume aufgenommen ?* Bonn, F. Baaden, 1833 ; trad. angl. *Judaism and Islam*, Madras, 1898 ; 2e edition, Tel Aviv, Zohar Books, 1969 ; New York, Ktav Publishing House, 1970.

GIL Moshe, *Jews in Islamic Countries in the Middle Ages*, Leiden, Brill, 2004.

GOITEIN Shlomo Dov, *Jews and Arabs – Their Contacts through the Ages*, New York, Shocken Press, 1956 ; trad. fr. *Juifs et Arabes*, Paris, éd. de Minuit, 1957.

– *A Mediterranean Society : The Jewish Communities of the Arab World as portrayed in the Documents of the Cairo Geniza*, vol. 1-5, Berkeley and Los Angeles, University of California Press, 1967-1978.

GOLDZIHER I., « Uber Muhammedanische Polemik gegen Ahl al-Kitāb », *ZDMG* XXXII, 1878, p. 341-387.

GUILLAUME A., « The Influence of Judaism on Islam » in *The Legacy of Israël*, Oxford, Clarendon Press, 1927, p. 129-171.

HIRSCHFELD H., « Mohammedan Criticism of the Bible », *JQR*, 13, 1901, p. 222-240.

HIRSHBERG Haïm Zeev, *A History of the Jews in North Africa*, Leiden, Brill, 1981.

HUSAIN, Adnan A., « Conversion to History : Negating Exile and Messianism in Al-Samaw'al Al-Maghribī's Polemic against Judaism », *Medieval Encounters*, Vol. 8, Number 1, 2002, p. 3-34.

LAZARUS-YAFEH Hava, *Intertwined Worlds : Medieval Islam and Bible Criticism*, Princeton, Princeton University Press, 1992.

LEWIS Bernard, *The Jews of Islam*, Princeton, Princeton University Press, 1984 ; trad. fr. *Juifs en terre d'Islam*, Paris, Calmann-Lévy, 1986.

– « An Apocalyptic Vision of Islamic History », *Bulletin of the School of Oriental and African Studies*, XIII, 1949-1951, p. 308-331.

– *Sémites et antisémites*, Paris, Fayard, 1987.

MARCUZZO G. B., éd. et traduction : *Le dialogue d'Abraham de Tibériade avec 'Abd al-Raḥmān al-Hashimī à Jérusalem vers 820*, « Textes et Études sur l'Orient Chrétien », vol. 3, Rome, Pontificia Università Lateranensis, 1986.

MERI, Josef W., « Re-Appropriating Sacred Space : Medieval Jews and Muslims Seeking Elijah and Al-Khadir », *Medieval Encounters*, Vol. 5, Number 3, 1999, p. 237-264.

MONTGOMERY J.A., *Arabia and the Bible*, 2e ed., New York, Ktav Publishing House, 1969.

NEWBY G.D., *A History of the Jews of Arabia*, Columbia, SC, University of South California Press, 1988.

PERLMANN Moshe, « The Medieval Polemics between Islam and Judaism » in S.D. Goitein (ed.), *Religion in a Religious Age*, Cambridge, Mass., Cambridge University Press, 1974, p. 103-138.

– « Andalusian Authors on the Jews of Granada », *PAAJR*, 18, 1948-49.

– « 'Abd al-Ḥaqq al-Islāmī, A Jewish Convert », *JQR*, 31, 1940-41, p. 171-191.

POLIAKOV Léon, *Histoire de l'antisémitisme – De Mahomet aux Marranes*, Paris, Calmann-Lévy, 1961.

RIZWI S. Faizer, « Muhammad and the Jews : A Comparison of the Texts of Ibn Ishaq's *Kitab Sirat Rasul Allah* with al-Waqisi's *Kitab al-Maghazi* », *International Journal of Middle Eastern Studies*, XXVIII, 1996, p. 463-489.

ROSENTHAL E. I., *Judaism and Islam*, London, Yoseloff, 1961.

ROSENTHAL F., « The Influence of the Biblical Tradition on Muslim Historiography », in *Historians of the Middle East*, ed. B. Lewis and P. M. Holt, London, 1962, p. 35-44.

ROTH N., « Forgery and Abrogation of the Torah : A Theme in Muslim and Christian Polemic in Spain », *PAAJR* LIV, 1987, p. 203-236.

SCHREINER M., « Zur Geschichte der Polemik zwischen Juden und Muhammedanern », *ZDMG* XLII, 1888, p. 591-675.

SHTOBER, Shimon, « Lā Yajūz an Yakūn Fī Al-Ālam Li-Llāhi Qiblatayn : Judaeo-Islamic Polemics Concerning the Qibla (625-1010) », *Medieval Encounters*, Vol. 5, Number 1, 1999, p. 85-98.

TORREY C., *The Jewish Foundations of Islam*, New York, Ktav Publishing House, 1933.

VAJDA G., « Judaeo-Arabica 1, Observations sur quelques citations bibliques chez Ibn Qotayba » *REJ*, 99, 1935, p. 68-80.

– « Juifs et Musulmans selon le *Hadiṯ* », *JA*, 1937, p. 57-127.

– « Ahl al-kitāb », *Encyclopédie de l'Islam (EI²)*, vol. 1, p. 264-266.

– « Isra'iliyyat », *Encyclopédie de l'Islam (EI²)*, vol. 4, p. 211.

WATT W. M., « The Early development of the Muslim attitude to the Bible », *Transactions Glasgow University Oriental Society* XVI, 1955, p. 50-62.

– *Muhammad at Medina*, Oxford, Oxford University Press, 1956 (réimprimé en 1994).

WENSINCK A.J., *Mohammed en de Joden te Medina*, Leyde, 1908 (trad. angl. *Muhammad and the Jews of Medina*, Berlin, Adivok, 1982).

En hébreu

BAR-ASHER Méïr, « On Judaism and Jews in Early Shi'i Religious Literature », *Pe'amim*, 61, automne 1994, p. 16-36.

BEN-SASSON Menahem, « On the Jewish Identity of Forced Converts – A Study of Forced Conversion in the Almohad Period », *Pe'amim*, 42, 1990, p. 16-37.

GOITEIN Shlomo Dov, « Isra'iliyyat », *Tarbiz*, 1931, p. 89-101 ; 510-522.

HIRSHBERG Haïm Zéev, *Israel Be'Arav* (Juifs d'Arabie), Tel Aviv, 1946 ;

– « De la persécution almohade et du commerce de l'Inde » in *Mélanges I. F. Baer*, Jérusalem, 1961, p. 134-153.

LAZARUS-YAFEH Hava, « Jewish Knowledge of the Koran » in *Sefunot*, V, 1991, p. 37-50.

– (ed.), *Muslim Authors on Jews and Judaism*, Jerusalem, Zalman Shazar Center, 1996.

NETZER Amnon, « The History of the Forced Converts of Mashad according to Yaacov Daylamgan », *Pe'amim*, 42, 1990, p. 127-156.

SCHLOSSBERG Eliezer, « The Attitude of Maimonides towards Islam » in *Pe'amim*, 42, 1990, p. 38-60.

– « The Attitude of R. Maimon, the Father of Maimonides, to Islam and Modern Persecutions », *Sefunot*, V, 1991, p. 95-108.

SEPTIMUS Bernard, « Better under Edom than under Ishmael – the History of a Saying », *Zion*, XLVII 2, 1982, p. 103-111.

SHTOBER Shimon, « A Jewish Look at the Beginning of Islam », *Pe'amim*, automne 1994, p. 10-83.

STRAUSS E., « Methods of Islamic Polemics » in *Memorial Volume for the Vienna Rabbinical Seminary*, A. Schwarz (ed.), Jerusalem, 1946, p. 182-197.

ZUCKER M., « Notes on the History of religious disputations between Judaism and Islam » in *Festschrift A. Kaminka*, Vienne, 1937, p. 31-48.

POLÉMIQUE RELIGIEUSE ENTRE JUIFS ET CHRÉTIENS EN TERRE D'ISLAM

LASKER Daniel J., « The Jewish Critique of Christianity under Islam in the Middle Ages », *PAAJR*, LVII, 1991, p. 121-153.

PINES Shlomo, « Judaeo-Christian Materials in an Arabic Jewish treatise », *PAAJR*, XXXV, 1967, p. 187-217.

STROUMSA Sarah, *Dāwūd Ibn Marwān al-Muqammiṣ's twenty chapters ('Ishrūn Maqāla)*, edited, translated and annotated, Leiden, New York, Brill, 1989.

WOLFSON Harry A., « Saadia and the Trinity and Reincarnation » in *Studies and Essays in honor of Abraham A. Neuman*, ed. M. Ben Horin et al., Leiden, Philadelphia, Brill, 1962, p. 547-568.

En hébreu

LASKER Daniel J., « The Jewish-Christian Debate and its Origins in the Lands of Islam », *Pe'amim*, 57, 1993, p. 4-16.

– « Against Whom did Rav Sa'adia Gaon Polemicize in his discussion concerning abrogation of the Torah ? », *Da'at*, 32-33, 1994, p. 5-11.

LAZARUS-YAFEH Hava, « More on the Jewish-Christian Polemic and its Muslim sources », *Pe'amim*, 61, 1994, p. 49-56.

En arabe

AL-HAWARY Mohamed, *The Jewish Polemics Against Christianity in the light of the Cairo Geniza*; Bodleian Oxford MS. Heb.e. 32 (fols. 18-25), Cairo, 1994.

POLÉMIQUE RELIGIEUSE ENTRE MUSULMANS ET CHRÉTIENS EN TERRE D'ISLAM

ACCAD Martin, « The Gospels in the Muslim Discourse of the Ninth to the Fourteenth Centuries : an exegetical inventorial table (parts I to IV) », *Islam and Christian-Muslim Relations*, Vol. 14, 2003, Issue 1, p. 67-91 ; Issue 2, p. 205-220 ; Issue 3, p. 337-352 ; Issue 4, p. 459-479.

BOUAMAMA Ali, *La littérature polémique contre le Christianisme depuis ses origines jusqu'au XIIIe siècle*, Alger, Entreprise Nationale du Livre, 1988.

BEAUMONT Mark, « Muslim Readings of John's Gospel in the ʿAbbasid Period », *Islam and Christian-Muslim Relations*, Vol. 12, Issue 2, 2001, p. 179-197.

CASCIARO José María, *Jesús en el Corán*, Facultad de Teología, Universidad de Navarra, Pamplona, Scripta Theologica 30, 1998, p. 13-38.

FRITSCH E., *Islam and Christenthum im Mittelalter*, Müller & Seiffert, Breslau, 1930.

GRIFFITH SIDNEY H., *The Church in the Shadow of the Mosque : Christians and Muslims in the World of Islam*, Princeton, Princeton University Press, 2007.

– « Byzantium and the Christians in the World of Islam : Constantinople and the Church in the Holy Land in the Ninth Century », *Medieval Encounters*, Vol. 3, Number 3, 1997, p. 231-265.

GUENTHER Alan M., « The Christian experience and interpretation of the early Muslim conquest and rule », *Islam and Christian-Muslim Relations*, Vol. 10, Issue 3, 1999, p. 363-378.

ISKANDER John, « Islamization in Medieval Egypt : the Copto-Arabic "Apocalypse of Samuei", as a Source for the Social and Religious History of Medieval Copts », *Medieval Encounters*, Vol. 4, Number 3, 1998, p. 219-227.

O'MAHONY Anthony, « Between Islam and Christendom : the Ethiopian Community in Jerusalem Before 1517 », *Medieval Encounters*, Vol. 2, Number 2, 1996, p. 140-154.

PALMIERI P. A., *Die Polemik des Islams*, German tr. Holzer, Salzburg, A. Pustet, 1902.

PARRINDER G., *Jesus in the Qur'an*, London, Faber and Faber, 1965.

PERIER Augustin, *Petits traités apologétiques de Yaḥyā ibn ʿAdī*, Paris, P. Geuthner, 1920.

SIRRIYEH Elizabeth, « Muslims dreaming of Christians, Christians dreaming of Muslims : Images from Medieval dream interpretation », *Islam and Christian-Muslim Relations*, Vol. 17, Issue 2, 2006, p. 207-221.

SOURDEL Dominique, « Un pamphlet musulman anonyme d'époque 'abbāside contre les Chrétiens » *Revue des Études Islamiques* 34, 1966, p. 1-33.

SULEIMAN A. Mourad, « A Twelfth-Century Muslim Biography of Jesus », *Islam and Christian-Muslim Relations*, Vol. 7, Issue 1, 1996, p. 39.

TALBI Mohammed, « Le christianisme maghrébin, de la conquête musulmane à sa disparition », *in* M. Gervers and R.J. Bikhazi (eds), *Conversion and Continuity : Indigenous Communities in Islamic Lands, 8th to 18th centuries*, Toronto, Pontifical Institute of Medieval Studies, 1990, p. 313-351.

TARTAR Georges, *Dialogue Islamo-Chrétien sous le Calife al-Ma'mūn (813-834) : Les Épitres d'al-Hashimī et d'al-Kindī*, Paris, Nouvelles éditions latines, 1985.

THOMAS David, *Anti-Christian Polemic in Early Islam : Abū 'Isā al-Warrāq's « Against the Trinity »*, Cambridge, Cambridge University Press, 1992.

– « The Bible in Early Muslim Anti-Christian Polemic », *Islam and Christian-Muslim Relations*, Vol. 7, Issue 1, 1996, p. 29.

VAN DEN HAM F. J., *Disputatio pro religione Muhammedanorum adversus Christianos*, Leiden, Brill, 1877, 1890, 2 vol.

WHITTINGHAM Martin, « How Could So Many Christians Be Wrong ? The Role of *Tawātur* (Recurrent Transmission of Reports) in Understanding Muslim Views of the Crucifixion », *Islam and Christian-Muslim Relations*, Vol. 19, Issue 2, 2008, p. 167-178.

L'ISLAM FACE AUX JUIFS ET AUX CHRÉTIENS

ARNALDEZ R., *A la croisée des trois monothéismes*, Paris, Albin Michel, 1993.

BUSSE Heribert, *Islam, Judaism and Christianity, Theological and Historical Affiliations*, Princeton, N.J., Markus Wiener Publishers, 1998.

COURBAGE Youssef et FARGE Philippe, *Chrétiens et Juifs dans l'islam arabe et turc*, Paris, Payot, 1986.

FATTAL Antoine, *Le statut légal des non-musulmans en pays d'Islam*, Beyrouth, Imprimerie catholique, 1958.

GARCÍA-SANJUÁN Alejandro, « Jews and Christians in Almoravid Seville as Portrayed by the Islamic Jurist Ibn Abdūn », *Medieval Encounters*, Vol. 14, Number 1, 2007, p. 78-98.

HIRSCHBERG J.W., *Jüdische und Christlische Lehren im Vor und frühislamischen Arabien*, Krakow, Polska Akademia Umiejęności, 1939.

LECOMTE G., « Les citations de l'Ancien et du Nouveau Testament dans l'œuvre d'Ibn Qutayba », *Arabica*, 5, 1958, p. 34-46.

LEVTSION Nehemiah, « Conversions et islamisation au Moyen Âge : Différences entre Juifs et Chrétiens », *Pe'amim*, 42, 1990, p. 8-15 (en hébreu).

MAGHEN Ze'ev, « Strangers and Brothers : The Ritual Status of Unbelievers in Islamic Jurisprudence », *Medieval Encounters*, Vol. 12, Number 2, 2006, p. 173-223.

MCAULIFFE Jane Dammen, « The Qur'anic Context of Muslim Biblical Scholarship », *Islam and Christian-Muslim Relations*, Vol. 7, Issue 2, 1996, p. 141-158.

NOVIKOFF Alex, « Between Tolerance and Intolerance in Medieval Spain : An Historiographic Enigma », *Medieval Encounters*, Vol. 11, Numbers 1-2, 2005, p. 7-36.

POURJAVADY Reza, SCHMIDTKE Sabine, « Muslim Polemics against Judaism and Christianity in 18th Century Iran. The Literary Sources of Āqā Muḥammad 'Alī Bihbahānī's (1144/1732-1216/1801) *Rädd-i shubahāt al-kuffār* » in *Studia Iranica* 35 (2006), p. 69-94.

SYED Z. Abedin, « Al-Dhimma : The non-believers' identity in Islam », *Islam and Christian-Muslim Relations*, Vol. 3, Issue 1, 1992, p. 40-57.

TOTTOLI Roberto, « Muslim Traditions Against Secular Prostration and Inter-Religious Polemic », *Medieval Encounters*, Vol. 5, Number 1, 1999, p. 99-111.

WAARDENBURG Jacques, *Muslim Perceptions of Other Religions, A Historical Survey*, New York, Oxford University Press, 1999.

WADI ZAIDAN Haddad, « Ahl al-dhimma in an Islamic State : the teaching of Abu al-Hassan al-Mawardi's *Al-ahkam al-sultaniyya* », *Islam and Christian-Muslim Relations*, Vol. 7, Issue 2, 1996, p. 169-180.

OUVRAGES ET ARTICLES FAISANT ÉTAT DU *TANQĪḤ* D'IBN KAMMŪNA

BACHA Habib, ed, *Ḥawāshi (Notes) d'Ibn al-Maḥrūma sur le* Tanqīḥ *d'Ibn Kammūna*, collection Patrimoine Arabe Chrétien, 6 (Jounieh, Liban, Librairie Saint-Paul et Pontificio Istituto Orientale, Rome, 1984).

BANETH D.H., « Ibn Kammūna », *MGWJ*, 69, 1925, p. 295-311.

HIRSCHFELD Leo, *Sa'ad b. Mansūr Ibn Kammūna und seine polemischeSchrift*, Berlin, 1893 (édition partielle et traduction du chapitre II sur le judaïsme, du début jusqu'à la réponse à la 1re objection).

LANGERMANN Y. Tzvi, « Ibn Kammūna and the New Wisdom of the Thirteenth Century » in *Arabic Sciences and Philosophy*, 15, 2005, p. 277-327.

– « Ibn Kammūna at Aleppo » in *Journal of the Royal Asiatic Society*, third series, 17, 2007, p. 1-19.

– « Ibn Kammūna » in *Routledge Encyclopedia of Philosophy*, 4, London and New York, 1998, p. 621-623.

LASKER Daniel J. and STROUMSA Sarah, *The Polemic of Nestor the priest (Qiṣṣat Mujādalat al-Usquf* and *Sefer Nestor Ha-Komer)*, Jerusalem, Ben-Zvi

Institute, 1996, p. 26, 35, 138-140, 142, 146-147, 150, 152-154, 156-157, 163-166, 168-169.

LAZARUS-YAFEH Hava, *Intertwined Worlds : Medieval Islam and Bible Criticism*, Princeton, Princeton University Press, 1992.

NEMOY M.L. « Ibn Kammūna's Treatise on the Differences between the Rabbanites and the Karaites », *PAAJR*, 36, 1968, p. 107-165.

– « New data for the biography of Sa'ad Ibn Kammūna », *REJ*, 123, 1964, p. 507-510.

NIEWÖHNER Friedrich, « Die Wahrheit ist eine Tochter der Zeit ; Ibn Kammūna's historisch-kritischer Religionvergleich aus dem Jahre 1280 », *Religiongespräche im Mittelalter*, Wiesbaden, 1992, p. 357-369.

PERLMANN Moshe, « The Medieval Polemics between Islam and Judaism » in : S.D. Goitein (ed.), *Religion in a Religious Age*, Cambridge, Mass., 1974, p. 103-138.

– « Ibn Kammūna », *EI*[2], vol. III, 1971, p. 839.

– « Ibn Kammūna, Sa'ad Ibn Manṣūr », *EJ*[2], vol. 9, 2006, p. 684.

POURJAVADY Reza and SCHMIDTKE Sabine : *A Jewish Philosopher of Baghdad : 'Izz al-Dawla Ibn Kammūna (d. 683/1284) and his Writings*, Leiden, Boston, Brill, 2006 (Islamic Philosophy, Theology and Science ; 65) ; accompagné d'une biographie et d'une bibliographie détaillées.

SCHMIDTKE S., « Studies on Sa'd b. Manṣūr Ibn Kammūna (d. 683/1284) : Beginnings, Achievements, and Perspectives », *Persica, Annual of the Dutch-Iranian Society* 29 (2003), p. 105-121.

ROGGEMA Barbara, « Jewish-Christian debate in a Muslim context ; Ibn Maḥrūma's notes to Ibn Kammūna's *Examination of the inquiries into the three faiths* » in *All Those Nations ...* : Cultural Encounters within and with the Near East ; Studies Presented to Han Drijvers at the Occasion of His Sixty-Fifth Birthday ; Ed. by H.L.J. Vanstiphout, Groningen, Styx, 1999, p. 131-139.

– « Epistemology as Polemics : Ibn Kammūna's Examination of the Apologetics of the Three faiths » in *The Three Rings, Textual Studies in The Historical Trialogue of Judaism, Christianity and Islam*, Utrecht, Peeters, 2005, p. 47-68.

ROSENKRANZ-VERHELST Simone, « Judentum, Christentum und Islam in der Sicht des Ibn Kammūna », *Judaica*, 52, 1, 1996, p. 4-22.

SCHREINER Stefan, « Ibn Kammūnas Verteidigung des historischen Jesus gegen den paulinischen Christus », in *Geschichte – Tradition – Reflexion*, Band I, Tubingen 1996, p. 453-479.

STEINSCHNEIDER M., *Polemische und apologetische Literatur in arabischer Sprache zwischen Muslimen, Christen und Juden*, Hildesheim, Olms Verlag, 1966 (1re édition : Leipzig, 1877).

VAJDA G., Compte rendu, en anglais, de la traduction anglaise du *Tanqīḥ,* par Moshe Perlmann : *Examination of the inquiries into the three faiths*, REJ, tome 133, 1974, p. 272-275.

OUVRAGES D'IBN KAMMŪNA ÉDITÉS

Al-Jadīd fī l-ḥikma. Ed. Ḥamīd Mar'īd al-Kabīsī, Bagdad, 1403/1982.

Al-Jadīd fī l-ḥikma. Ed. Hāmid Nājī Iṣfahānī, Téhéran, Iranian Institute of Philosophy & Institute of Islamic Studies, Free University of Berlin, 1387/2008 (Series on Islamic Philosophy and Theology. Texts and Studies 9).

« Maqāla fī anna l-nafs laysat bi-mizāj al-badan wa-lā kā'ina 'an mizāj al-badan » in Ansīyah Barkh^{w}āh : *Taṣḥīḥ-i Risāla-yi Azaliyyat al-nafs wa-baqā'ihā ta'līf-i Ibn Kammūna*, Téhéran, Majlis, 1385/2006.

« Maqāla fī anna wujūd al-nafs abadī wa-baqā'ahā sarmadī » in Ansīyah Barkh^{w}āh : *Taṣḥīḥ-i Risāla-yi Azaliyyat al-nafs wa-baqā'ihā ta'līf-i Ibn Kammūna*, Téhéran, Majlis, 1385/2006.

« Maqāla fīanna wujūd al-nafs abadī wa-baqā'ahā sarmadī » in Leon Nemoy (ed.) : « Ibn Kammūna's Treatise on the Immortality of the Soul » *Ha-Rofe ha-'Ivri. The Hebrew Medical Journal* 1, 1962, p. 213-239.

« Maqāla fī l-taṣdīq bi-anna nafs al-insān bāqiya abadan » in Ansīyah Barkh^{w}āh : *Taṣḥīḥ-i Risāla-yi Azaliyyat al-nafs wa-baqā'ihā ta'līf-i Ibn Kammūna*, Téhéran, Majlis, 1385/2006.

« Al-Maṭālib al-muhimma min 'ilm al-ḥikma » Ed. Sayyid Ḥusayn Sayyid Mūsawī. *Kheradnāma-yi Ṣadrā* 8 XXXII (Tābestān 1382/Rajab 1425/ septembre 2003), p. 64-86.

Tanqīḥ al-abḥāth lil-milal al-thalāth. Perlmann, Moshe (ed.) : *Sa'd b. Manṣūr Ibn Kammūna's Examination of the Inquiries into the Three Faiths*, Los Angeles/Berkeley, 1967.

Al-Tanqīḥāt fī sharḥ al-Talwīḥāt. Ed. Sayyid Ḥusayn Sayyid Mūsawī. Thèse de doctorat : DÁnishgÁh-i TihrÁn, 1375-1376/1996-1997. Une discussion extensive de ce commentaire d'Ibn Kammūna, portant notamment sur l'élaboration du texte, se trouve déjà dans H. Corbin, *Sihabbadin Yahya as-Suhrawardi Opera Metaphysica et Mystica (Ouvrages métaphysiques et mystiques d'al-Suhrawardi)*, Istanbul, Maarif Matbaasi, 1945, vol. 1, p. LXII-LXXIII.

Al-Tanqīḥāt fī sharḥ al-talwīḥāt. Refinement and commentary on Suhrawardī's Intimations. A Thirteenth Century Text on Natural Philosophy and Psychology. Critical Eds. Hossein Ziai and Ahmed Alwishah, Costa Mesa, California, 2003.

« Kalimāt wajīza mushtamila 'alā nukat laṭīfa fī l-'ilm wa-l-'amal » ed. R. Pourjavady, S. Schmidtke in *A Jewish Philosopher of Baghdad. 'Izz al-Dawla Ibn Kammūna (d. 683/1284) and His Writings*, Leiden, Brill, 2006 (Islamic Philosophy, Theology and Science ; 65).

« Ithbāt al-mabda' wa-ṣifātihi wa-l-'amal al-muqarrib ilā llāh » ed. R. Pourjavady, S. Schmidtke in *A Jewish Philosopher of Baghdad. 'Izz al-Dawla Ibn Kammūna (d. 683/1284) and His Writings*, Leiden, Brill, 2006 (Islamic Philosophy, Theology and Science ; 65).

« Taqrīb al-maḥajja wa-tahdhīb al-ḥujja » ed. R. Pourjavady, S. Schmidtke in *A Jewish Philosopher of Baghdad. 'Izz al-Dawla Ibn Kammūna (d. 683/1284) and His Writings*, Leiden, Brill, 2006 (Islamic Philosophy, Theology and Science ; 65).

« Min ta'ālīq al-Ḥakīm 'Izz al-Dawla Abī l-Riḍā Ibn Kammūna » ed. R. Pourjavady, S. Schmidtke in *A Jewish Philosopher of Baghdad. 'Izz al-Dawla Ibn Kammūna (d. 683/1284) and His Writings*, Leiden, Brill, 2006 (Islamic Philosophy, Theology and Science ; 65).

« Correspondence with Naṣīr al-Dīn al-Ṭūsī » ed. R. Pourjavady, S. Schmidtke in *A Jewish Philosopher of Baghdad. 'Izz al-Dawla Ibn Kammūna (d. 683/1284) and His Writings*, Leiden, Brill, 2006 (Islamic Philosophy, Theology and Science ; 65).

« Correspondence with Najm al-Dīn al-Kātibī » ed. R. Pourjavady, S. Schmidtke in *A Jewish Philosopher of Baghdad. 'Izz al-Dawla Ibn Kammūna (d. 683/1284) and His Writings*, Leiden, Brill, 2006 (Islamic Philosophy, Theology and Science ; 65).

« Correspondence with Kamāl al-Dīn al-Baḥrānī » ed. R. Pourjavady, S. Schmidtke in *A Jewish Philosopher of Baghdad. 'Izz al-Dawla Ibn Kammūna (d. 683/1284) and His Writings*, Leiden, Brill, 2006 (Islamic Philosophy, Theology and Science ; 65).

« Correspondence with Fakhr al-Dīn al-Kāshī » ed. R. Pourjavady, S. Schmidtke in *A Jewish Philosopher of Baghdad. 'Izz al-Dawla Ibn Kammūna (d. 683/1284) and His Writings*, Leiden, Brill, 2006 (Islamic Philosophy, Theology and Science ; 65).

« Ibn Kammūna's Poetry » ed. R. Pourjavady, S. Schmidtke in *A Jewish Philosopher of Baghdad. 'Izz al-Dawla Ibn Kammūna (d. 683/1284) and His Writings*. Leiden, Brill, 2006 (Islamic Philosophy, Theology and Science ; 65).

Critical Remarks by Najm al-Dīn al-Kātibī on the Kitāb al-Ma'ālim by Fakhr al-Dīn al-Rāzī, together with the Commentaries by 'Izz al-Dawla Ibn Kammūna. Edité avec une introduction par Sabine Schmidtke et Reza Pourjavady, Téhéran, Iranian Institute of Philosophy and Institute of Islamic Studies, Free University of Berlin, 1386/2007 (Series on Islamic Philosophy and Theology. Texts and Studies ; 6).

NEMOY, Leon : *The Arabic Treatise on the Immortality of the Soul by Sa'd ibn Manṣūr ibn Kammūna (XIII century). Facsimile Reproduction of the Only Known Manuscript (Cod. Landberg 510, fol. 58-70) in the Yale University Library. With a Bibliographical Note*. New Haven, 1944.

— (ed.) « Ibn Kammunah's Treatise on the Differences between the Rabbanites and the Karaites », *PAAJR*, 36 (1968), p. 107-165.

TABLE DES MATIÈRES

IBN KAMMŪNA

EXAMEN DE LA CRITIQUE

DES TROIS RELIGIONS MONOTHEISTES

(Tanqīḥ al-abḥāṯ lil-milal al-ṯalāṯ)